Knaur

Von Michael Baigent sind außerdem erschienen:

Verschlußsache Jesus
(zusammen mit Richard Leigh)

Verschlußsache Magie
(zusammen mit Richard Leigh)

Über den Autor:

Michael Baigent studierte an der Canterbury University in Christchurch. Er hat mehrere Bücher zur Geschichte und Religionsgeschichte verfasst und zusammen mit Richard Leigh den Bestseller *Verschlusssache Jesus* geschrieben.

MICHAEL BAIGENT

Das Rätsel der Sphinx

Sensationelle Spuren einer Zivilisation zwei Millionen Jahre vor unserer Zeit

Aus dem Englischen von Bernhard Kleinschmidt

Knaur

Besuchen Sie uns im Internet:
www.droemer-weltbild.de

Vollständige Taschenbuchausgabe 2002
Droemersche Verlagsanstalt Th. Knaur Nachf., München

Umschlaggestaltung: ZERO Werbeagentur, München
Druck und Bindung: Nørhaven Paperback A/S
Printed in Denmark
ISBN 3-426-77567-0

2 4 5 3 1

Inhalt

Einleitung

Wir wissen mit hinreichender Sicherheit, daß unser Planet vor nahezu vier Milliarden Jahren nicht mehr war als ein kreisender Felsbrocken. Es brauchte fast eine Milliarde Jahre, bis das Leben begann und die Bakterien und Algen entstehen ließ, die in uraltem Gestein ihre vagen Spuren hinterlassen haben. Ein weiterer langer Zeitraum glitt schläfrig vorüber, dann krochen primitive Würmer aus der biologischen Erstarrung.

Im großen und ganzen schien das Leben mit seiner Einfachheit ganz zufrieden.

Plötzlich änderte sich dies. Vor ungefähr 530 Millionen Jahren sprengte das Leben seine bescheidenen Grenzen. Diesen heftigen, noch nie dagewesenen und unerklärten Ausbruch nennt man heute die »kambrische Explosion«.[1] Sie hat die Erdgeschichte von Grund auf verändert. In einer Ekstase biologischer Erfindungskraft bevölkerte die Erde sich mit Wesen, die zuerst im Meer schwammen und später über das ganze Land krochen, gingen, liefen und glitten. Die Erde verwandelte sich von einer Landstraße in eine Großstadtkreuzung zur Hauptverkehrszeit. Und es war ständig Essenszeit.

Im Verlauf dieser »Explosion« erschienen plötzlich alle bekannten Spielarten komplexer Tiere und Pflanzen. Seltsamerweise finden sich jedoch in früheren fossilen Zeugnissen keine Spuren ihrer Entwicklung. Alle erscheinen vollständig ausgebildet, vollständig entwickelt, vollständig funktionierend, mit geschärften Zähnen

und glitzernden Schuppen. Keiner weiß, wer oder was sie herausließ. Oder warum.
Und nachdem das Leben einmal einen solchen Schub erhalten hatte, blickte es nie mehr zurück.
Später beherrschten die Dinosaurier die Erde. Die ersten erschienen vor 190 Millionen Jahren, entwickelten sich zu den gewaltigen Ungeheuern von *Jurassic Park* und gediehen fast 125 Millionen Jahre lang. Doch trotz dieses Erfolgs trat zu einem Zeitpunkt, als die Welt schon lange dazu bestimmt zu sein schien, auf ewig ein jurassischer Spielplatz zu bleiben, ein weiteres geheimnisvolles Ereignis ein. Vor etwa 65 Millionen Jahren starben die Dinosaurier unvermittelt aus. Niemand kennt die Gründe. Vielleicht brauchte der Kosmos die Dinosaurier nicht mehr.
Es war dieses ziemlich plötzliche Verschwinden, das den frühen Säugetieren die Möglichkeit gab, sich zu verbreiten und die leer gewordenen ökologischen Nischen zu besetzen. Von besonderer Bedeutung für die Menschheit ist die in dieser Periode aufscheinende Evolution eines bestimmten Zweigs der Säugetiere, der Primaten – also der Affen und Halbaffen. Denn wenn die Menschen sich aus der Reihe der Primaten entwickelt haben, wie man uns glauben macht, liegt der Ursprung unserer Körperform letztendlich in dieser Zeit.
61 Millionen Jahre später – d. h. vor knapp vier Millionen Jahren – erschienen die ersten Spuren des Wesens, das man für eine frühe Form des Menschen hält. Es heißt, menschenähnliche Affen oder affenähnliche Menschen seien von den Bäumen gestiegen, um ein neues, zweibeiniges Leben als Nutznießer der gewaltigen afrikanischen Steppe zu beginnen. Doch das Verfertigen von Werkzeug, eine der grundlegenden Eigenschaften der Menschheit, lag noch in der Zukunft; die Archäologie vermutet, der früheste Gebrauch einfacher Werkzeuge aus Steinsplittern habe ungefähr zweieinhalb Millionen Jahre vor unserer Zeit eingesetzt.[2]
Unsere Kultur ist noch jünger. Es wird angenommen, daß sie vor gerade zehn- oder elftausend Jahren begann, und zwar in den aufblühenden Gemeinschaften seßhafter Bauern im türkischen Hochland. Noch jünger ist der Gebrauch von Metallen, der wohl nach

weiteren 5000 Jahren einsetzte. Und heute können wir dieses Metall zum Mars schicken.
Folgt man den gängigen wissenschaftlichen Theorien, belegen die Menschheit und ihre Kultur nur einen winzigen Bruchteil der vielen Jahrmillionen der Erdgeschichte. Sollte jemand angesichts der soliden geologischen und archäologischen Indizien die Vermutung äußern, menschliche Artefakte und die menschliche Kultur seien zweieinhalb oder sogar vier Millionen Jahre alt, lieferte er sich der Lächerlichkeit aus.
Aber wie zuverlässig ist die gängige Geschichte der Vergangenheit?
Steht sie wirklich im Einklang mit sämtlichen Indizien? Bietet sie eine zufriedenstellende Erklärung für sämtliche Artefakte, die die Erde preisgegeben hat?
Genau das tut sie nicht.

ERSTES KAPITEL

Wie alt ist die Menschheit?

Es war in den ersten Monaten des Jahres 1848, als ein Zimmermann in Kalifornien, ungefähr 65 km nordöstlich der heutigen Stadt Sacramento, eine wassergetriebene Sägemühle baute. Der Mühlbach erhielt das zum Betrieb des Rades nötige Wasser aus dem nahen American River, erwies sich jedoch als zu seicht, weshalb der Zimmermann ihn vertiefte, um den Lauf des Rades zu beschleunigen. Eines Morgens entdeckte er am Grund des Baches einige kleine Goldklumpen, die das rauschende Wasser im Verlauf der Nacht freigelegt hatte. Er versuchte, seinen Fund geheimzuhalten, was ihm natürlich nicht gelang. Kurz darauf folgte ein wilder Sturm aufs Gold, der kalifornische »Goldrausch«.

Innerhalb von sechs Monaten verließen über 4000 Männer ihre bisherige Beschäftigung, um in der betreffenden Gegend zu schürfen. Das ausgebeutete Gebiet umfaßte bald Hunderte von Quadratkilometern, während die Zahl der Schürfer auf über 80 000 anwuchs. Die Hälfte von ihnen war per Schiff um Kap Hoorn nach San Francisco gesegelt, die anderen waren über Land auf dem California Trail gekommen. Beide Routen waren ausgesprochen mühsam.

Das Edelmetall lag in den Flüssen, die von den Bergen der Sierra Nevada herab durch das breite kalifornische Central Valley strömen und bei San Francisco ins Meer münden. Aus dem simplen Goldwaschen mit Pfannen und Sieben entwickelte sich rasch eine zunehmend komplexe, mechanisierte Industrie. Rinnen wurden gegraben, um mit hohem Druck herabschießende Wasserläufe zu schaffen, mit denen man ganze Hänge wegspülen konnte, um an das darunter liegende Gold zu kommen. Kanäle spülten das tosende Wasser mitsamt dem Geröll durch eine Reihe gefurchter Becken, in denen die schwereren Goldpartikel hängenblieben. Dabei ging man stets mit größter Sorgfalt vor; jedes Goldklümpchen bedeutete Geld, das schließlich der Grund für all die Mühe und die Ausgaben war.

Allerdings fand man bald heraus, daß die wichtigste Quelle des wertvollen Metalls in den tiefliegenden Kiesschichten uralter Flußbetten zu finden war, Hunderte von Metern unter der Erdoberfläche. An manchen Stellen kommt das Gold dort zum Vorschein, wo heutige Flüsse sich tief in die Erde eingegraben haben. Manche dieser Schluchten erreichen eine Tiefe von mehr als 600 Metern. Die Goldsucher begannen, sich horizontal in den Fels vorzuarbeiten oder tief unter steilen Abhängen zu graben, um Zugang zu den goldhaltigen Kiesschichten zu erhalten. Ihre Aufgabe war schwer: Wie einbetoniert lagen die Flußkiesel eng zusammen, und die mühsame Arbeit mit der Spitzhacke – oft unterstützt von Sprengungen – erwies sich als die einzige Methode, die Masse aufzubrechen.

Die Bergleute fanden tonnenweise Gold, daneben kamen aber auch viele seltsame Artefakte und menschliche Überreste zum Vorschein. In den Lagern der Goldsucher verbreitete sich alsbald das Gerücht von einer seit langem verschwundenen Zivilisation, die vor Millionen von Jahren in dieser Gegend existiert habe und aus der all diese Relikte stammten. Einige der Bergleute begannen, solche Objekte zu sammeln: Schädel, Knochen, steinerne Speer- und Pfeilspitzen, Messer, Mörser und Stößel, steinerne Schüsseln und Schöpflöffel, genutete Steinhämmer, Senkgewichte und andere kulturelle Zeugnisse.

Die Nachricht von den seltsamen Entdeckungen gelangte bis jenseits des Atlantiks. Im Dezember 1851 berichtete die Londoner *Times* von einem Schürfer, der ein Stück goldhaltigen Quarzes hätte fallen lassen. Es sei aufgeplatzt und habe einen im Gestein ein-

gebetteten Eisennagel sichtbar werden lassen, der rostig, aber vollkommen gerade gewesen sei.[3]
In den folgenden Jahrzehnten entdeckte man so viele ungewöhnliche Artefakte, daß professionelle Organisationen sich dafür zu interessieren begannen. Zumindest meinten sie, gegen Thesen vorgehen zu müssen, die sie als extravagante Behauptungen bezüglich der menschlichen Vergangenheit betrachteten.
1880 publizierte die Harvard University eine Monographie über einen Teil der Funde, verfaßt von einem ihrer Professoren, der auch der vom Staat Kalifornien bestellte Geologe war.[4] Später, am 10. Januar 1888, wurde in London bei einer Sitzung des Anthropologischen Instituts ein Bericht zum Thema vorgetragen,[5] ein anderer Vortrag wurde am 30. Dezember 1890 vor der Amerikanischen Gesellschaft für Geologie gehalten.[6] Ein Jahr zuvor hatte die bedeutendste wissenschaftliche Organisation der Vereinigten Staaten, das Smithsonian-Institut in Washington, einen kritischen Bericht über alle bisherigen Funde anfertigen lassen.[7]
Wie dieser Bericht feststellte, schien der Großteil der Funde aus 38 bis 55 Millionen Jahre alten Kiesschichten zu stammen. Er hielt aber auch fest, daß viele der Artefakte entweder aus nahe an der Erdoberfläche gelegenen Minen stammten oder aus weggespülten Berghängen.
Aus dieser Tatsache folgerten die Smithsonian-Experten durchaus korrekt, viele der Artefakte könnten aus jüngeren Indianerkulturen stammen. In diesem Falle wären sie entweder in tiefen Gräbern deponiert worden oder vor langer Zeit in Höhlen oder Schlundlöcher gefallen und über die Jahrhunderte hinweg mit Geröll bedeckt worden. Tatsächlich trifft es zu, daß manche der menschlichen Überreste chemische Veränderungen aufwiesen, die diese Erklärung rechtfertigten. Richtig ist auch, daß die ungemein destruktive Anwendung des Wassers alles unterschiedslos aus den Hängen spülte, wodurch sich nahe unter der Oberfläche ruhende Artefakte mit Objekten aus wesentlich tieferen und damit sehr viel älteren Gesteinsschichten mischten. Die Bergleute, denen jeder Sinn für wissenschaftliche Methoden fehlte, nahmen an, daß alle von ihnen entdeckten Artefakte, genau wie das Gold, aus

den alten Kiesschichten stammten. In vielen Fällen mochten sie sicherlich Unrecht haben.
Damit hatte das Smithsonian eine wissenschaftlich akzeptable und im großen und ganzen zutreffende Erklärung für das Auftauchen von Menschenhand stammender Artefakte im Kontext uralten Gesteins gefunden. Folglich kamen dieser und ähnliche Berichte zu dem gewünschten Resultat: Jede Herausforderung, die diese Objekte für die orthodoxe Wissenschaft hätten darstellen können, wurde für null und nichtig erklärt.
Immerhin waren die Experten des Smithsonian ehrlich: Sie gaben zu, daß ihre Erklärung im Falle mancher Artefakte absolut nicht zutraf. Dabei ging es um aus Minen stammende Objekte, deren Fundort oft über 100 Meter unter der Erdoberfläche lag. Man stellte fest, daß sie in eine ganz andere Kategorie gehörten, für die nicht so leicht eine einleuchtende Erklärung zu finden war. Doch die Forscher lehnten weitere Spekulationen ab.
Das war bedauerlich. Denn wie wir sehen werden, sind diese Artefakte der schlüssigste Hinweis auf eine uralte Kultur, den wir wahrscheinlich je erhalten werden.

Am Table Mountain

Um die Fakten zu begreifen, brauchen wir ein Verständnis der Geologie. Im allgemeinen ist das jüngste Grundgestein der goldhaltigen Region Amerikas ungefähr 55 Millionen Jahre alt. Später haben Vulkanausbrüche zu verschiedenen Zeiten großflächige Lavaschichten darübergelegt. Diese Ablagerungen können zeitlich gut bestimmt werden. Der goldhaltige Flußkies wiederum befindet sich über dem Grundgestein und unter den Lavaschichten und ist 33 bis 55 Millionen Jahre alt.
Jene Bergleute, die nicht einfach alles unterschiedslos wegspülten, sondern innerhalb einer bestimmten geologischen Schicht arbeiteten, waren recht gut in der Lage, den Fundort der einzelnen Artefakte zu bestimmen. Sie durften darauf vertrauen, daß sie die

im uralten Kies entdeckten Objekte datieren konnten, die vor langer Zeit von einem Fluß mitgerissen worden waren – oder sich an seinen Ufern ablagerten.
Ein solcher Fundort, der wegen seiner Artefakte Berühmtheit erlangt hat, ist der Table Mountain im kalifornischen Tuolumne County, am Westrand des Yosemite-Nationalparks.[8]
Der Gipfel dieses Berges besteht aus einer gewaltigen, neun Millionen Jahre alten Lavahaube. Unter dieser Haube und anderen Gesteinsschichten befinden sich die goldhaltigen Kiesschichten, von denen manche direkt über dem alten Grundgestein liegen.
In den Jahren der Goldsuche entstand dort ein Netz von Minen. In manchen Fällen wurden mehrere hundert Meter lange horizontale Stollen ins Grundgestein vorgetrieben, von denen aus vertikale Schächte in die tiefer liegenden Kiesschichten abzweigten. Andere Minen führten vom Berghang schräg in die oberen Schichten derselben Ablagerung.
Alle Artefakte wurden innerhalb der prähistorischen, zusammengebackenen Kieselmasse gefunden. Zuerst stießen die Bergleute auf 15 bis 20 Zentimeter lange Speerspitzen, Schöpflöffel mit Stielen und ein einzigartiges, auffällig gekerbtes Objekt aus Schiefer, das der Griff eines Bogens zu sein schien. Entdeckt wurden auch ein steinernes Mahlwerkzeug und ein menschlicher Kieferknochen.[9] Diese Objekte stammten aus 33 bis 55 Millionen Jahre alten Kiesschichten. Der ebenso logische wie korrekte Schluß lautet, daß diese Artefakte ähnlich zu datieren sind.
Damit ergibt sich eine konkrete Herausforderung für die Wissenschaft, nach deren orthodoxen Konzepten die Vorstellung, von Menschenhand geschaffene Dinge könnten über 33 Millionen Jahre alt sein, inakzeptabel ist. Die Wissenschaft ignoriert oder bestreitet deren Existenz. Aber wir können es nicht.
Weitere Anhaltspunkte ähnlicher Art gibt es zuhauf. So entdeckte ein Minenbesitzer in einem Stollen einen großen, zum Mahlen von Nahrung verwendeten Steinmörser – 55 Meter unter der Erdoberfläche und damit unterhalb der Lavahaube. In derselben Mine fand man ein Bruchstück eines fossilen Menschenschädels.[10]

1853 wurde eine Wagenladung mit goldhaltigem Kies aus einer der Minen geschafft. Das Material stammte aus 38 Metern Tiefe und enthielt den guterhaltenen Zahn eines Mastodons (einer ausgestorbenen Elefantenart) sowie eine große Perle aus weißem Marmor. Diese war knapp 4 cm lang und hatte einen Durchmesser von gut 2,5 cm. Durch ihre Mitte war ein mehr als einen halben Zentimeter großes Loch gebohrt.[11]

1858 fand man zwanzig Meter unter der Oberfläche in einem hundert Meter in den Berg hineingetriebenen Stollen ein Steinbeil. Es war ungefähr 15 cm lang und besaß eine 10 cm breite Schneide. Ein Loch war hindurchgebohrt worden, um den hölzernen Griff zu halten. In der Nähe stieß man auf eine Anzahl Steinmörser.[12]

Ein weiterer Steinmörser mit einem Durchmesser von acht Zentimetern tauchte 1862 auf. Sein Fundort lag 60 m unter der Oberfläche in einem Stollen, der 550 m weit in den Berg hineinreichte.[13] Das Objekt war aus Andesit geschnitten, einem Gestein, dessen nächstes Vorkommen 160 km weit entfernt war.[14]

Sieben Jahre später trat ein führender Fachmann auf den Plan: Clarence King, ein bekannter und hochgeschätzter amerikanischer Geologe, der die von der US-Regierung in Auftrag gegebene Vermessung des 40. Breitengrades leitete. 1869 beschäftigte King sich mit der Geologie des Table Mountain. In einem bestimmten Bereich nahe der vulkanischen Haube fiel ihm auf, daß eine Überschwemmung Teile der darunterliegenden Kiesschicht zum Vorschein gebracht hatte. Er begann, nach Fossilien Ausschau zu halten, fand bei seiner peniblen Suche jedoch ein Stück eines Steinstößels, das fest in der kompakten, harten Kieselmasse steckte. Nach seiner Entfernung hinterließ es einen mit seiner Form identischen Abdruck im Gestein.[15] King hegte keinerlei Zweifel, daß der Stößel dort so lange geruht hatte wie der ihn umgebende Kies, also viele Jahrmillionen.

Da King ein erfahrener Geologe war, dürfte das Alter der Gesteinsschicht, in der er diesen Stößel entdeckte, unzweifelhaft feststehen. Das Objekt wäre somit über neun Millionen Jahre alt, und es stammt von Menschenhand. Es befindet sich heute im Smithsonian-Institut, wo schon damals ein Forscher das wissen-

Steinmörser und Stößel, von einem Bergmann 1877 im Table Mountain entdeckt. Der Fundort lag 500 Meter vom Stolleneingang entfernt in einem mindestens 33 Millionen Jahre alten ehemaligen Flußbett.

schaftliche Problem erkannte, das der Stößel darstellte. Dennoch meinte er ehrlicherweise, das betreffende Artefakt dürfe nicht bedenkenlos angezweifelt werden.[16]
1877 entdeckte man im Table Mountain weitere Artefakte, und zwar in den tieferen Kiesschichten knapp oberhalb des Grundgesteins. Als man eines Nachmittags, ungefähr 500 Meter vom Stolleneingang entfernt, Vorkehrungen zur Aufstellung einer Holzstütze traf, fand ein Vorarbeiter mehrere Speerspitzen aus Obsidian, alle ungefähr 25 Zentimeter lang.
Neugierig geworden, forschte der Vorarbeiter weiter und entdeckte in der Nähe einen Steinmörser. Kurz darauf fand er einen zweiten, diesmal mitsamt des steinernen Stößels. Wie er Wissenschaftlern später berichtete, hatte es keine Spur irgendeiner Veränderung der Kiesschicht gegeben und auch kein Loch, durch das die Objekte in neuerer Zeit an Ort und Stelle gelangt sein konnten – etwa als Scherz eines anderen Bergmanns. »Es gab«, sagte er, »nicht die geringste Spur eines Eingriffs ins Gestein und auch keinen natürlichen Spalt, der Zugang gewährt hätte, weder an dieser Stelle noch in ihrer Nähe.«[17] Der Fundort in der goldhaltigen Schicht oberhalb des Grundgesteins verweist auf ein Alter von 33 bis 55 Millionen Jahren.[18]
Die erwähnten Funde waren das Thema eines Berichts, der 1891 der Amerikanischen Geologischen Gesellschaft vorgetragen wurde. Der Autor schloß mit dem Kommentar:

> »Für mich persönlich wäre es befriedigender gewesen, wenn ich diese Werkzeuge selbst ausgegraben hätte, doch kann ich keinen Grund entdecken, weshalb die Aussage [des Vorarbeiters] vor der Welt nicht ebensoviel Beweiskraft haben sollte wie meine eigene. Er war ebenso kompetent wie ich, einen von der Oberfläche herabführenden Spalt zu entdecken oder irgendwelche alten Eingriffe, die der Bergmann sofort erkennt und aus tiefstem Herzen fürchtet.«[19]

Allein die aus den Minen des Table Mountain stammenden Funde haben der Wissenschaft genug Rätsel aufgegeben, doch ist man auch andernorts auf Objekte gestoßen, deren Ursprung in sehr ferner Vergangenheit zu liegen scheint. So hat man nahe der Stadt San Andreas in 44 m Tiefe eine Anzahl von Steinmörsern und weitere, nicht genauer identifizierbare Artefakte gefunden.[20] Sie stammen alle aus über fünf Millionen Jahre alten Gesteinsschichten. In mindestens 26 weiteren Minen entdeckte man Steinmörser und manchmal auch Stößel, die teilweise in wenigstens 23 Millionen Jahre altem Gestein lagerten.[21]

Die Forschung sollte sich allmählich mit der unbequemen Tatsache auseinandersetzen, daß gegen Ende des 19. Jahrhunderts Hunderte uralter Artefakte in zeitlich weit zurückliegenden geologischen Schichten ausgegraben wurden. Lassen sich all diese Funde als Schwindel, als falsche Darstellungen ungebildeter Beobachter oder als später eingedrungene Objekte abtun? Bei solchen Erklärungsversuchen ist zu bedenken, daß ein erfahrener Bergmann, der Tag für Tag den Fortschritt der Arbeiten registriert, aus eigenem Interesse nach Rissen oder alten Schächten Ausschau hält und deshalb wahrscheinlich ein kompetenterer Beobachter ist als ein vorübergehend tätiger Geologe.

Zu bedenken ist auch, daß viele für die Wissenschaft bedeutsame archäologische Funde von Amateuren gemacht wurden. Auch wenn die Funde aus Gesteinsschichten stammen, die schwierig zu datieren oder im nachhinein schwierig zu rekonstruieren waren, wurden sie in den offiziellen Kanon aufgenommen.

Ein Anthropologe, den die University of California 1908 beauftragte, die Glaubwürdigkeit der erwähnten Funde zu untersuchen (und sie zu untergraben), formulierte die offizielle Position überdeutlich. Die Relikte, stellte er fest, »würden es notwendig machen, den Ursprung des Menschengeschlechts in eine extrem entfernte geologische Periode zu verlegen. Das widerspricht sämtlichen Belegen in der Geschichte der Lebewesen, aus denen hervorgeht, daß die Säugetiere erst seit kurzer Zeit existieren.«[22]

Die Wissenschaft hat ihre Theorie: Beginnend vor ungefähr sechs oder sieben Millionen Jahren hat sich der Mensch im Verlauf von drei bis fünf Millionen Jahren aus der Reihe der Primaten entwickelt. Gegensätzliche Behauptungen sind nicht akzeptabel.

Aber ist es so frevelhaft vorzuschlagen, daß diese Evolution vor ungefähr fünfzig Millionen Jahren stattgefunden hat?
Oder könnte selbst dieses Datum noch zu jung sein?

Die Kette von Morrisonville

An einem Dienstagmorgen – man schrieb den 9. Juni 1891 – füllte Mrs. S. W. Culp, die Gattin des Herausgebers des Lokalblatts von Morrisonville, Illinois, ihren Kohlenkasten. Da einer der Kohlenbrocken zu groß war, machte sie sich daran, ihn zu zerkleinern. Er zerbrach in zwei nahezu gleich große Teile. Im Innern entdeckte Mrs. Culp ein zartes, vielleicht 25 Zentimeter langes Goldkettchen »von alter und wundersamer Kunstfertigkeit«.[23]
Verblüfft vermutete Mrs. Culp zuerst, die Kette sei versehentlich zwischen die Kohlen gelangt und stamme aus dem Besitz eines Bergmanns. Diese Annahme erwies sich jedoch bald als falsch. Als sie die Kette herausziehen wollte, entdeckte Mrs. Culp, daß sich deren Mitte zwar gelöst hatte, die eng beieinander liegenden Enden aber noch immer eingebettet waren. Zudem war dort, wo die Kette gelegen hatte, ein kreisförmiger Abdruck in der Kohle sichtbar. Das Schmuckstück war offenbar so alt wie die Kohle selbst. Als sie es zu einem Fachmann brachte, ergab die Analyse, daß es aus achtkarätigem Gold war und ungefähr zwölf Gramm wog.
Als Mrs. Culp 1959 starb, ging die Kette in die Hände einer Verwandten über und ist seither für die wissenschaftliche Forschung verloren.[24]
Angesichts der seltsamen Umstände seiner Entdeckung wurde das Objekt allerdings von Anfang an nie ernst genommen und weder damals noch später von einem Wissenschaftler untersucht. Wir wissen daher nichts über irgendwelche handwerklichen Details, die womöglich etwas Licht auf seine Herkunft werfen könnten.
Auf jeden Fall handelt es sich um einen außergewöhnlichen Fund, denn die in der Region vorkommende Kohle ist 260 bis 320 Millionen Jahre alt.[25] Die Schlußfolgerung wäre, daß in einer ent-

fernten Epoche eine Kultur existierte, die zu einer handwerklichen Leistung fähig war, wie diese Kette sie darstellte.
Drei Erklärungen drängen sich auf: Erstens könnte unsere Theorie der menschlichen Evolution falsch sein, so daß schon zur Zeit der frühen Dinosaurier zivilisierte Menschen lebten. Zweitens könnten die Theorien über die Bildung von Kohle fehlerhaft sein. Vielleicht ist Kohle – oder ein bestimmter Typus von Kohle – nicht vor Jahrmillionen entstanden, wie wir normalerweise annehmen, sondern vor einigen tausend Jahren. Die einleuchtendste Erklärung schließlich ist die, daß es sich hier einfach um ein Mißverständnis oder gar um einen Schwindel handelt. Schließlich ist es eine Binsenweisheit, daß Zeitungsredakteure immer nach sensationellen Ereignissen Ausschau halten, um ihr Blatt zu verkaufen. Dies könnte auch hier der Fall gewessen sein.
Ein Blick in die Zeitung zeigt allerdings, daß der Bericht keineswegs sensationell aufgemacht ist. Die Formulierungen sind eher zurückhaltend, was auf eine gewisse Vorsicht von seiten des Herausgebers hinweist. Zudem erschien der Artikel zwar auf der Titelseite, aber eingerahmt vom Aufmacher, der einen Unfall durch Ertrinken schildert, und dem humorvollen Bericht über eine Niederlage der örtlichen Baseballmannschaft, der ein Werfer gefehlt hatte.
Bei alledem wird freilich der Wunsch des Herausgebers deutlich, ein größeres Publikum von einem Ereignis wissen zu lassen, das alle Beteiligten verblüffen mußte. Wie der Artikel in seiner blumigen Art feststellt, »raubt die Rätselhaftigkeit des Geschehens einem fast den Atem, wenn man darüber nachdenkt, in wie vielen Zeitaltern die Erde Schicht um Schicht gebildet hat, um die goldenen Glieder der Kette vor dem Auge zu verbergen«.[26]
Es fällt schwer, dies als bewußte Täuschung zu verstehen. Freilich könnte es sich um einen Irrtum handeln, doch welcher Art dieser war, ist aus dem Kontext kaum zu entschlüsseln. Der Bericht hat einen naiven, ehrlichen Tonfall. Die an dieser Entdeckung und ihrer Veröffentlichung beteiligten Menschen waren gebildet und intelligent; man kann also schließen, daß die Einzelheiten des von ihnen gedruckten Berichts korrekt waren und – wenn auch

zurückhaltend – ihre Meinung wiedergaben, daß es sich weder um einen Irrtum noch um einen Schwindel handelte. Hier haben wir also ein weitere Anomalie, die einer Erklärung bedarf.

Gold und Kultur

Kulturen bringen Artefakte hervor. Sie lassen schier unendliche Mengen an Werkzeugen, Waffen, Gefäßen, religiösen Bildnissen und Knochen entstehen – unendliche Mengen von Knochen.
Jede Gruppe von Menschen, die über den verzweifelten täglichen Kampf um ihre Existenz hinaus ist, bringt zudem Kunst hervor: Bilder für rituelle Zwecke oder einfach nur Ziergegenstände und Schmuck, um Frauen wie Männer herauszuputzen. Besonders die Herstellung von Gold- und Silberschmuck ist Anzeichen eines beträchtlichen kulturellen Fortschritts.
Die Anfertigung einer Goldkette ist das Werk eines Spezialisten und kann nicht auf jemanden zurückgeführt werden, der zwischen dem Abschlachten von Mammuts und dem Raub von Frauen gerade mal ein bißchen Zeit hatte. Außerdem kann eine zarte Goldkette unmöglich mit Steinwerkzeugen hergestellt werden. Anders gesagt, eine solche Goldkette verweist auf eine seßhafte Kultur, die sich über mehrere Jahrtausende hinweg entwickelt hat – eine Kultur wie die des alten Ägypten, Mesopotamiens oder Chinas.
Die frühesten Goldketten, die von der orthodoxen Archäologie akzeptiert werden, entstammen denn auch den alten Kulturen Ägyptens und Mesopotamiens, in denen ihre Herstellung vor ungefähr 5500 Jahren einsetzte. Diese Ketten bestehen normalerweise allerdings aus reinem Gold und nicht aus einer achtkarätigen Legierung wie die von Mrs. Culp entdeckte Kette.
Achtkarätiges Gold ist kein reines Edelmetall, sondern besteht aus acht Teilen Gold, die mit sechzehn Teilen eines anderen Metalls – meist Kupfer – gemischt wurden. Wer in unserer Geschichte einen Irrtum vermutet, muß hier aufhorchen, denn Goldlegierungen wa-

ren in Viktorianischer Zeit zwar sehr gebräuchlich, hatten aber meist 15 Karat, bestanden also aus gut 60 Prozent Gold. Außerdem trugen sie einen Stempel. Ein Standard von acht Karat existierte nicht.
Akzeptieren wir die Geschichte, so beweist Mrs. Culps Entdeckung, daß schon vor der Zeit der Dinosaurier eine hochentwickelte Kultur existierte. Das ist natürlich ein ungeheuerlicher Gedanke.
Wer die Behaglichkeit orthodoxer Theorien vorzieht, muß jedoch leider damit leben, daß in sehr alten Gesteinsschichten noch mehr von Menschenhand geschaffene Objekte gefunden wurden.

Artefakte aus längst vergangener Zeit

Am Samstag, dem 22. Juni 1844, war in der Times ein merkwürdiger Bericht zu lesen. Sein Titel lautete: »Seltsamer Vorfall«. Einige Tage zuvor, hieß es, hätten Arbeiter in einem Steinbruch nahe Rutherford am Fluß Tweed in einem Steinbrocken einen Goldfaden entdeckt. Sie hatten einen kleinen Teil davon in die Redaktion des Lokalblatts von Kelso gebracht, wo man ihn ausstellte. Der Verfasser bemerkte trocken: »Wie lang dieses Relikt eines früheren Zeitalters sich in der Lage befand, der es nun entrissen wurde, dürfte die Fachkenntnis von Altertumsforschern wie Geologen auf eine harte Probe stellen.«[27] Was den genauen Fundort betrifft, so kann dieser heute nicht mehr bestimmt werden, doch beträgt das Alter der Sandsteinformationen in der Gegend von Rutherford 360 Millionen Jahre.
Ebenso geheimnisvoll ist ein Bericht, den Sir David Brewster der Britischen Gesellschaft zur Förderung der Wissenschaft vortrug. Brewster erklärte, Arbeiter hätten im Steinbruch von Kingoodie nahe Dundee inmitten eines Sandsteinblocks einen Eisennagel gefunden. Als man den Block zerschlagen habe, sei der Kopf des Nagels zusammen mit drei Zentimetern des Schafts noch immer fest im Gestein eingebettet gewesen.[28] Der Sandstein im betref-

fenden Gebiet stammt aus dem Unteren Devon und ist mindestens 387 Millionen Jahre alt.
Vor eine ähnliche Herausforderung wurde die orthodoxe Wissenschaft 1885 gestellt. In einer Eisengießerei im österreichischen Vöcklabruck, zwischen Salzburg und Linz gelegen, brach ein Kohlebrocken auseinander und brachte ein kleines stählernes Objekt zum Vorschein. Es handelte sich um einen nahezu vollkommenen Kubus mit den Maßen 67 x 67 x 47 Millimeter, der mit einer tiefen Rille versehen und an zwei gegenüberliegenden Flächen abgerundet war. Der Sohn des Gießereibesitzers brachte den Würfel ins Museum von Linz, wo man ihn untersuchte. Die Analyse ergab, daß das Objekt hart wie Stahl war und Kohlenstoff und Nickel enthielt. Zum Glück fertigte man einen Abguß an, der im Gegensatz zu dem vielleicht in den Wirren des Krieges verschwundenen Original erhalten ist.[29]
In Kalifornien entdeckte Frederick Hehr, ein Fachmann für artesische Brunnen, im Jahr 1952 in elf Metern Tiefe die Überreste einer Eisenkette, die in solidem Sandstein eingebettet waren. Ein 1955 aufgenommenes Foto zeigt den Steinklotz mit einem großen Ring, der mit mehreren kleineren Ringen verbunden ist. Wie bei vielen derartigen Relikten ist auch der Verbleib dieser Kette leider unbekannt.[30]
Wegen des außergewöhnlichen Charakters solcher Funde und weil sie die gängige wissenschaftliche Sichtweise – das orthodoxe »Paradigma« – derart herausfordern, gelangen Informationen darüber oft nicht an die Öffentlichkeit. Geschieht dies doch, so ist das Interesse nicht groß genug, um die Erhaltung der Objekte zu gewährleisten. Angesichts dieser offiziellen Geringschätzung gehen sie häufig verloren, werden an einen interessierten Bekannten verschenkt, verschwinden in einer Schachtel in den Lagerräumen eines Museums oder werden beim Tod des Finders einfach weggeworfen.

Vorfahren aus uralter Zeit?

Der Eisennagel von Kingoodie könnte 387 Millionen Jahre alt sein; der in Rutherford gefundene Goldfaden steckte in 360 Millionen Jahre altem Gestein; Mrs. Culps Goldkette fiel aus einem Kohlenbrocken, dem mindestens 260 Millionen Jahre zugeschrieben wurden; die Funde im Table Mountain rangieren zwischen 55 und 33 Millionen Jahren. Offensichtlich besteht keine Möglichkeit, eines dieser Daten mit dem konventionellen wissenschaftlichen Verständnis der Erdgeschichte in Einklang zu bringen. Dies legt zumindest den Verdacht nahe, daß die von der Paläontologie untersuchten Fossilien affenähnlicher Wesen mit der Evolution des Menschen wenig oder nichts zu tun haben. Kann auch nur einer der oben geschilderten Fälle verifiziert werden, so würde dies darauf hinweisen, daß der Mensch in seiner heutigen Form schon seit sehr langer Zeit auf diesem Planeten wandelt.

Nun haben wir zwar von der Entdeckung einiger Artefakte erfahren, deren bloße Existenz erstaunlich ist, aber wie steht es mit den Menschen selbst? Hat man irgendwelche Knochen, Skelette oder andere Relikte gefunden?

Das ist tatsächlich der Fall.

1862 entdeckten Bergleute in Macoupin County, Illinois, in 27 m Tiefe Knochen, die man als menschlich einstufte. Die Männer berichteten, ihr Fund habe zuerst einen glänzenden, harten Überzug aufgewiesen, von derselben Farbe wie die ihn umgebende Kohle. Nach seiner Entfernung seien weiße Knochen zum Vorschein gekommen. Neuere Schätzungen des Alters der betreffenden Kohle verweisen auf ein Alter von mindestens 286 Millionen Jahren.[31]

Leider ist auch dieser Fund seit langem verschwunden, ohne zuvor weiter untersucht worden zu sein. Es kann jedoch wenig Zweifel daran bestehen, daß die Bergleute das Geschehen wahrheitsgetreu wiedergegeben haben. Aber stammten diese Knochen von Menschen oder von einem frühen Primaten? Oder waren sie nur eine merkwürdige Gesteinsbildung oder eine mineralische Kuriosität? Es wäre schön, wenn die Knochen von einem erfahrenen Geologen oder Biologen vermessen und beschrieben worden wären. Noch befriedigender wäre es, wenn jemand die Weitsicht besessen hätte, die Funde aufzubewahren, so daß wir sie heute untersuchen könnten.

Die Vorstellung, man könne in tief unter der Erdoberfläche gelagerter Kohle Knochen finden, mag so ungewöhnlich erscheinen, daß sie sofort Mißtrauen gegenüber der Authentizität des Fundes weckt. Aber so seltsam dies angesichts des großen Drucks und der hohen Temperaturen scheint, die an der Bildung von Kohle beteiligt sind, sind in Kohleflözen doch echte fossile Knochen aufgetaucht.

Am frühen Morgen des 2. August 1958 arbeiteten Bergleute im italienischen Baccinello 200 m unter der Erde, als sie das Skelett des ausgestorbenen Affen *Oreopithecus* entdeckten. Es fand sich, ausgestreckt und zusammengedrückt wie ein Igel auf der Autobahn, in der Decke eines Stollens. Die umgebende Braunkohle war zehn Millionen Jahre alt. Angesichts der Knochenfragmente, die zuvor – gemischt mit Kohle – an die Oberfläche gekommen waren, kam ein Forscher des Naturhistorischen Museums von Basel zu dem Ergebnis, daß im Verlauf des Abbaus bereits ungefähr 30 Skelette zerstört worden seien.[32]

Auch menschlich anmutende Fußspuren sind an mehreren Orten aufgetaucht.

Professor Wilbur Burroughs, ein bekannter Geologe, Autor vieler Publikationen und Direktor des geologischen Instituts am Berea College von Kentucky, berichtete 1938, er habe in Kentucky fossile, aus dem Oberkarbon stammende Fußabdrücke gefunden. Sein vorsichtiger Kommentar lautete: »Auf ihren zwei Hinterbeinen gehende, mit menschenähnlichen Füßen ausgestattete Lebewesen haben auf einem Sandstrand in Rockcastle County, Kentucky, Spuren hinterlassen.«[33]

Der für die Paläontologie der Wirbeltiere zuständige Kurator des Smithsonian-Instituts reagierte mit dem Hinweis, ähnliche Spuren seien bereits in Pennsylvania und Missouri aufgetaucht.

Nach Professor Burroughs' Bericht befanden die fossilen Abdrücke sich auf einem alten Strand, der zu einer Sandsteinformation geworden war und sich nun auf dem Gelände einer Farm befand. Die Spuren stammten von linken wie rechten Füßen; jeder Abdruck zeigte »fünf Zehen und ein deutlich sichtbares Gewölbe«, war 24 Zentimeter lang und an den Zehen 15 Zentimeter breit. Alle Abdrücke waren gut sichtbar.[34]

Um die Möglichkeit eines Schwindels auszuschließen und um sich zu vergewissern, daß die Abdrücke nicht vor langer Zeit von Ortsansässigen oder Indianern angefertigt worden waren, brachte Professor Burroughs ein Mikroskop zum Fundort, um die Zusammensetzung des Sandsteins zu untersuchen. Er stellte fest, daß die Sandkörnchen innerhalb der Spuren kompakter waren als jene außerhalb, was sich aus dem Druck erklärte, den der Fuß eines Lebewesens ausübt. In der am besten konservierten Spur waren die Körnchen unter dem Fußgewölbe zwar kompakter als außerhalb des Abdrucks, aber nicht so kompakt wie jene unter der Ferse.[35] Außerdem war der Sandstein neben den Abdrücken leicht erhöht. Dies war dadurch zu erklären, daß der Druck des Fußes den umgebenden Sand leicht nach oben geschoben hatte. Zwei mit dem menschlichen Fuß vertraute Ärzte aus der Umgebung untersuchten die Abdrücke ebenfalls und stimmten mit Professor Burroughs' Schlüssen überein: Die Spuren waren nicht in den Boden gemeißelt worden, sondern stellten echte Fossilien eines auf zwei Beinen gehenden unbekannten Wesens dar.[36]

Das Problem bei dieser Feststellung ist, daß im entsprechenden Zeitalter keine zweibeinigen Lebewesen bekannt sind. Soweit heute bekannt, waren die größten landlebenden Tiere jener Zeit primitive Amphibien, die an heutige Krokodile erinnern, sich wie diese auf vier Beinen bewegten und einen schweren Schwanz besaßen, der ebenfalls eine fossile Spur hinterlassen hätte.

Professor Burroughs war in großer Verlegenheit. Ein mit der ungewöhnlichen Datierung nicht vertrauter Laie hätte geschlossen, daß diese Spuren von Menschen stammten, doch als Wissenschaftler konnte Burroughs so etwas nicht akzeptieren – zumindest nicht öffentlich, denn es scheint, daß er etwas recht Ketzerisches vermutete. Statt dessen schrieb er einfach, die Lebewesen, die diese Spuren hinterlassen hätten, seien »noch nicht identifiziert«, und wählte gemeinsam mit einem Biologen, einem Kurator

des Smithsonian-Instituts und einer Lateindozentin einen Namen für die Art: *Phenanthropus mirabilis*, also »menschenähnlich« und »bemerkenswert«.[37] Heute finden sich im Smithsonian keinerlei Hinweise mehr auf dieses Wesen.
Als Burroughs 1953 zu diesen Abdrücken befragt wurde, ging er mit seiner vorsichtigen Antwort vielleicht so weit, wie er es wagen konnte: »Sie sehen menschlich aus. Das macht sie so besonders interessant, da der Mensch nach einigen Lehrbüchern erst seit anderthalb Millionen Jahren existiert.«[38]

Menschen zur Zeit der Dinosaurier?

Vor 111 Millionen Jahren war ein beträchtlicher Teil des heutigen Texas von einem großen Ozean bedeckt. Die breiten Schlammzonen an seinen Küsten waren das Habitat einer großen Vielfalt von Dinosauriern. Während sie umherwanderten, hinterließen sie im Schlamm ihre Fußabdrücke. Die meisten dieser Spuren sind natürlich schon lange verschwunden, doch gibt es eine Ausnahme: die Gegend um die texanische Stadt Glen Rose. Schon vor geraumer Zeit hat man dort fossile Dinosaurierspuren entdeckt, die vom wissenschaftlichen Establishment immer als authentisch anerkannt und mit Interesse studiert wurden.
Lange Zeit, besonders in der 30er Jahren, profitierten ortsansässige Geschäftemacher von dem Interesse an den Dinosaurierspuren; sie meißelten sie heraus und verkauften sie an die Touristen. Bald wurden auch gefälschte fossile Fußabdrücke von Menschen angeboten.
Durch die alten fossilen Schlammzonen fließt heute der Paluxy River, in dessen Bett man 1969 eine bemerkenswerte Entdeckung machte. Ein Mann namens Stan Taylor fand eine kurze Reihe menschenähnlicher Fußspuren, die seitdem als »Taylor Trail« bekannt sind.
Leider ist dieser Fund durch den örtlichen Handel mit Fälschungen kompromittiert worden. Zudem gehören die wichtigsten Ver-

fechter des Paluxy-Funds zur Gruppe der an die biblische Schöpfungsgeschichte glaubenden fundamentalistischen Christen. Es ist also Vorsicht geboten, denn diese Gruppe verfolgt eine eindeutig missionarische Absicht. So erhebt sich denn auch in Glen Rose das »Museum zum Beweis der Schöpfung« als Bollwerk gegen die Übel der Evolutionstheorie.
Die ersten beiden an einen Menschenfuß erinnernden Versteinerungen entdeckte Taylor am Ufer des Paluxy River. Sie befanden sich in seichtem Wasser direkt vor einer ungefähr zweieinhalb Meter hohen Sandsteinformation. Taylor begann, dieses Gestein abzutragen, um festzustellen, ob darunter weitere Abdrücke zu fin-

Der »Taylor Trail« am texanischen Paluxy River. Fossile Abdrücke menschlich aussehender Füße, von links her gekreuzt von der Spur eines dreizehigen Dinosauriers. Das Gestein wird auf 100 Millionen Jahre datiert.

den waren. Von 1969 bis 1972 entfernte er mit Hilfe von Baumaschinen tonnenweise Gestein und fand heraus, daß die Abdrücke sich darunter tatsächlich fortsetzten. Dies schien eine sichere Widerlegung der Behauptungen, sie seien eingemeißelt oder in anderer Weise gefälscht worden.

Taylor entdeckte weitere sieben Abdrücke, die alle sehr überzeugend aussehen. Sie zeigen durchgängig ein Links-rechts-Muster, wie es menschliche Füße beim Gehen durch Schlamm hinterlassen würden. Spätere Ausgrabungen legten weitere Spuren frei, und der Trail umfaßt inzwischen insgesamt 14 Abdrücke. In unmittelbarer Nähe wurden 134 Dinosaurierspuren aus derselben Zeit registriert. Es scheint also, als seien Menschen und Dinosaurier gemeinsam über dieselben prähistorischen Schlammzonen gezogen.

Es ist nicht sehr wahrscheinlich, daß es sich bei diesen Spuren um Fälschungen handelt. Niemand hätte unter solidem Sandstein falsche Fußabdrücke anbringen können, das gestehen selbst die größten Skeptiker ein. Trotz des einstigen Handels mit Fälschungen und trotz der fundamentalistischen Propaganda sprechen die Tatsachen für sich. Wir müssen also offenbar akzeptieren, daß vor Dutzenden von Jahrmillionen Menschen neben Dinosauriern lebten oder daß manche Dinosaurier menschenähnliche Füße besaßen. Oder gibt es eine andere Erklärung?

An dieser Stelle entsteht ein praktisches Problem. Wie hätten Menschen in diesem flachen, schlammigen Gebiet überleben können, umgeben von schnellen Räubern auf Nahrungssuche?

Die große Zahl der Kritiker bestreitet denn auch nicht, daß es sich um authentische fossile Fußabdrücke handelt. Sie behaupten indesssen, daß diese ebenso von Dinosauriern stammen wie viele andere Spuren in der Region. Die Abdrücke, auf die dabei Bezug genommen wird, sind allerdings entweder stark erodiert oder waren nie besonders eindeutig. So zeigten diese Kritiker, wie der Abdruck eines dreizehigen Dinosauriers sich in etwas verwandeln könnte, das an einen ausgewaschenen menschlichen Fußabdruck erinnert: Da der mittlere »Zeh« des Dinosauriers den Großteil des Gewichts trage und daher tiefer im Schlamm versinke, bleibe nur

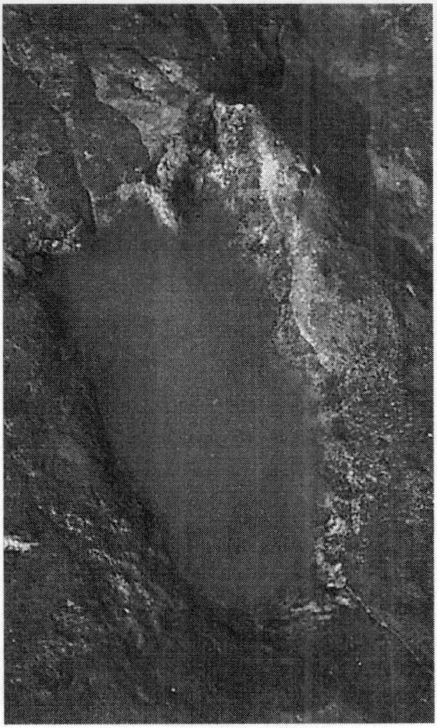

Die Nahaufnahme eines der fossilen Fußabdrücke am Paluxy River zeigt offenbar die Spuren von Zehen.

sein Abdruck übrig, nachdem die schwächeren Abdrücke der beiden äußeren Zehen durch Erosion abgetragen worden seien.[39] Das klingt sehr plausibel, doch bleibt es als definitive Erklärung problematisch. Zum einen verlaufen die menschenähnlichen Abdrücke des »Taylor Trail« zwischen und neben den Spuren eines dreizehigen Dinosauriers, dessen drei Zehen deutlich sichtbar sind; ohne daß es Anzeichen dafür gäbe, daß die äußeren Glieder erodiert wären. Zum zweiten zeigt mindestens eine der menschenähnlichen Spuren etwas, das wie der Abdruck eines großen Zehs aussieht. Und zum dritten ist jeder der Abdrücke 29 Zentimeter lang und hat damit die Maße eines großen menschlichen Fußes. Zu bedenken ist auch, daß Professor Burroughs eindeutig darauf hingewiesen hat, daß an den von ihm entdeckten fossilen

Spuren fünf Zehen sichtbar waren. Auch dies spricht nicht für irgendwelche Auswirkungen der Erosion.
Wo auch immer die Wahrheit liegen mag, die Fotografien von den Funden am Paluxy River sind atemberaubend. Sie stellen die gesamte moderne Evolutionstheorie kühn in Frage. Sie machen sprachlos, wenn man die Ungeheuerlichkeit der Folgen bedenkt. Trotz des verdächtigen Interesses der Fundamentalisten und trotz der Erosionshypothese ergibt sich daher der Schluß, daß die Wissenschaft auch hier eine Antwort finden muß. Leider verweigern sich die Experten; wissenschaftliche Zeitschriften zögern, Forschungsberichte über die Abdrücke zu veröffentlichen, und die meisten Fachleute, die sich zu Kommentaren bequemen, tun dies mit einer herablassenden Ignoranz, die nur den Eindruck verstärkt, daß sie etwas zu befürchten haben.
Ein ähnliches Bild ergibt sich in Rußland. 1983 berichtete Professor Amannijasow von der turkmenischen Akademie der Wissenschaften, er habe in 150 Millionen Jahre altem Gestein einen menschenähnlichen Fußabdruck entdeckt. Neben diesem Abdruck habe sich der eines dreizehigen Dinosauriers befunden, genau wie im Falle des Paluxy River. Angesichts der Umstände kam der Wissenschaftler zu dem recht plausiblen Schluß, der Abdruck sähe zwar menschlich aus, aber Beweise dafür könne es keine geben.[40]
Diese Beispiele stehen nicht für sich allein. Fossile Spuren, die an Fußabdrücke von Menschen erinnern, wurden an einer beträchtlichen Zahl von Orten entdeckt – in den Vereinigten Staaten, in Mittelamerika, in Afrika und in der Türkei.[41] Allerdings sind nicht alle so alt wie die Spuren in Kentucky, Texas und Turkmenistan.

Spuren fossiler Schuhabdrücke

Daß man in derart altem Gestein fossile Fußspuren entdeckt hat, ist bemerkenswert genug, doch die Ablagerungen haben noch ungewöhnlichere Relikte zu bieten: fossile Schuhabdrücke.

1922 suchte der Bergwerksingenieur und Geologe John Reid in Nevada nach Fossilien. Zu seiner Verwunderung entdeckte er dabei die versteinerte hintere Hälfte eines menschlichen Schuhabdrucks. Die Sohle des Schuhs war im Gestein deutlich erkennbar. Als Beweis diente die sichtbare Naht: Um den Sohlenrand »verlief ein gut sichtbarer Faden, mit dem das Oberteil an der Sohle befestigt gewesen war«.[42] Im Innern dieser Naht war eine weitere Reihe von Stichen zu sehen, und in der Mitte der Ferse befand sich eine Einbuchtung, die durch Abnutzung entstanden sein konnte.

Reid brachte die Versteinerung nach New York und zeigte sie einem Geologen der Columbia University und drei am Amerikanischen Museum für Naturgeschichte tätigen Wissenschaftlern. Alle stimmten darin überein, daß das Objekt aus dem Trias stammte, also aus einer 231 bis 248 Millionen Jahre zurückliegenden Epoche. Zudem waren sie einhellig der Ansicht, es handle sich um »die äußerst bemerkenswerte Imitation eines Schuhs«. Weiter wagten sie sich allerdings nicht vor.

Ein Fachmann am Rockefeller Institut unterzog das Objekt einer mikroskopischen Untersuchung und kam zu dem Ergebnis, wegen der kunstvollen Schlingen des zum Nähen verwendeten Fadens könne man schlüssig annehmen, daß es sich um die Versteinerung eines von Menschenhand geschaffenen Objekts handle.[43]

Die Wissenschaft wies diesen Fund jedoch als »Laune der Natur« zurück. Kein Buch über Versteinerungen wird je über ihn berichten, kein Fachmann über ihn schreiben. Ein 1922 aufgenommenes Foto ist alles, was heute von ihm geblieben ist.

Ein zweiter Schuhabdruck wurde in jüngerer Zeit entdeckt. William Meister fand ihn im Juni 1968 unweit von Antelope Springs in Utah in Gestein, das aus der Zeit der »kambrischen Explosion« stammt. Auch dieser Fund kann nur schwer abgetan werden.

Auf der Suche nach Fossilien spaltete Meister einen fünf Zentimeter dicken Schieferbrocken, der 505 bis 590 Millionen Jahre alt sein mußte. Als er auseinanderfiel, erschien in seinem Inneren etwas, das wie der Abdruck einer 26 cm langen und 9 cm breiten Sandale aussah.

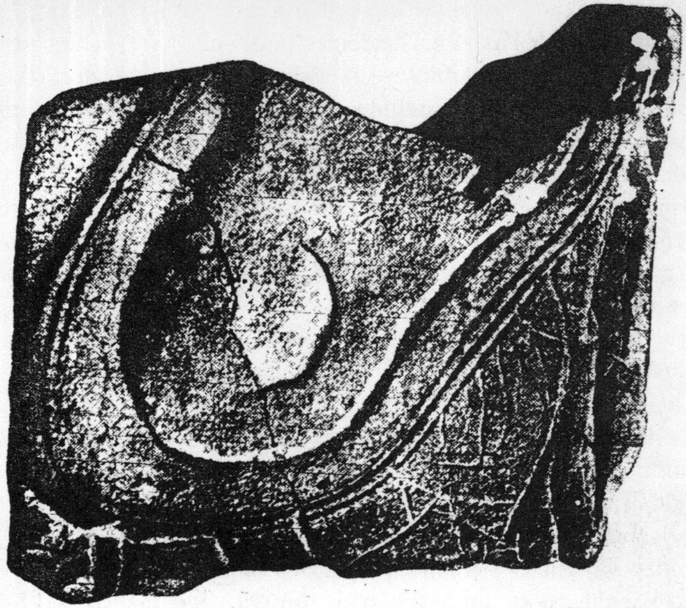

Teil einer versteinerten, in 213 Millionen Jahre altem Gestein entdeckten Schuhsohle. Bei einer Vergrößerung wären Details der Naht sichtbar. Diese einzige bekannte Aufnahme wurde 1922 von einer New Yorker Zeitung publiziert.

Wie zu erwarten, haben Wissenschaftler, die über diesen Fund informiert wurden, ihn nicht weiter beachtet, doch weist gerade er eine Besonderheit auf, die es sehr schwer macht, ihn als Kuriosität oder Fälschung zu bezeichnen.
Durch das Gewicht der Sandale war vor vielen Jahrmillionen etwas in den Schlamm gedrückt worden, das sich nun unter dem vorderen Ende der Sohle befand: ein kleiner versteinerter Trilobit, also ein seit 280 Millionen Jahren ausgestorbener Gliederfüßer. Der Eindruck, den er hinterlassen hat, ist deutlich sichtbar.
An der Ferse befand sich ein weiterer kleiner Trilobit, der offenbar nach Entstehen des flachen Sandalenabdrucks durch diesen gekrochen oder in ihn hineingefallen war.[44] Die beiden Tiere spre-

chen mit großer Wahrscheinlichkeit dagegen, daß es sich hier nur um eine geologische Merkwürdigkeit handelt. Sie könnten sogar der schlüssige Beweis dafür sein, daß das Objekt einerseits ein beträchtliches Alter aufzuweisen hat und andererseits tatsächlich das versteinerte Abbild eines sandalenförmigen Gegenstandes ist, der sich vor so vielen Jahrmillionen in den Schlamm drückte.
Der Wissenschaftler und Autor Dr. Richard Thompson, der Meister aufsuchte, um die Versteinerung zu studieren, berichtet: »Eine genaue Untersuchung des Abdrucks ergab keinen naheliegenden

Offenbar von einem Schuh hinterlassener fossiler Abdruck, 1968 in Utah in über 500 Millionen Jahre alten Ablagerungen entdeckt. Der kleine versteinerte Trilobit an der Ferse ist in den Abdruck gefallen, nachdem dieser entstand; das am Zeh sichtbare Tier ist von dem Gewicht des Wesens zerdrückt worden, das den Abdruck hinterließ.

Grund, warum er nicht als echt akzeptiert werden sollte.«[45] Mit Ausnahme seines Alters, muß man hinzufügen.

Menschen in grauer Vorzeit

Obgleich manche Leser Zweifel hegen könnten, scheint es angesichts dieser Funde vernünftig, ja sogar naheliegend, die Möglichkeit zu akzeptieren, daß vor vielen Millionen Jahren bereits intelligente Wesen auf der Erde lebten.
Vielleicht hat die Menschheit sich schon sehr früh und wiederholt entwickelt und hat Kulturen entstehen lassen, die später durch gravierende Vorfälle zugrunde gingen. Die ältesten Schriften, die uns überliefert wurden, sprechen von periodischen Vernichtungen der Menschheit über lange Zeiträume hinweg.
Die ältesten indischen Texte, die Veden, bei denen es sich womöglich um die ältesten Überlieferungen überhaupt handelt, sprechen von riesigen Zeiträumen menschlicher Existenz. Der kürzeste Abschnitt in den Veden ist das einen Zeitraum von 432 000 Jahren umfassende »Kali-Yuga«. Ein »Yuga« selbst dauert 4 320 000 Jahre, tausend dieser »Yugas« bilden ein »Kalpa«, einen »Tag Gottes« – und dieser entspricht in ungefähr der heutigen Berechnung des Alters der Erde.
Jede alte Überlieferung besteht aus einer Mischung von Wahrheit und Erfindung. Könnte diese Überlieferung womöglich teilweise korrekt sein?
Was die fortlaufende Debatte zwischen den Verfechtern einer Evolution der Menschheit und den Verteidigern einer göttlichen Schöpfung betrifft, so können die geschilderten Funde natürlich weder die eine noch die andere Seite unterstützen. Ihr außergewöhnlicher Charakter weist jedoch auf ein Versagen seitens der offiziellen Hüter der modernen wissenschaftlichen Theorie hin. Denn eine Theorie, die Beweismittel ablehnen muß, um zu überleben, ist es nicht wert, an ihr festzuhalten.

Probleme der Evolutionstheorie

Es dürfte nicht viele Menschen in unserer Zeit geben, die nie in Kontakt mit Charles Darwins Theorie der Evolution gekommen wären. Darwins Buch *Über die Entstehung der Arten durch natürliche Zuchtwahl* erschien Ende November 1859 und erlebte rasch drei Auflagen.

Indem Darwins Theorie als wirkende Kraft unserer Entstehung anstelle der göttlichen Vorsehung den Zufall postulierte, trat sie in direkten Widerspruch zum wörtlichen Verständnis der biblischen Schöpfungsgeschichte. Da sie zudem an einer Stelle eine evolutionäre Verbindung zwischen Menschen und Affen andeutete, wurde sie weithin als »Affentheorie« verspottet. In einem Streitgespräch mit dem die Evolution vertretenden Biologen T. H. Huxley erkundigte sich der Bischof von Oxford, Wilberforce, mit deutlichem Sarkasmus: »Was Ihre vermeintliche Abstammung vom Affen betrifft – meinen Sie, die läge eher auf seiten Ihres Großvaters oder auf seiten Ihrer Großmutter?«

Hinter dieser Attacke stand natürlich die unleugbare Tatsache, daß Darwins Theorie negative Folgen für die Religion haben mußte. Schließlich behauptete sie, das Leben sei ein zufälliger Prozeß, der keinen anderen Zweck besitze als das Überleben.

Darwins Theorie beruht auf zwei grundlegenden Gedanken:

1. In der Natur ereignen sich kleine, zufällige Veränderungen der Struktur oder der Funktion. Sind sie vorteilhaft, werden sie

durch die natürliche Selektion erhalten, sind sie es nicht, verschwinden sie.

2. Der Prozeß der evolutionären Veränderung ist graduell, langfristig und kontinuierlich. Es findet heute ebenso statt wie in der Vergangenheit. Der kumulative Effekt dieser kleinen Veränderungen läßt über einen langen Zeitraum hinweg neue Arten entstehen.

Die neue Theorie war zweifellos attraktiv: Sie besaß Logik, war einfach und erschien beruhigend selbstverständlich. Innerhalb eines Jahrzehnts hatte Darwin jene weit verbreitete und intensive wissenschaftliche Unterstützung gewonnen, die noch heute andauert. Sir Julian Huxley, Professor für Zoologie und Physiologie am Londoner King's College, formulierte 1959 den orthodoxen wissenschaftlichen Konsens, als er feststellte, Darwins Evolutionstheorie sei »keine Theorie mehr, sondern eine Tatsache«.[1] Der in Oxford lehrende Zoologe Richard Dawkins drückte sich 1976 nicht minder deutlich aus: »Heute kann man die Evolutionstheorie ungefähr ebenso anzweifeln wie die Lehre, daß sich die Erde um die Sonne dreht [...]«[2]

Angesichts solcher Aussagen wirkt es wie ein Schock, wenn etwa Stephen Jay Gould, Professor für Zoologie und Geologie an der Harvard University, 1977 bemerkt: »Fossilfunde geben keinen Hinweis auf einen allmählichen, stufen- und schrittweisen Wandel.«[3] Dies ist eine direkte Attacke auf einen der maßgeblichen Stützpfeiler von Darwins Theorie.

1982 schrieb David Schindel, Professor für Geologie an der Yale University, in der anerkannten Zeitschrift *Nature*, die postulierten graduellen »Übergänge zwischen den vermuteten Vorläufern und ihren Abkömmlingen« fehlten.[4]

Was ist geschehen? Haben wir alle in einem wichtigen Augenblick kurz die Augen zugemacht? Haben wir alle etwas verpaßt?

Wir dachten, die Debatte über die Evolution sei schon seit langem entschieden, doch wir hatten unrecht. Die Entstehung der Arten liegt heute ebenso im dunkeln wie zu Darwins Zeiten.

Die Entstehung der Arten

Darwin argumentierte, die Entwicklung einer Art aus ihrer Urform vollziehe sich durch eine lange, graduelle Progression, in deren Verlauf es zahllose Zwischenformen gebe. Ihm war bewußt, daß es, wenn seine Theorie korrekt war, Tausende dieser Übergangsformen gegeben haben mußte. Und er erkannte, daß diese Theorie mit der tatsächlichen Existenz entsprechender Formen stehen oder fallen mußte. Er schrieb: »So muss daher die Anzahl der Zwischen- und Übergangsglieder zwischen allen lebenden und erloschenen Arten ganz unfassbar gross gewesen sein. Aber zuverlässig haben dergleichen, wenn die Theorie richtig ist, auf der Erde gelebt.«[5] Doch warum, fragte er, sich selbst in Zweifel ziehend, »finden wir sie nicht in unendlicher Menge in den Schichten der Erdrinde eingebettet?«[6] Da er sich des Mangels an derartigen Fossilien in den geologischen Schichten qualvoll bewußt war, argumentierte er, das fossile Material sei eben »unvergleichbar weniger vollständig [...], als man gewöhnlich annimmt«.[7]

Dieses Problem verfolgte ihn jedoch so sehr, daß er ein ganzes Kapitel seines Buchs der »Unvollständigkeit der geologischen Urkunden« widmete. Trotz seiner zuversichtlichen Argumentation war ihm eindeutig nicht wohl in seiner Haut, denn er verspürte die Notwendigkeit, seine Erwartung zu dokumentieren, »dass in künftigen Zeiten noch so viele fossile Mittelglieder« entdeckt werden würden.[8]

Begeistert von Darwins Theorie und von der Gewißheit, die ausgiebige Beschäftigung mit fossilienhaltigen Ablagerungen werde diese »Unvollständigkeit« zufriedenstellend beseitigen, haben Geologen und Paläontologen (mit Fossilien befaßte Forscher) seither gewaltige Anstrengungen unternommen, die Lücken im fossilen Material zu füllen. Angesichts der ungeheuren Mittel, die über die Jahre in diese Aufgabe geflossen sind, muß es erstaunen, daß die Bemühungen gescheitert sind. So erklärt Professor Gould: »Die außerordentliche Seltenheit von Übergangsformen unter den Fossilfunden ist bis heute das Geschäftsgeheimnis der Paläontologie.«[9]

1978 gestand Goulds Kollege Niles Eldredge in einem Interview: »Niemand hat irgendwelche Geschöpfe ›dazwischen‹ entdeckt. Die Fossilienforschung hat es nicht geschafft, irgendein ›fehlendes Glied‹ aufzutreiben, und viele Wissenschaftler sind heute zunehmend der Überzeugung, daß diese Übergangsformen nie existiert haben.«[10]

Professor Steven Stanley schreibt: »Tatsächlich liefern die zutage geförderten Fossilurkunden keinen einzigen überzeugenden Beleg für den Übergang einer Art in eine andere. Außerdem hielten sich manche Arten erstaunlich lange.«[11] So hat zum Beispiel niemand je eine fossile Giraffe mit einem mittelgroßen Hals gefunden. Wenn das fossile Material die erwarteten Zwischenstufen nicht demonstrieren kann, was demonstriert es dann *tatsächlich*? Und was beweist es *tatsächlich*?

Der fossile Befund

Die ältesten uns bekannten Fossilien entstammen einer Epoche, die in der Geologie als Kambrium bezeichnet wird und etwa 590 Millionen Jahre zurückliegt. In Gestein, das aus dem Beginn dieser Epoche stammt, wurden winzige Relikte entdeckt. Es handelt sich um Bakterien und einige sehr merkwürdige Geschöpfe, die weder vorher noch nachher irgendwelche Verwandten haben: die Ediacara-Fauna aus einer Zeit vor 565 Millionen Jahren. All diese Lebewesen starben jedoch offenbar wenig später aus. Es scheint, als habe jemand probeweise eine Passage ins Buch des Lebens gekritzelt, unter die ein deutlicher Schlußstrich gezogen wurde. Erst danach begann die wirkliche Evolution, oder vielmehr: Etwas begann.

Und dieses »Etwas« war dramatisch, denn im Tierreich entstand alles auf einmal. So plötzlich und mysteriös blühte die Vielfalt der Lebensformen auf, daß die Wissenschaft von der erwähnten »kambrischen Explosion« spricht, die sie auf eine Zeit vor 530 Millionen Jahren datiert.

Die verblüffendste Entdeckung war, daß jede tierische Körperform – ob aus Fossilien bekannt oder noch heute zu finden – hier ihren Ursprung hat. Zu diesem Zeitpunkt wählte das Leben seine Grundformen und hielt es nie mehr für nötig, sie zu verändern.

Damit nicht genug: Obgleich man davon ausgeht, das gesamte Kambrium habe etwa 85 Millionen Jahre gedauert, fällt das tatsächliche Auftreten dieser neuen Formen in einen Zeitraum von ungefähr zehn Millionen Jahren oder weniger.[12]

Anders gesagt, läßt die Geschichte des Lebens auf der Erde etwa zwei Prozent Kreativität und 98 Prozent nachfolgende Entwicklung erkennen.

Es war die Körperform, nach der alle Lebewesen erstmals klassifiziert wurden. Inzwischen hat sich ein komplexes System ent-

Vereinfachte Systematik der Tiere

Lebende Organismen
|
Reich *Animalia*
|
Unterreich *Eumetozoa*
|
Stamm *Chordata*
|
Unterstamm *Vertebrata*
|
Klasse *Mammalia*
|
Ordnung *Carnivora*
|
Familie *Felidae*
|
Gattung *Felis*
|
Spezies *catus* → *Felis catus,* Hauskatze

wickelt, das alles, was lebt, in zwei große Reiche teilt: das Reich der Tiere und das der Pflanzen. Diese Rubriken erfahren weitere Unterteilungen, zuerst in die Stämme oder *Phyla* (Singular *Phylum*), dann weiter bis hinab zu den Arten und Unterarten (siehe das Schema auf S. 43).

Im allgemeinen wird das Tierreich in 37 Stämme unterteilt, die alle im Kambrium entstanden. Seit dieser Zeit hat die Evolution nur an Modifikationen des ursprünglichen Entwurfs gebastelt. Außerdem existieren keinerlei Hinweise auf irgendwelche früheren Entwicklungen. Es gibt keinen Beweis dafür, daß sich diese Stämme im Sinne einer darwinistischen Evolution entwickelt haben. Ihre Vertreter erscheinen im fossilen Material als voll ausgebildete, stark unterschiedliche Geschöpfe.

Die Wissenschaft ist nachdenklich geworden. So weist Professor Jeffrey Levinton von der New Yorker State University darauf hin, daß »alle evolutionären Veränderungen seit dem Kambrium nur Variationen der Grundmotive«[13] gewesen seien, und stellt die Frage: »Warum sind die alten Körperformen so stabil?«[14] Eine Antwort kann er nicht geben.

Aus dem geologischen Material wird überdeutlich, daß diese Stabilität die Norm ist. Fossile Formen von Tieren oder Pflanzen erscheinen, gedeihen Jahrmillionen lang und zeigen bei ihrem Verschwinden noch immer weitgehend dasselbe Aussehen. Sofern Veränderungen auftreten, sind diese graduell und meist auf die Größe beschränkt: Entweder wird das ganze Tier – oder die ganze Pflanze – größer oder bestimmte Teile davon.[15] Das jeweilige Lebewesen nimmt jedoch keine andere Form an, selbst wenn diese relativ verwandt sein sollte: Eine Maus hat sich noch nie zu einer Ratte entwickelt; aus einem Spatzen wurde noch niemals eine Amsel.

Zudem scheinen die aufgetretenen Veränderungen stark selektiv. Eine große Zahl noch heute existierender Lebewesen hat sehr lange Zeiträume überlebt, ohne daß ihre Form irgendwelche bedeutsamen Modifikationen erfahren hätte. Dies widerspricht allen Erwartungen der Darwinschen Evolution.

Zweischalige Muscheln wie die Austern sehen heute etwa genau-

Zuverlässigkeit des fossilen Befundes

Gesamtzahl heutiger *Ordnungen* landlebender Wirbeltiere	43
Gesamtzahl der Wirbeltier-Ordungen im fossilen Material	42
In fossiler Form gefunden wurden folglich:	**97,7 %**
Gesamtzahl heutiger *Familien* landlebender Wirbeltiere	329
Gesamtzahl der Wirbeltier-Familien im fossilen Material	261
In fossiler Form gefunden wurden folglich:	**79,3 %**

Diese Zahlen lassen darauf schließen, daß das vorhandene fossile Material einen zuverlässigen Spiegel der bislang auf der Erde aufgetretenen Lebensformen darstellt.
Der Versuch, die Lücken der Evolutionstheorie mit einer Unvollständigkeit des fossilen Befundes zu rechtfertigen, ist daher nicht sehr überzeugend.

so aus wie zu der Zeit, als sie vor 400 Millionen Jahren erstmals auftraten. Die Quastenflosser und die Lungenfische leben seit ungefähr 300 Millionen Jahren ohne signifikante Veränderungen. Haie sind 150 Millionen Jahre lang gleich geblieben. Störe, Schnappschildkröten, Alligatoren und Tapire zeigen seit über 100 Millionen Jahren eine Stabilität der Körperform; die heutigen Opossums unterscheiden sich nur in kleinen Details von jenen, die erstmals vor 65 Millionen Jahren auftraten. Die erste Schildkröte besaß einen Panzer wie ihre heutige Schwester, die ersten Schlangen sind mit ihren heutigen Artgenossen fast identisch. Auch die Fledermäuse sind gleich geblieben, ebenso wie die Frösche und die Salamander.

Ist die Evolution also zum Stillstand gekommen? Oder wirkt ein anderer Mechanismus, eine andere Kraft?

Als Beispiel für die Evolution wird oft das Pferd genannt. Man nimmt an, seine Geschichte habe mit dem winzigen vierzehigen *Hydracotherium*[16] begonnen, das vor 55 Millionen Jahren lebte und sich zum heutigen *Equus* entwickelt habe, das es seit ungefähr drei Millionen Jahren gibt. Überall sieht man ebenso hübsche wie überzeugende Diagramme und Museumsvitrinen mit Darstel-

Vorgebliche Evolution der Wirbeltiere

Das Diagramm zeigt die Vielzahl der Wirbeltierformen seit der Zeit der »kambrischen Explosion«. Gestrichelte Linien repräsentieren die »fehlenden Glieder«, die nach der Evolutionstheorie zur Verbindung der Gruppen nötig sind. *Im fossilen Material sind diese Zwischenstufen nicht aufgetaucht.*

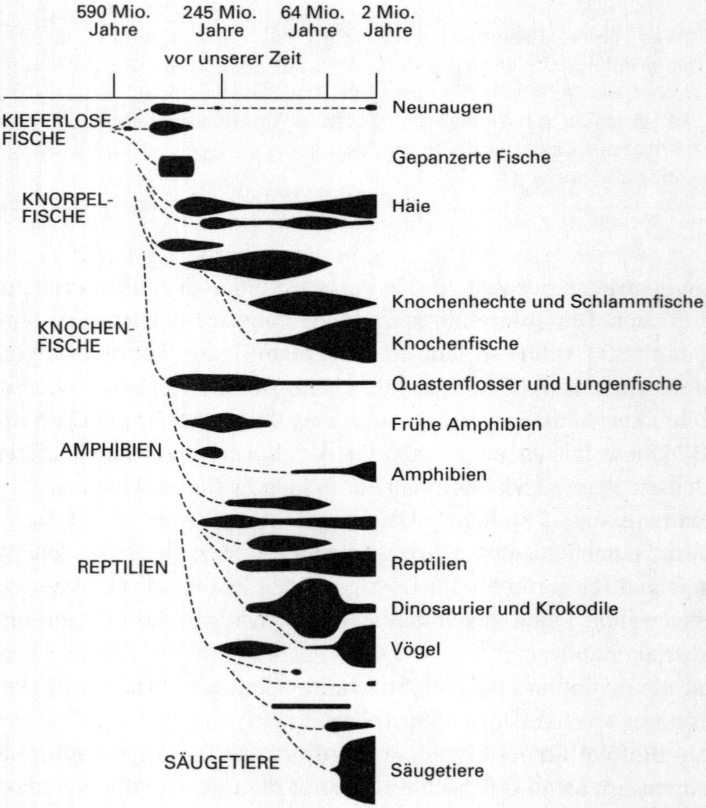

lungen der fortschreitenden Evolution des Pferdes. Geschickt wird da gezeigt, wie sich die Zehen allmählich zu einem Huf reduzieren, wie die Größe des Tieres stark zunimmt und wie sich seine Zähne seinem veränderten Speisezettel anpassen.

Allerdings ist die Fachwelt sich inzwischen weitgehend einig, daß dieser Prozeß einer langsamen, aber unaufhaltsamen Veränderung, durch die ein Tier von der Größe eines Hundes sich zum heutigen, großgewachsenen Pferd entwickelt haben soll, »weitgehend fiktiv« ist.[17] Wie bei Fossilfunden üblich, existieren in Wahrheit häufig Lücken zwischen den verschiedenen Arten fossiler Pferde, die in die Entwicklungslinie gestellt werden. So ist schon der Ursprung des ersten Tieres – also des *Hydracotherium* – ein Geheimnis; ein Verbindungsglied zu dem vermeintlichen »zweiten« Pferd ist unbekannt, und so geht es weiter.

Wir haben also keine Entwicklungslinie vor uns und noch nicht einmal einen zum heutigen *Equus* führenden Stammbaum, sondern einen großen Busch, von dem nur die Spitzen der vielen Zweige sichtbar sind. Was bleibt, ist die Frage nach der Existenz eines gemeinsamen Stammes. Zu verschiedenen Zeiten lebten unterschiedliche Arten von Pferden, manche mit vier Zehen, manche mit weniger, manche mit großen und manche mit kleinen Zähnen. Diese Pferde wurden größer, wieder kleiner und dann wieder größer. Irritierend ist dabei immer das Fehlen verbindender Zwischenformen.

Außerdem muß letztendlich zugegeben werden, daß sich das angebliche Urpferd gar nicht so stark von seinem heutigen Vetter unterscheidet. Abgesehen von wenigen unbedeutenden Veränderungen an Füßen und Zähnen und von der unterschiedlichen Größe ist nur wenig anders, was von Bedeutung wäre. Und selbst wenn diese zwar nebensächliche, aber als Beleg für die Evolution propagierte Veränderung tatsächlich stattgefunden haben sollte, ist sie angesichts eines Zeitraums von 52 Millionen Jahren kaum besonders eindrucksvoll. Um es kraß auszudrücken: Wird diese Pseudoabfolge in irgendeiner Weise als Beweis für die Evolutionstheorie herangezogen, so ist dies weniger ein wissenschaftliches Vorgehen als ein Akt des Glaubens.[18]

Die unvermittelte Entstehung der Arten

Das fossile Material zeichnet sich durch zwei Aspekte aus: zum einen die Stabilität der Pflanzen- und Tierformen, sobald diese einmal erschienen sind, zum anderen die abrupte Art und Weise, wie diese Formen auftauchen und später wieder verschwinden.
Neue Formen erscheinen als fossile Belege, ohne daß sich irgendwelche Vorfahren aufdrängten; ebenso plötzlich verschwinden sie wieder, ohne logische Nachfolger zu hinterlassen. Man könnte das fossile Material daher beinahe als Archiv einer gewaltigen Reihe von Schöpfungen bezeichnen, die nur durch die Wahl der Körperform, nicht aber durch evolutionäre Bande zusammenhängen.
Professor Gould hat diese Lage so zusammengefaßt: »In allen Lebensbereichen treten Arten nicht aufgrund unablässiger Veränderungen ihrer Vorläufer auf. Sie erscheinen vielmehr plötzlich und ›voll ausgebildet‹.«[19]
Diesen Vorgang können wir fast überall beobachten. Als nach dem fossilen Material beispielsweise vor ungefähr 450 Millionen Jahren die ersten Landpflanzen entstanden, geschah dies, ohne daß irgendwelche früheren Entwicklungen bekannt wären. Doch schon zu diesem frühen Zeitpunkt sind sämtliche wichtigen Variationen erkennbar. Nach der Evolutionstheorie wäre das unmöglich, falls wir nicht akzeptieren, daß *keines* der vermeintlichen Bindeglieder sich in versteinerter Form erhalten hat. Dies aber scheint einigermaßen unwahrscheinlich.
Ähnliches gilt für die Blütenpflanzen. Obgleich die vor ihrem Auftreten liegende Epoche eine große fossile Vielfalt aufweist, hat man keine Urformen entdeckt. So bleibt auch der Ursprung dieser Pflanzen im dunkel.
Auch im Tierreich findet sich diese Anomalie. Mit Rückgrat und Hirn ausgestattete Fische erscheinen erstmals vor ungefähr 450 Millionen Jahren. Ihre unmittelbaren Vorläufer sind unbekannt. Ein weiterer Schlag für die Evolutionstheorie ist die Tatsache, daß diese ersten – kieferlosen, aber gepanzerten – Fische ein teilweise aus Knochenmaterial bestehendes Skelett besaßen. Die weit verbreitete Geschichte, ein Knorpelskelett, wie es Haie und Ro-

chen haben, habe sich zu einem Knochenskelett entwickelt, ist schlichtweg falsch. Tatsächlich erscheinen diese knochenlosen Fische erst 75 Millionen Jahre später im fossilen Material.
Eine wichtige Stufe in der scheinbaren Evolution der Fische soll zudem die Entwicklung eines Kiefers darstellen. Doch die ersten Fische mit Kiefer erscheinen abrupt, ohne daß frühere kieferlose Fische als Vorläufer bezeichnet werden könnten. Eine zusätzliche Kuriosität ist die Tatsache, daß die kieferlosen Neunaugen noch heute glücklich weiterleben. Wenn Kiefer einen derartigen evolutionären Fortschritt darstellten, warum sollten solche Fische noch immer existieren? Ebenso geheimnisvoll ist die Entwicklung der Amphibien, die trotz ihrer Bindung ans Wasser an der Luft atmen und sich auf dem Land aufhalten können. In seinem Buch *Die unberechenbare Ordnung* schreibt Robert Wesson:

> »Die einzelnen Stadien, in denen sich ein Fisch zu einem Amphibium entwickelte, sind unbekannt [...]. Die frühesten Landtiere erscheinen mit vier ausgebildeten Beinen, Schulter- und Beckengürtel, Rippen und ausgeprägten Köpfen [...]. Vor 320 Millionen Jahren tauchten innerhalb von einigen Jahrmillionen auf einmal ein Dutzend Amphibienordnungen in der Stammesgeschichte auf – keine davon ist der Vorläufer einer anderen.«[20]

Auch Säugetiere zeigen dieses abrupte Entwicklungsmuster. Der erste Säuger war ein kleines Tier, das zur Zeit der Dinosaurier, also vor 100 und mehr Millionen Jahren, verstohlen umherschlich.[21] Dann, nach dem mysteriösen und weiterhin ungeklärten Verschwinden der Saurier vor ungefähr 65 Millionen Jahren, tauchen gleichzeitig – vor 55 Millionen Jahren – mehr als ein Dutzend verschiedener Gruppen von Säugetieren im fossilen Material auf. Aus dieser Zeit stammen Fossilien von Bären, Löwen und Fledermäusen, die an ihre heutigen Nachkommen erinnern. Kompliziert wird die Geschichte dadurch, daß diese Tiere nicht in einem einzigen Gebiet auftauchen, sondern gleichzeitig in Asien, Südamerika und Südafrika. Zu all diesen Unwägbarkeiten kommt noch die Unsi-

cherheit, ob der kleine Säuger aus der Zeit der Dinosaurier tatsächlich als Vorläufer der späteren Säugetiere gelten kann.[22]
An welcher Stelle man den fossilen Befund auch betrachtet, man findet eine Vielzahl von Lücken und Geheimnissen. So existieren zum Beispiel keine fossilen Verbindungsglieder zwischen den ersten Wirbeltieren und jenen primitiveren Lebewesen – den Chordatieren –, die ihre Vorläufer sein sollen.[23] Die Amphibien wiederum unterscheiden sich deutlich von den frühesten Vertretern dieses Typs, doch klafft eine fossile Lücke von 100 Millionen Jahren zwischen den älteren und jüngeren Formen.[24]
Es sieht so aus, als zerfiele Darwins Evolutionstheorie vor unseren Augen. Seine Vorstellung einer »natürlichen Auslese« könnte eventuell überleben, doch nur in beträchtlich veränderter Form. Klar ist, daß es keine Belege für die Entwicklung irgendwelcher neuen Pflanzen- oder Tierformen gibt. Erst wenn eine Form erschienen ist, spielt die natürliche Auslese unter Umständen eine Rolle. *Sie wirkt sich aber nur bei bereits existierenden Formen aus.*
Häufig experimentieren Schüler, Studenten und Wissenschaftler mit der Aufzucht der Fruchtfliege *Drosophila*, weil man ihnen erklärt hat, sie könnten damit einen Beweis der Evolutionstheorie nachvollziehen. Sie lassen Mutationen der Fliege entstehen, verleihen ihr andersfarbige Augen, lassen ein Bein aus dem Kopf wachsen oder erzeugen einen Doppelthorax. Gelegentlich schaffen sie es sogar, eine Fliege mit vier Flügeln statt der üblichen zwei auszubrüten. Doch diese Veränderungen modifizieren lediglich bereits vorhandene Merkmale der Flügel: Zum Beispiel sind die zwei zusätzlichen Flügel nur Duplikate des ursprünglichen Paares. Hingegen ist nie ein neues inneres Organ entstanden, und ebensowenig hat eine Fruchtfliege sich je in etwas verwandelt, das an eine Biene oder einen Schmetterling erinnern würde.[25] Entstanden ist noch nicht einmal eine andere Fliegenart. Was herauskam, war immer eine Variante der Gattung *Drosophila.* »Natürliche Auslese kann vielleicht das Entstehen von Anpassungen erklären, aber nicht das Entstehen von Arten«, schreibt B. Leith.[26] Und selbst diese begrenzte Anwendung führt zu Problemen.

Wie kann die natürliche Auslese beispielsweise die Tatsache erklären, daß der Mensch – eine einzige Spezies – Dutzende verschiedener Arten von Blutgruppen aufweist? Wie kann sie erklären, daß eine der ersten als Fossil bekannten Arten, der aus dem Kambrium stammende Trilobit, ein so komplexes und leistungsfähiges Auge besitzt, daß es von keinem späteren Mitglied seines Stammes je verbessert wurde? Und wie hätten sich Federn entwickeln können? Was sie betrifft, gibt Barbara Stahl in ihrem Standardwerk über Evolution zu: »Wie diese – wahrscheinlich aus Reptilienschuppen – entstanden sind, entzieht sich der Analyse.«[27]
Schon zu Beginn war Darwin sich bewußt, daß er vor weitreichenden Problemen stand. Die Entwicklung komplexer Organe etwa trieb seine Theorie bis an ihre Grenzen. Denn wie konnte ein Organ aus Sicht der natürlichen Auslese schon vor seinem tatsächlichen Funktionieren vorteilhaft genug sein, um sein Fortbestehen zu gewährleisten? Professor Gould stellt denn auch die Frage: »Welchen Nutzen haben möglicherweise die unvollkommenen Anfangsstadien nützlicher Strukturen? Was nützt ein halber Kiefer oder Flügel?«[28]
Oder etwa ein halbes Auge? Nicht nur unterschwellig hat schon Darwin sich diese Frage gestellt. 1860 gestand er einem Kollegen: »Bis heute verursacht mir das Auge einen kalten Schauer.«[29] Ein durchaus berechtigtes Gefühl.
Sollte die natürliche Auslese tatsächlich ein gültiger Mechanismus für Veränderungen sein, so bedarf sie eines neuen Verständnisses. Als letztes Beispiel dafür – und vielleicht als Beweis – mag das Ausscheidungsverhalten des Faultiers gelten, wie es Robert Wesson beschreibt:

> »Ein Faultier entleert seinen Darm nicht wie andere Baumbewohner nach Bedarf, sondern bloß jede Woche einmal oder sogar in noch längeren Zeitabständen – was für einen Vertilger von grober Pflanzenkost gar nicht so einfach ist. Zu gegebener Zeit läßt es sich dann zur Erde herab, mit der es ansonsten niemals in Berührung kommt, erleichtert sich und vergräbt seine Exkremente. Der evolutionäre Vorteil für das Faultier dürfte

dabei die Befruchtung des Wohnbaums sein. Mit anderen Worten: Eine Reihe von zufälligen Mutationen brachte einen Urahn des Faultiers dazu, auf eine für ein Faultier ungewöhnliche Weise seine Notdurft zu verrichten. Das verbesserte die Qualität des Blattwerks in seinem Lieblingsbaum und führte dazu, daß er eine zahlreichere Nachkommenschaft zeugte als seine Artgenossen, die ihren Kot einfach herabfallen ließen.«[30]

Entweder verfügt die Evolution über andere Arten der »natürlichen Auslese«, von denen wir noch nicht einmal etwas ahnen, oder etwas anderes muß dazu herhalten, die abrupte Streuung des fossilen Materials zu erklären – vielleicht ist es ein kosmischer Sinn für Humor?

Irreguläre Evolution

Der Problematik der fossilen Belege war man sich von Anfang an bewußt. Ein Jahrhundert lang hoffte die Wissenschaft einfach, sie würde sich durch Funde, mit denen man die Lücken überbrücken könnte, in Luft auflösen. Eine andere Lösung wäre die Entdeckung eines sicheren Belegs gewesen, daß diese Lücken auf periodische geologische Vorgänge zurückzuführen wären und nicht auf Probleme der Evolutionstheorie. Mit der Zeit wurde die Belastung jedoch zu stark, und 1972 zerbrach der Konsens, als Stephen Jay Gould und Niles Eldredge auf einer Tagung über evolutionäre Themen gemeinsam ein radikales Referat vortrugen,[31] dessen Tenor in eindeutigem Widerspruch zu Darwins Theorie stand.
Die beiden Forscher argumentierten folgendermaßen: Obgleich das fossile Material zweifellos alles andere als zufriedenstellend sei, sei das beobachtete abrupte Auftauchen neuer Arten nicht eine Folge der Unvollständigkeit dieses Materials, sondern ein Spiegel der Realität. Die Entstehung der Arten ließe sich daher womöglich nicht auf einen graduellen Evolutionsprozeß zurückführen, sondern auf einen Vorgang, bei dem lange Phasen der Sta-

bilität gelegentlich von ebenso plötzlichen wie massiven Veränderungen der Lebewesen unterbrochen worden seien. Durch diese Argumentation konnten Gould und Eldredge die Abwesenheit »fehlender Glieder« erklären: Sie bestritten einfach deren Existenz.

Auch wenn diese These die Problematik des fossilen Befunds plausibel begründet, sie beruht doch auf einer Sichtweise, nach der die Entwicklung des Lebens sich nach einem zufälligen Muster abspielte. Man kann jedoch zeigen, daß die Evolution, auf welche Weise sie auch ablief, wahrscheinlich nicht auf einen zufälligen Prozeß zurückzuführen ist.

Die Informationen für die jeweiligen Pflanzen- und Tierformen sind im genetischen Kode enthalten. Dieser Kode ist ebenso komplex, wie die Zahl der möglichen Variationen gewaltig sein kann. Könnte er sich auf Zufallsbasis entwickelt haben? Ein kurzer Blick auf die Zahlen legt das Gegenteil nahe. Nehmen wir einmal an, ein Affe säße an einer Schreibmaschine und tippte jede Sekunde auf eine Taste. Wie lange würde es dann dauern, bis er durch Zufall ein zwölf Buchstaben enthaltendes deutsches Wort schriebe? Die Antwort lautet: nahezu 17 Millionen Jahre.[32]

Wie lange bräuchte nun derselbe Affe, um zufällig einen bedeutungstragenden deutschen Satz mit hundert Buchstaben hervorzubringen – und damit eine wesentlich weniger komplexe Kette als die des genetischen Kodes? Hier ergibt sich eine derart geringe Wahrscheinlichkeit, daß die Zahl der gegenteiligen Chancen größer ist als die Gesamtsumme aller Atome im bekannten Universum.[33] Im Grunde ist es also unmöglich, zufällig eine relevante Sequenz aus hundert Symbolen herzustellen. Ebenso unmöglich müßte es sein, daß der komplexe genetische Kode des Lebens durch einen Zufall entstanden ist, wie ihn die Evolutionstheorie erforderte.

Der um anschauliche Beispiele nie verlegene Astronom Fred Hoyle schrieb einmal, das zufällige Entstehen höherer Lebensformen gleiche der Chance, daß »ein durch einen Schrottplatz tobender Tornado eine Boeing 747 zusammensetzen« könnte.[34]

Wenn der genetische Kode aber nicht durch einen zufälligen Prozeß entstanden ist, muß ihm ein nicht zufälliger Prozeß zugrunde liegen. Wohin kann dieser Gedankengang uns führen?

Zielgerichtete Evolution

1991 stellte Robert Wesson in seinem Buch *Die unberechenbare Ordnung* eine ebenso neue wie dynamische These zur Diskussion. Der Autor kritisierte das Festhalten an der Darwinschen Evolution als »Tagtraum von einem Universum [...], das wie ein großes Uhrwerk funktioniert«.[35] Wesson weist darauf hin, wir könnten die einzelnen Tierarten nicht isoliert betrachten, und schlägt eine breitere Perspektive vor:

> »Organismen entwickeln sich als Teil einer Gemeinschaft, eines Ökosystems; [einer] Gesamtheit, die sich notwendigerweise zusammenhängend entwickelt [...]. Man sollte daher nicht vom Ursprung der Arten, sondern besser von der Entwicklung der Ökosysteme sprechen.«[36]

Auf wahrhaft revolutionäre Weise schlägt Wesson sodann vor, die Ergebnisse der Chaostheorie auf die Evolution anzuwenden, um Sinn in all die verblüffenden Kuriositäten zu bringen, die wir sowohl im fossilen Material wie bei den heutigen Lebewesen beobachten können.

Geschöpfe des Chaos

Die Chaostheorie ist ein Mittel zum Verständnis sehr komplexer Systeme – wie etwa der Evolution. Es geht dabei um ein Gesamtverständnis, nicht um eine Zerlegung in Einzelteile, wie es üblicherweise der Fall ist.
Die herkömmliche Physik ist ratlos, wenn es darum geht, die Entwicklung komplexer Systeme zu begreifen oder vorherzusagen, ob

es sich um das Wetter handelt, die Turbulenz des Wassers, das durch ein Rohr rauscht, oder das Bevölkerungswachstum. Die Chaostheorie hat eine Technik zum Verständnis der Struktur entwickelt, die den scheinbar zufälligen Vorgängen zugrunde liegt, aus denen diese Systeme bestehen. Dabei erweist sich diese Struktur als Muster.

Entdeckt wurde die Chaostheorie im Jahr 1961 von Edward Lorenz, der die Möglichkeiten der Wettervorhersage erforschte. Lorenz war dabei, eine Computersequenz zu wiederholen, um ein bestimmtes Element näher zu untersuchen. Um Zeit zu sparen, begann er inmitten der Sequenz; und statt die exakten, bis auf sechs Dezimalstellen genauen Daten einzugeben, verzichtete er auf die letzten drei Dezimalstellen jeder Zahl. Eventuelle Veränderungen, nahm er an, würden minimal sein. In der Erwartung, das Programm werde das erste Ergebnis bestätigen, ließ er es laufen und verschwand, um einen Kaffee zu trinken.

Als Lorenz zurückkehrte, stellte er fest, daß etwas ganz Unerwartetes geschehen war: Das Resultat der wiederholten Sequenz, ein Diagramm, war am Anfang identisch mit dem zuvor ausgedruckten Blatt, wich von diesem dann aber rasch ab, zuerst minimal und schließlich stark. Diese rasch eskalierende Abweichungsquote wird heute als »Kaskade ins Chaos« bezeichnet. Der winzige und scheinbar unbedeutende Irrtum, den Lorenz durch das Weglassen der letzten Dezimalstellen seiner Daten eingeführt hatte, hatte rasch zu einem völlig unterschiedlichen Ergebnis geführt.[37]

Lorenz etablierte zwei Prinzipien des Chaos. Zum einen ist dies eine Empfindlichkeit gegenüber den Ausgangsbedingungen: Kleine Unterschiede können am Ende große Wirkungen zeigen; zum zweiten die Bedeutung der Resonanz aus der Umgebung. Es besteht eine beständige Wechselbeziehung zwischen dem sich entwickelnden System und seiner Umgebung, bei der sich die beiden Elemente in einem endlosen Kreislauf rückwärts wie vorwärts beeinflussen. Dadurch verändert sich das System auf vollkommen unvorhersehbare Weise.

Die Chaostheoretiker haben ein Auge auf die Muster, und die Muster chaotischer Systeme weisen Ähnlichkeiten auf. So kann man die bei Schneeflocken sichtbaren Muster auch in strudelndem Wasser erkennen, im Muster des Herzschlags und in den sich am Strand brechenden Wellen. Auf irgendeine Weise spielt die Natur das Spiel des Chaos.

Kurz gesagt: Zufällig erscheinenden Ereignissen wohnt eine Ordnung inne.

Das gesamte Ökosystem, innerhalb dessen wir und alle anderen Lebewesen existieren, ist Teil einer globalen Einheit, die ständig und fortschreitend ins Chaos stürzt, und zwar seit Anbeginn des Lebens. Wie wir sehen werden, kann diese Vorstellung das Problem der Existenz von Millionen seltsamer und unwahrscheinlicher Tier- und Pflanzenformen lösen, die mit Darwins natürlicher Auslese unmöglich zu erklären ist. Diese Kuriositäten *müssen nicht mehr als vorteilhaft erkannt werden, um ausgewählt zu werden*. Betrachtet man die Entwicklung genetischer Variationen als chaotische Kaskade im Verlauf der Jahrmillionen, so kann sie diese unglaubliche Vielfalt erklären. Verglichen damit erscheint Darwins natürliche Auslese linear, mechanistisch und einschichtig.

Die Chaostheorie hat eine weiteres überraschendes Konzept zu bieten: eine evolutionäre Zielrichtung.

Aufgrund der Bedeutung, die die Wechselbeziehung mit der Umgebung für das Entstehen chaotischer Muster hat, können wir erkennen, daß das Leben nicht einfach hilflos durch eine Einbahnstraße zufälliger Einflüsse verändert wird. Es ist vielmehr aktiv daran beteiligt, seine zukünftige Richtung zu bestimmen.

Die zunehmende Komplexität der Lebewesen im Verlauf der Jahrmillionen steht völlig im Einklang mit der Chaostheorie, denn hier zeigt sich ein System, das sich von seinem Ausgangspunkt hin zu einer unberechenbaren Vielfalt entwickelt. Doch damit nicht genug: Die in der Evolution sichtbare Entwicklung zur Komplexität verweist darauf, daß es sich nicht um einen zufälligen Vorgang handeln kann. Vielmehr scheint hier der Ausdruck eines tiefer liegenden Musters auf:

»Die Evolution kann insofern als ein zielgerichteter Prozeß betrachtet werden, als sie Teil eines zielgerichteten Universums ist – als eine Entfaltung von Möglichkeiten, die irgendwie zu diesem Kosmos gehören.«[38]

Als Beleg für dieses zielgerichtete Universum führt Wesson die Sonne und ihre Planeten an, die sich auf natürliche Weise von einem Feuerball zum Sonnensystem entwickelt hätten. Dies sei der Beweis für eine Progression, vielleicht für einen Zyklus, innerhalb derer sich ein innewohnendes Potential entfaltet.
Versucht hier etwas, sich auszudrücken?

Ein Akt des Glaubens

Darwins Theorie ist ein Produkt ihrer Zeit. Der Mensch der Viktorianischen Ära war von einem Überlegenheitsgefühl der restlichen Welt gegenüber erfüllt, und Darwin scheint diesen Glauben wissenschaftlich sanktioniert zu haben.
Als Darwins wissenschaftliche Nachfolger seine Theorie mit den Erkenntnissen der Genetik verbunden hatten, glaubten sie, dadurch unangreifbar geworden zu sein. Trotzdem bleibt die Evolutionstheorie wesentlich stärker dem religiösen Glauben verhaftet als wissenschaftlichen Tatsachen. Sie mag manche Wissenschaftler zufriedenstellen und deren Leben Bedeutung verleihen, doch für die Fakten liefert sie keine Erklärung.
Ein Krieg tobt in diesem Bereich der Wissenschaft, und manche Fachleute sind der Evolutionstheorie auf nahezu ideologische Weise verhaftet – wie der Oxford-Professor Dawkins, der mit seiner glühenden Forderung, an orthodoxen Vorstellungen festzuhalten, wie das moderne Spiegelbild eines fundamentalistischen Predigers aus dem 17. Jahrhundert erscheint. Scheinbar ist es wichtiger, die Integrität der Theorie aufrechtzuerhalten, als die Fakten zu verstehen.
Nicht nur von seiten der Vertreter der biblischen Schöpfungsleh-

re unter Druck geraten, versucht die Wissenschaft, eine einheitliche Front zu bilden. Es scheint, als fürchtete man, nach der Aufgabe der Darwinschen Vorstellungen religiösen Eiferern in die Hände zu fallen. Das ist Unsinn und zeigt allenfalls nur, wie schwach viele Wissenschaftler ihre Erklärungsmuster tatsächlich einschätzen. Aus Angst an Darwin festzuhalten ist jedoch kein Akt des Selbstschutzes, sondern pure Feigheit.

Im Grunde ist Darwins Evolutionstheorie ein Mythos. Wie alle Mythen versucht sie ein Bedürfnis zu befriedigen – in diesem Fall das nach einer Einsicht in den Ursprung der Menschheit. In diesem Rahmen mag sie auch funktionieren, was indessen nicht beweist, daß sie auch wahr ist.

DRITTES KAPITEL

Sind sie doch nicht ausgestorben? Seeschlangen und andere Ungeheuer

Im Jahr 1972 verließ die von der US-Marine kurz zuvor zur U-Boot-Bekämpfung in Dienst gestellte Fregatte »Stein« ihren Heimathafen San Diego. Ihre Routinepatrouille führte sie die Küste von Südamerika entlang. Kurz nach der Überquerung des Äquators setzte aus unerklärlichen Gründen das Sonargerät aus und konnte trotz intensiver Bemühungen nicht repariert werden. Gezwungen, ihre Reise abzubrechen, kehrte die »Stein« zur Instandsetzung in ein Trockendock des Marinestützpunkts Long Beach zurück. Dort entdeckte man rasch den Grund für die Fehlfunktion. Die große Kuppel des Sonargeräts, die aus der Unterseite des Schiffsrumpfs herausragte, war dem wütenden Angriff eines gewaltigen Meeresgeschöpfs ausgesetzt gewesen. In ihrem weichen Überzug steckten noch Hunderte hohler, scharfer Zähne, die teils bis zu zweieinhalb Zentimeter lang waren. Hinzugezogene Fachleute mußten letztendlich – wenn auch zögernd – eingestehen, was offensichtlich war: Die Beschädigungen waren von einem Lebewesen verursacht worden, das »ungeheuer groß gewesen sein und einer der Wissenschaft bislang unbekannten Art angehört haben« mußte.[1]

Als Teil eines amerikanischen Programms zur Erforschung der seltsamen Lebewesen in extremen Meerestiefen setzte man in den 60er und 70er Jahren ein kleines Tauchboot namens »Alvin« ein. Man interessierte sich dabei besonders für die Lebensformen im Umkreis der warmen Tiefseequellen. Die »Piloten« des wendigen Fahrzeugs hatten sich an merkwürdige Geschöpfe und plötzlich auftretende Notfälle gewöhnt, denn bei jeder Tauchfahrt drangen sie bis an die Grenzen des Wissens und der Technik vor. Dennoch waren selbst sie gegen schockierende Erlebnisse nicht gefeit.
Bei einer Fahrt in mehr als 1000 m Tiefe blickte »Mac« McCamis, ein erfahrener Pilot, aus seiner Beobachtungskanzel, als plötzlich und ohne Vorwarnung ein gewaltiges Tiefseegeschöpf mit hoher Geschwindigkeit vorbeiglitt und ebenso rasch in der tiefschwarzen Finsternis verschwand. Trotz all seiner Taucherfahrung war McCamis fassungslos. Er berichtete, er habe »ein Monster oder so was« gesehen, das »mindestens zwölf bis 15 Meter lang« gewesen sei.[2] Die Identität des Tieres ist bis heute ein Rätsel.
Wissenschaftler an Bord eines anderen Forschungs-Tauchboots, der »Deepstar 4000«, beobachteten in den späten 60er Jahren ein ähnliches Ungeheuer. Sie waren in 1200 m Tiefe dabei, auf dem Meeresgrund des San-Diego-Grabens Instrumente zu installieren, als ein riesiger, ungefähr zwölf Meter langer Fisch einer unbekannten Spezies direkt auf sie zuschwamm. »Die Augen waren so groß wie Suppenteller«, berichtete der Pilot.[3]
Die Existenz von Seeungeheuern ist eine Tatsache. Es ist nicht immer notwendig, von unbekannten Arten zu sprechen, um sie zu untermauern. Skeptiker werden darauf hinweisen, daß solche Ungeheuer im Grunde gut bekannt sind: Es könnte sich um Wale oder Walhaie handeln; und selbst ein mit hohem Tempo vorbeiziehender Weißer Hai könnte noch größer und furchterregender aussehen, als er ohnehin schon ist. Allgemein ist man davon überzeugt, daß kein unbekanntes Tier über einer bestimmten Größe der immer mehr perfektionierten Erforschung des Meeres durch die Fischereiflotte, die Marine und speziell ausgerüstete Forschungsschiffe entgangen sein kann. In Wahrheit ist diese Auffassung nur ein übertriebener Anfall von überheblichem Selbstvertrauen.

Große, unbekannte Meeresgeschöpfe wurden durchaus entdeckt – nur nicht von Wissenschaftlern.

Als ein im Jahr 1976 vor der Küste von Hawaii operierendes amerikanisches Forschungsschiff seinen Anker lichtete, hatte sich daran ein großer, völlig unbekannter Hai verfangen. Das ungefähr viereinhalb Meter lange Tier gehörte nicht nur zu einer neuen Spezies, sondern zum Erstaunen der Biologen sogar zu einer neuen Gattung und einer neuen Familie. Aufgrund seines großen, über 1,20 m breiten Mauls erhielt es bald den Spitznamen »Megamouth«.[4]

Es zeigte sich, daß der Megamouth anders ist als alle anderen Haie. In Relation zum Körper ist sein Kopf groß und klobig, sein Maul ist mit lumineszierender Haut ausgekleidet und enthält 256 Reihen winziger Zähne. Der Fisch lebt von Plankton, das er aus dem Wasser filtert, ist langsam und scheu und stellt höchstwahrscheinlich keine Gefahr für den Menschen dar. Erstaunlich ist indessen, daß man ihn erst vor 20 Jahren zum ersten Mal zu Gesicht bekommen hat.

Im Jahr 1990 gelang es, einen etwas größeren Megamouth lebend zu fangen. Um sein Verhalten zu studieren, pflanzte man ihm zwei kleine Sender unter die Haut und setzte ihn wieder in den Ozean. Es stellte sich heraus, daß der Hai jeden Tag eine Tiefenwanderung unternahm, um seiner Nahrungsquelle – dem Plankton – zu folgen. Nachts stieg er bis zu einer Tiefe von ungefähr 12 m empor, tagsüber tauchte er auf über 150 m ab. Dies ist einer der Gründe, warum er es so lange geschafft hatte, dem Kontakt mit dem Menschen auszuweichen. Bis 1995 hatte man insgesamt sieben solcher Tiere gefangen; das längste maß über fünf Meter; man nimmt an, daß möglicherweise noch größere Exemplare existieren.

Überlebende aus der Zeit der Fossilien

Es ist durchaus wahrscheinlich, daß vermeintlich seit langem ausgestorbene Lebewesen, die uns bislang nur aus Fossilienfunden bekannt sind, noch immer tief unter der Meeresoberfläche existieren.

Während der unerklärlichen Katastrophen, bei denen ein Großteil der landlebenden Arten vernichtet wurde, haben die Geschöpfe des Meeres häufig überlebt. Das liegt daran, daß es sich hier um ein bemerkenswert stabiles Milieu handelt, besonders in den tieferen Regionen. Es wäre sicher möglich, daß dort noch immer große Tiere der Urzeit leben. Die Wissenschaft mag nichts von ihnen wissen, wohl aber jene, deren Lebensgrundlage das Meer seit Jahrtausenden bildet. Kann es überraschen, daß die Fischer von Geschöpfen sprechen, die von der Forschung noch nicht anerkannt werden? Daß solche Lebewesen existieren, ist kaum zu bezweifeln.

Es ist bekannt, daß vor langer Zeit ein ebenso riesiger wie furchterregender Hai, der Urahn aller Alpträume, die Ozeane durchstreifte. Er wurde mindestens zweimal so groß wie der größte bekannte Weiße Hai und erreichte eine Länge von mehr als 15 m. Seine Zähne – dreieckige, bis zu 15 cm lange Dolche – waren schreckliche Waffen.

Dieses Ungeheuer trägt den Namen *Carcharodon megalodon*. Man nimmt an, daß es vor einer Million Jahre ausgestorben ist. Vielleicht lernten die ersten Menschen bei ihren primitiven Versuchen, das Meer zu bezwingen, seine Macht kennen; und das Echo ihrer verzweifelten Angst hallt seither durch die Jahrtausende.

Vielleicht hat das Abreißen fossiler Funde aber auch mehr mit geologischen Vorgängen zu tun als mit der biologischen Realität; vielleicht ist das Megalodon gar nicht ausgestorben. Schließlich gibt es keine naheliegenden Gründe, weshalb ein derart zähes Lebewesen viele Millionen Jahre überleben sollte, nur um plötzlich den Kampf aufzugeben – besonders, wenn seine Verwandten unter den Haien weiterhin gedeihen. Das Meer hat sich nicht verändert, warum sollte eine einzelne Haiart verschwinden?

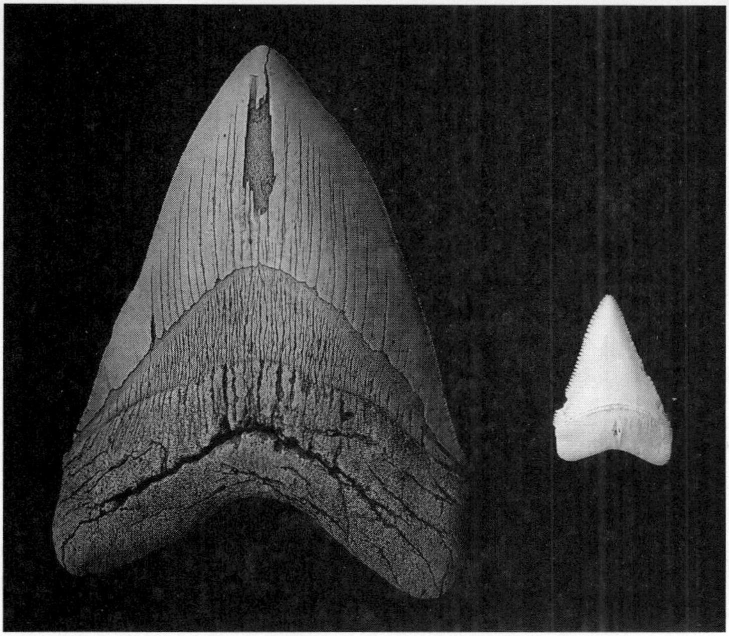

Gegenüberstellung der Zähne der gewaltigen, für ausgestorben gehaltenen Haiart Carcharodon megalodon *und der Zähne eines heutigen Weißen Hais. Nach manchen Berichten scheint das Megalodon noch heute im Südpazifik zu leben.*

Im Norden von Tahiti, in der Region des polynesischen Tuamoto-Archipels, haben erfahrene Haifischer zweimal in diesem Jahrhundert eine riesige, unbekannte Spezies von Haien gesichtet. In den Berichten ist die Rede von einem 12–15 m langen Tier, dessen gelbliche Haut deutliche weiße Flecken aufgewiesen habe. Sein Kopf allein sei mehr als 3 m breit gewesen.[5]
Vor der Küste der australischen Provinz New South Wales sichtete man 1918 einen monströsen, »gespenstisch weißen« Hai. Erschrockene und eingeschüchterte Fischer berichteten, ihre mit schweren Gewichten beschwerten, einen Meter breiten Langustenreusen seien samt allen Halteleinen zügig und mühelos von einem gewaltigen Hai verschlungen worden, der über 30 m lang ge-

wesen sei. Der australische Fachwissenschaftler, der diese Geschichte gemeinsam mit einem Beamten der Fischereibehörde direkt von den Fischern erfuhr, räumte ein gewisses Maß an Übertreibung ein. Er mußte allerdings zugeben, daß etwas Seltsames und Unbekanntes diese erfahrenen Seeleute, die mit den in der Region lebenden Haien gut vertraut waren, überrascht hatte. Wie er bemerkte, weigerten sie sich nach der beschriebenen Attacke denn auch mehrere Tage lang, erneut in See zu stechen.[6]

Die Polynesier, deren Leben eng mit dem Meer verflochten ist, kennen uralte Sagen von einem furchterregend großen Hai, der bis über 30 Meter lang sein soll. Sie haben so große Ehrfurcht vor seiner Stärke, daß sie ihn den »Herrn der Tiefe« nennen.[7]

Könnte es sich bei diesem Hai um das Megalodon handeln? Wenn es vor einer Million Jahre noch lebte, könnte es dann auch heute noch durch die Tiefen des Meeres streifen?

Möglich wäre es durchaus, denn man kann beweisen, daß das Megalodon noch in einer wesentlich jüngeren Epoche existiert hat, als aus dem fossilen Material deutlich wird. Wenngleich die fossilen Überreste auf ein Verschwinden der Spezies hindeuten, legen andere, *nicht versteinerte* Relikte das Gegenteil nahe.

Im Jahr 1875 holte das britische Forschungsschiff »Challenger« zwei 13 cm lange Megalodon-Zähne aus 4250 m Tiefe vom Meeresboden. Es handelte sich um tatsächliche, nicht versteinerte Zähne. Als 1959 ihr Alter bestimmt wurde, stellte sich heraus, daß der jüngere lediglich 11 000 Jahre alt war.[8] Der Fundort der Zähne war Polynesien, nur wenige Tage mit dem Segelboot von Tahiti entfernt, wo die erwähnten Haie gesichtet worden waren.

In geologischer Hinsicht sind diese Zähne alles andere als alt. Das Megalodon mit all seiner wütenden und furchterregenden Kraft war noch am Leben, als in Anatolien die ersten menschlichen Siedlungen entstanden, als sich in Ägypten die ersten menschlichen Gemeinschaften bildeten und als – wenn gewisse Hypothesen zutreffen – auch die Sphinx errichtet wurde.

Ein lebendes Fossil

Unbestreitbar ist, daß einzelne anfänglich nur als Versteinerungen bekannte Geschöpfe noch heute quicklebendig die Erde bevölkern. So selten dies ist, würde schon die Existenz eines einzigen Beispiels ausreichen, um weitere Möglichkeiten nahezulegen. Ein solches Beispiel ist ein Quastenflosser aus der Familie der *Coelacanthidae*.

In den geologischen Schichten tauchen diese Fische erstmals vor rund 450 Millionen Jahren auf; ihre Blütezeit liegt ungefähr 50 Millionen Jahre später. Man nimmt an, daß die meisten Varianten seit 200 Millionen Jahren ausgestorben sind, obwohl man ein einzelnes, lediglich 70 Millionen Jahre altes Fossil entdeckt hat.

Im Dezember 1938 stieß man in Südafrika ganz zufällig auf einen lebenden Quastenflosser. Die junge Kuratorin des an der Küste des Indischen Ozeans gelegenen Museums von East London interessierte sich besonders für Fische und hatte die Angewohnheit, bei der Rückkehr der Fischer deren Fang zu begutachten. Einige Ta-

Bis zu seiner Entdeckung 1938 meinte man, der Quastenflosser sei seit 70 Millionen Jahren ausgestorben. Momentan ist sein Vorkommen nur im Indischen Ozean nachgewiesen.

ge vor Weihnachten stand sie am Kai, als sie unter einem Haufen soeben ausgeladener Haie einen seltsam aussehenden Fisch bemerkte. Er war groß, ungefähr eineinhalb Meter lang, und hatte, wie ihr auffiel, sehr merkwürdige, lappenartige Flossen und einen ebensolchen Schwanz. Einen derartigen Fisch hatte sie noch nie gesehen. Auch seine Schuppen waren erstaunlich: Sie waren groß, dick und rauh. Sie nahm in mit ins Museum, wo man ihn zum Erstaunen der Weltöffentlichkeit schließlich als lebenden Nachfahren der fossilen *Coelacanthidae* identifizierte.

Seit dieser ersten Entdeckung hat man mehr als einhundert weitere Exemplare des Quastenflossers gefunden. Er lebt in einer Tiefe von bis zu 275 m, vor allem im Gebiet der Komoren, die sein Brutplatz oder seine Heimat zu sein scheinen. Lange bevor die Wissenschaft seine Existenz anerkannte, war er den Bewohnern dieser Inselgruppe bereits wohlbekannt. Sie schätzten vor allem seine rauhen Schuppen, die man statt Sandpapier zur Reparatur durchlöcherter Fahrradschläuche verwenden konnte. Für sie war dieser Fisch nicht mehr als irgendein nützlicher Meeresbewohner. Nirgendwo sonst auf der Welt wurde bislang ein weiteres Exemplar dieser lebenden Fossilien gefangen. Allerdings gibt es verlockende Hinweise darauf, daß ein ähnlicher oder verwandter Fisch an den Ausläufern des Golfs von Mexiko in großen Tiefen lebt.

Im Jahr 1949 erhielt ein Wissenschaftler am US National Museum mit der Post eine einzelne, seltsame Fischschuppe mit der Bitte, diese zu identifizieren. Der Brief stammte von einer Frau aus Florida, die aus Schuppen Souvenirs anfertigte und mit einer regelmäßigen Lieferung von Fischern einen ganzen Eimer dieser seltsamen Exemplare erhalten hatte. Der Forscher erkannte, daß die Schuppe der eines Quastenflossers sehr ähnlich sah. Vergeblich versuchte er, mit der Absenderin Kontakt aufzunehmen. Schlimmer noch – er verlor die Schuppe.[9]

In einer Dorfkirche nahe der nordspanischen Stadt Bilbao tauchte 1964 das schön ziselierte antike Modell eines seltsamen Fisches auf, das im 17. oder 18. Jahrhundert in Mexiko angefertigt worden war. Es handelte sich um die präzise Darstellung eines Tieres,

Silbermodell eines Quastenflossers, 1964 in einer Kirche im spanischen Bilbao entdeckt. Eine zweite Figur tauchte 1965 in Toledo auf. Beide stammen aus dem Mexiko des 17. oder 18. Jahrhunderts, wo der Fisch damals bekannt gewesen sein muß.

das der Silberschmied offensichtlich mit eigenen Augen gesehen hatte. Ein Jahr später fand sich in einem Antiquitätengeschäft in Toledo ein zweiter solcher Silberfisch. Beide waren exakte Abbilder eines Quastenflossers.[10]

In den 70er Jahren entdeckte ein amerikanischer Zoologe, der eine kunstgewerbliche Ausstellung besuchte, zufällig am Hals der Besitzerin eines Standes eine Kette aus großen Schuppen, die an die Schuppen eines Quastenflossers erinnerten. Die Besitzerin erzählte ihm, sie habe sie auf dem Boot eines Garnelenfischers gefunden, der im Golf von Mexiko kreuzte. Der Zoologe versuchte, die Kette zu kaufen, aber die Frau weigerte sich.[11] So entzog sich auch dieses Indiz dem Zugriff der Wissenschaft.

Wenn Quastenflosser also nicht nur im Indischen Ozean, sondern auch im Golf von Mexiko existieren, so ist dabei zweierlei von Bedeutung: Zum einen widersprechen sie der Evolutionstheorie, da sie sich seit bis zu 450 Millionen Jahren nicht verändert haben, und sie widerlegen zum anderen die fossile Überlieferung allein schon dadurch, daß es sie noch immer gibt.

Dieses einzige Beispiel eines überlebenden Fossils ist insoweit von Bedeutung, als es die Möglichkeit einschließt, daß auch andere Kreaturen der Vergangenheit viele Jahrmillionen überlebt haben können, besonders wenn ihr Lebensraum die Tiefsee ist.
Damit ergibt sich die Chance, daß nicht nur das Megalodon, sondern auch andere gewaltige Meerestiere noch immer in den Tiefen der Meere unbemerkt von der Wissenschaft leben – Tiere, die wir nur als Fossilien kennen, wie etwa die Plesiosaurier und andere Geschöpfe der Dinosaurierzeit. Fischern und anderen Seefahrern sind sie womöglich nicht entgangen.

Seeschlangen

Bis in die 50er Jahre dieses Jahrhunderts hinein unternahm kein Wissenschaftler je einen methodischen Versuch, sich mit den vielen Berichten über unbekannte Landtiere und Fische auseinanderzusetzen. Das änderte sich, als der französische Zoologe Bernard Heuvelmans sich daran machte, die überall auf der Welt vorhandenen Berichte zu sammeln und zu analysieren. Sein erstes Buch mit dem Titel *Sur la piste des bêtes ignorées* (»Auf der Spur unbekannter Tiere«) erschien 1955 in Frankreich; drei Jahre später kam eine erweiterte englische Fassung heraus. Das Werk war eine Sensation und der Anstoß für das Entstehen einer Bewegung unter Wissenschaftlern, die 1982 zur Gründung der »Internationalen Gesellschaft für Kryptozoologie« unter Heuvelmans' Vorsitz führte.[12] Die Gesellschaft publiziert eine jährlich erscheinende Zeitschrift mit dem Titel *Cryptozoology*, ein Begriff, der als »wissenschaftliche Erforschung verborgener Tiere« übersetzt werden kann. Es geht also um Lebewesen, die wir nur vom Hörensagen und nicht aufgrund gesicherter Beweise kennen. Diese Beweise zu finden ist das erklärte Ziel der Gesellschaft.
Im Jahr 1958 veröffentlichte Heuvelmans ein Werk, daß sich ausschließlich mit unbekannten Seeungeheuern beschäftigt: *Dans le sillage des monstres marins* (»Auf der Fährte der Seeungeheu-

er«). Auch dieses Buch, dessen englische Fassung 1968 erschien, war eine Sensation. Heuvelmans hatte darin 587 aus der ganzen Welt stammende Berichte über Seeschlangen gesammelt, von denen er 238 als Schwindel, Mißverständnis oder als zu vage ausschied. Den Rest hielt er für solide genug, um ihn zu analysieren. Heuvelmans unterteilte diese Berichte nun in Kategorien, auf deren Basis er die potentielle Existenz von neun verschiedenen Spezies großer, unbekannter Meereslebewesen zur Diskussion stellen konnte.[13] Eines dieser Ungeheuer war mehrfach vor der kanadischen Küste gesichtet worden und hatte vor Ort den Spitznamen »Caddy« erhalten – eine Abkürzung des Begriffs »Cadborosaurus«, den das Lokalblatt aus dem Auftauchen des Tieres in der Cadboro Bay vor Vancouver abgeleitet hatte.

Zwei junge Forscher vom Ozeanographischen Institut in Vancouver waren fasziniert von Heuvelmans' Buch. Die Berichte über das seltsame Wasserwesen waren ihnen bereits bekannt, und sie hatten angefangen, entsprechende Informationen zu sammeln. Angeregt von Heuvelmans' systematischer Untersuchung beschlossen diese jungen Wissenschaftler, Dr. Paul LeBlond (jetzt Professor für Ozeanographie am obigen Institut) und Dr. John Sibert, sich gezielt mit ihrem mysteriösen Nachbarn zu beschäftigen. Ende 1969 lancierten sie ein ernsthaftes Forschungsprojekt, um weitere Indizien zu sammeln und dadurch womöglich eine präzisere Vorstellung über Gestalt und Verhalten der unbekannten Wassertiere zu gewinnen. Sie hofften, genügend Fakten zu entdecken, um eine wissenschaftliche Suche nach diesen Lebewesen einzuleiten.[14]

Am Anfang stand die Suche nach Augenzeugen und deren persönliche Befragung. Binnen kurzem hatten sich bei den beiden Forschern all jene Zeugen gemeldet, die noch am Leben und zu einem Gespräch bereit waren. 23 dieser Augenzeugenberichte schilderten ein Geschöpf, das so ungewöhnlich war, daß der Wissenschaft nichts Vergleichbares bekannt war, und dieses Geschöpf war entlang eines 1600 Kilometer langen Küstenstreifens beobachtet worden, der von Oregon bis Alaska reichte.

Viele der Beschreibungen bezogen sich auf gemeinsame Merkma-

le, aus denen LeBlond und Sibert schlossen, daß es sich um bis zu drei Arten unbekannter Lebewesen handelte. Zwei davon zeichneten sich durch einen pferdeähnlichen Kopf auf einem vielleicht eineinhalb bis drei Meter langen Hals aus. Der Körper ließ beim Schwimmen drei Buckel erkennen. Eines dieser Tiere hatte große Augen und ein kurzes Fell; die Augen des anderen war kleiner, es trug kurze Hörner auf dem Kopf und hatte oft eine lange, pferdeähnliche Mähne. Beide waren sehr schnelle Schwimmer. Das dritte Lebewesen erinnerte an eine große Schlange mit einem schafähnlichen Kopf und einer gezackten Flosse auf dem Rücken. Beim Schwimmen durchbrachen Körperschlingen die Wasseroberfläche.[15]
Im November 1950 berichtete ein Korvettenkapitän der kanadischen Marine, er habe einen »Cadborosaurus« gesehen, als er in einem kleinen, offenen Boot vor dem Marinestützpunkt Esquimalt Harbour an der Südspitze von Vancouver Island fischte. »Caddy« sei in weniger als 20 m Entfernung hinter ihm vorbeigeschwommen. Der Offizier berichtete, das Tier sei »vom Kopf bis zum Schwanz neun Meter lang« gewesen und habe einen »starken Sog« verursacht.[16] Weiter heißt es:

> »Es kam ungefähr alle zehn Meter an die Oberfläche. Jedesmal, wenn es den Kopf aus dem Wasser hob, riß es weit das Maul auf und zeigte zwei Reihen großer Zähne, die wie Sägezähne aussahen. Bevor es abtauchte, ließ es seine Zähne mit einem fürchterlichen Geräusch zuschnappen.«

Nach der Beschreibung des Marineoffiziers war der Kopf des Tieres ungefähr 60 cm lang und 50 cm breit, die Augen waren schwarz und hatten einen Durchmesser von 5–8 cm. Kopf und Körper waren mit braunem Haar bedeckt. Der Kopf saß auf einem ungefähr 1,80 m langen Hals, der an einer Art Schultern endete. Das Tier schwamm mit Hilfe großer Flossen und eines breiten, flachen Schwanzes.[17]
Im März 1961 konnte eine studierte Biologin das Tier beobachten. Sie ging mit einer Verwandten und ihren zwei kleinen Söhnen am

Strand spazieren, unweit der Einfahrt in die Meerenge von Puget, die den Schiffahrtsweg nach Seattle bildet. Während die vier einem weit entfernten Frachter nachblickten, der den Kanal durchfuhr, bemerkten sie plötzlich in größerer Nähe etwas Seltsames im Meer:

> »Wir konnten erkennen, daß es irgendein Lebewesen war, und haben deutlich gesehen, daß der große, flache Kopf von uns abgewandt war und zum Schiff blickte. Ich glaube, wir haben alle geschluckt und darauf gezeigt. Wir konnten deutlich drei Buckel hinter dem langen Hals erkennen.«[18]

Während die vier dastanden, versank das Wesen im Wasser. Kurz darauf tauchte es in geringerer Distanz wieder auf: »Wir konnten deutlich die Färbung und ihr Muster sehen, eine lange, herabhängende Mähne und die Form des Kopfes.« Der kleine Sohn der Biologin schrie auf und klammerte sich angstvoll an seine Mutter. Daraufhin schien das Tier seine Beobachter zum ersten Mal zu bemerken und tauchte ab. Als es wieder erschien, war es so nahe, daß man es detailliert erkennen konnte.
Die Berichterstatterin gestand später, als Biologin sei es ihr sehr schwer gefallen, zu akzeptieren, was sie mit eigenen Augen gesehen habe.
Eine Kuriosität an »Caddy« ist seine Bereitschaft, auch Seevögel zu verzehren. Im Dezember 1933 waren zwei Freunde an der Küste auf Entenjagd. Dabei landete eine Ente verwundet auf dem Meer und brachte sich in einer großen Masse Seetang in Sicherheit. Die beiden Jäger ruderten hinaus, um ihre Beute aufzusammeln. Als sie ihr näher kamen, stiegen drei Meter vor ihrem Boot plötzlich zwei große Schlingen eines Meereswesens zwei Meter hoch aus dem Wasser. Dann erschien ein Kopf, der sie an den eines Pferdes erinnerte. Zu ihrem Entsetzen »schluckte es den Vogel einfach herunter«. Dann drehte das Geschöpf sich um und betrachtete die jungen Männer in ihrem kleinen Boot. Der eine von ihnen erinnerte sich: »Dann hat es mich angeschaut, mit weit offenem Maul, so daß ich deutlich Zähne und Zunge sehen konnte

Das geheimnisvolle kanadische Meeresgeschöpf »Caddy« schnappt vor Vancouver Island nach Vögeln. Zeichnung von Wilfred Gibson, der diese Szene 1945 beobachtete.

[...]. Ich könnte schwören, daß der Kopf fast einen Meter lang und über einen halben Meter breit war.«[19] Anschließend schnappte das Tier nach herabstoßenden Möwen, bevor es wieder im Meer verschwand. Kurze Zeit später erschien es wieder, diesmal lediglich 20 m vom Strand entfernt, wo weitere elf Menschen es beobachten konnten. Unter diesen befand sich der örtliche Friedensrichter, der sofort von allen Zeugen beeidigte Erklärungen unterschreiben ließ.

Dieses Ereignis ist kein Einzelfall. Man hat auch bei anderen Gelegenheiten beobachtet, wie »Caddy« Enten fing und fraß.[20] Außerdem wurde mehrfach berichtet, daß das Tier nach Möwen schnappte; und einmal fing es vor den Augen von drei Zuschauern tatsächlich eine und verschlang sie.[21]

Bis 1995 hatten LeBlond und sein Kollege Edward Bousfield, ehemals leitender Zoologe am kanadischen Naturkundemuseum, insgesamt 178 Gelegenheiten aufgezeichnet, bei denen das Tier beobachtet worden war, manchmal von mehreren Zeugen gleichzeitig. Die Berichte umfaßten den Zeitraum von 1881 bis 1994.[22] Darüber hinaus waren in elf Fällen seltsame Kadaver aus dem Meer gefischt oder an der Küste gefunden worden, von denen manche oder alle die Überreste unbekannter Meerestiere darstellen konnten.[23]

Einer dieser Kadaver wurde fotografiert, und auf der Basis dieser Aufnahmen gaben LeBlond und Bousfield dem betreffenden Geschöpf den Namen *Cadborosaurus willsi*.[24]

Die Fotos entstanden im Sommer 1937 auf einer Walfangstation auf den Queen-Charlotte-Inseln nahe der Grenze von Alaska. Als man einen frisch gefangenen Pottwal aufschnitt, entdeckte man in seinem Magen ein überaus merkwürdiges Wesen, das weitgehend unversehrt geblieben war.[25] Es war getötet und verschluckt worden, kurz bevor man den Wal getötet hatte, so daß es noch kaum verdaut worden war. Dieses Tier, erkannte der Leiter der Station, war so ungewöhnlich, daß er beschloß, es fotografisch zu dokumentieren. Bis heute dienen diese Aufnahmen als bester Beweis für die Existenz von mindestens einem mysteriösen Meeresbewohner in den Küstengewässern vor British Columbia.

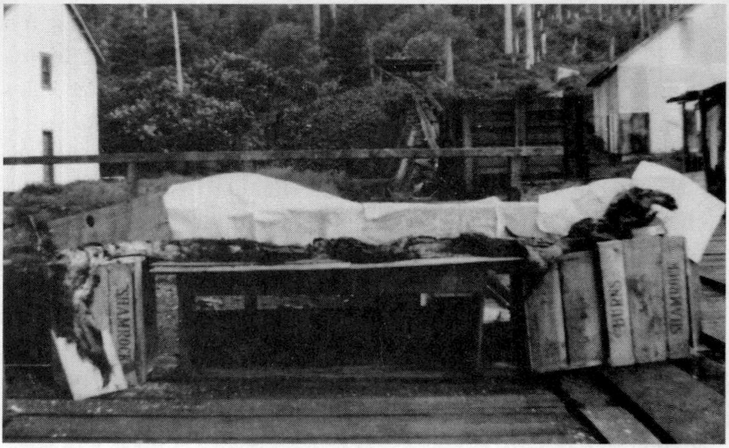

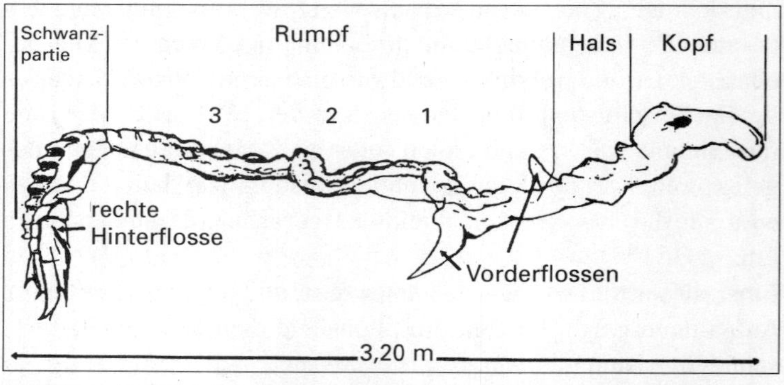

Aufnahme des mysteriösen Kadavers, entdeckt in Naden Harbour, British Columbia, Kanada, im Magen eines Pottwals. Die Zeichnung unten ist eine Interpretation der Körperform.

Die Aufnahmen zeigen ein dünnes, schlangenähnliches Wesen, 3,20 m lang, mit einem an einen Hund erinnernden Kopf und ohne sichtbare Behaarung. Am Ende des Schwanzes scheinen sich Flossen zu befinden; kleine Vorderflossen sind auch am Halsansatz erkennbar. Der Hals scheint beschädigt zu sein, wahrscheinlich von dem Pottwal, der das Tier fing und tötete. Ein Augenzeuge, der zugegen war, als man es aus dem Magen des Wales holte, berichtete, der lange Körper sei mit Ausnahme des Rückens mit Fell überzogen gewesen; der Rücken hingegen habe sich überlappende, mit Spitzen versehene Hornplatten oder etwas Ähnliches getragen.

Die Aktenmappe mit den von LeBlond entdeckten Fotografien enthält eine Notiz, daß diese an die Station für pazifische Biologie von Nanaimo auf Victoria Island gesandt worden seien. Allerdings findet sich dort kein Hinweis darauf, daß die Sendung je eintraf.

1987 berichtete der Schiffskapitän Hagelund, er habe einmal ein »Cadborosaurus«-Baby gefangen. Bei einem Familienausflug auf einer Segelyacht habe man abends den Anker ausgeworfen, als er und weitere Familienmitglieder gesehen hätten, wie sich etwas Seltsames an der Wasseroberfläche bewegte. Bei näherer Betrachtung stellte es sich als kleiner, »aalähnlicher Meeresbewohner heraus, der den Kopf beim Schwimmen vollständig aus dem Wasser hob. Die wellenförmige Bewegung des langen, schlanken Körpers führte dazu, daß Teile des Rückens die Wasseroberfläche durchstießen«.[26]

Das kleine Wesen wurde mit einem Netz gefangen und an Bord der Yacht gehievt. Es war ungefähr 40 Zentimeter lang und 2,5 Zentimeter dick und hatte einen Unterkiefer, aus dem kleine scharfe Zähne ragten. Auf dem Rücken befanden sich plattenähnliche Schuppen, die Unterseite des Körpers war hingegen mit weichem Fell bedeckt. Das Tier besaß zwei kleine Flossen an den Schultern und zwei flossenähnliche Finnen am Schwanz. Es scheint sich also um ein junges Exemplar der Spezies gehandelt zu haben, die 1937 im Innern des erwähnten Pottwals entdeckt worden war.

Kapitän Hagelund erkannte, daß es sich um einen sehr außergewöhnlichen Fund handelte. Er beschloß, das Tier zur Forschungsstation von Nanaimo zu bringen, und steckte es in einen Plastikeimer mit Meerwasser. Im Verlauf der Nacht tobte und kratzte das kleine Wesen, um sich zu befreien. Als Hagelund diesem immer verzweifelteren Planschen und Kratzen lauschte, bekam er Mitleid, ging wieder an Deck und ließ den Eimer ins Wasser zurück. Dann sah er das kleine Wesen rasch fortschwimmen.

Bislang ist kein weiteres Exemplar gefangen worden.

Mysteriöse Wassertiere

Angesichts der vielen Indizien in Form von Augenzeugenberichten glaubwürdiger Personen und von Fotografien fällt die Annahme nicht schwer, im Nordosten des Pazifischen Ozeans lebten eine oder mehrere sehr seltsame Tierarten. Dieselben Indizien verleihen auch den vielen anderen Berichten Glaubwürdigkeit, in denen von weiteren unbekannten Wassertieren im Ozean oder in Seen die Rede ist.

Das berühmteste dieser Tiere ist zweifellos das »Ungeheuer« von Loch Ness, aber es ist nicht das einzige. Seit vielen Jahren hört man, daß auch anderswo, nicht nur in anderen schottischen Seen, große Lebewesen zu finden sind. Der Nahel-Huapi-See in den argentinischen Anden birgt seinen an einen Plesiosaurus erinnernden »Nahuelito«;[27] im sibirischen Khaiyr-See beobachtete ein russischer Wissenschaftler 1964 ein großes, langhalsiges Geschöpf mit einer langen über den Rücken laufenden Flosse;[28] ebenfalls aus Sibirien stammt der Bericht über ein anderes, im Labynkyr-See lebendes Wesen, das man wie »Caddy« dabei beobachtet hat, wie es mit dem Maul tieffliegende Vögel fing.[29]

Ein möglicherweise verwandtes Geschöpf wird seit mindestens 1635 aus dem schwedischen Storsjön-See gemeldet. Das Gewässer liegt inmitten des Landes am Rand der Berge und ist Schwedens tiefster See. Seinem Bewohner wird eine Länge von drei Metern zugeschrieben, er besitzt zwei Paar große Flossen, einen langen, dünnen Hals und einen kleinen Kopf. Bei den großen, an Kopf oder Rücken befindlichen Flossen handelt es sich wahrscheinlich um einen Rückenkamm, wie er auch an dem Bewohner des Khaiyr-Sees beobachtet wurde. Das Tier ist zu einer Art Touristenattraktion für die nahe Stadt Östersund geworden.[30]

Auf der anderen Seite der eurasischen Landmasse besitzt auch Japan sein Ungeheuer: »Issie«, die Bewohnerin des Ikeda-Sees. Man hat sie nie deutlich sehen können, doch nach ihren Buckeln zu urteilen, die man schnell sich über den See bewegen sah, ist sie sehr groß und hat möglicherweise eine Länge von bis zu 18 m.[31] Neuguinea hat auf der Insel Neubritannien den »Migaua« zu bieten.

Im Januar 1994 gelang es einem japanischen Fernsehteam, ihn aus einer Entfernung von 1200 m auf Video aufzunehmen. Der Film zeigt ein ungefähr 10 m langes, sich in Wellen fortbewegendes Wassertier.[32]

Auch Nordamerika besitzt neben »Caddy« ein paar weitere seltsame Kreaturen. Am kanadischen Okanagan-See weiß man schon seit sehr langer Zeit von einem schlangenähnlichen Geschöpf namens »Ogopogo«, das bis zu 15 m Länge erreichen soll. Bislang wurde es über zweihundertmal beobachtet.[33] Im Champlain-See nahe der kanadischen Grenze wurde vielfach ein Ungeheuer gesichtet, das bis zu acht Meter lang ist und einen Pferdekopf, einen langen Hals und einen Buckel hat. Berichte über diesen »Chaousarou« oder »Champ« reichen weit in die indianische Zeit zurück. Samuel de Champlain, der erste Europäer, der das Gebiet besuchte und dessen Namen der See trägt, konnte das Ungeheuer selbst im Sommer 1609 beobachten.[34]

Champlain berichtete auch von einem weiteren seltsamen Geschöpf: einem eineinhalb Meter langen Fisch mit kleinem Kopf, langer Schnauze und zwei Reihen scharfer Zähne. Dabei handelte es sich wahrscheinlich um einen Knochenhecht, den *Lepisosteus osseus*; dieser gehört zu einem gepanzerten Fischtyp mit schweren, glänzenden Schuppen, der vor vielen Millionen Jahren größtenteils ausgestorben ist. Nur in Nord- und Südamerika haben Exemplare überlebt.[35] Und wenn dort ein solcher prähistorischer Nachkömmling noch immer sein Leben fristet, sollte es uns dann wirklich überraschen, wenn wir einen weiteren entdeckten?

Überlebende der Urzeit

Angesichts der großen Ähnlichkeiten zwischen den im Wasser lebenden Ungeheuern, die man an verschiedenen Orten der Erde im Meer und in Seen beobachtet hat, kommen von allen bekannten ausgestorbenen Tieren besonders zwei als mögliche Vorläufer mancher bis heute überlebender Arten in Betracht. Natürlich sind

über die Jahrmillionen hinweg gewisse Veränderungen und Anpassungen zu erwarten: Veränderungen der Größe, des Habitats, ja sogar der Prominenz verschiedener Körperteile.
Der erste Kandidat ist der Plesiosaurus, der zur Zeit der Dinosaurier im Meer lebte und sich von Fischen ernährte. Er hatte Zähne und einen langen Hals und ist angeblich zusammen mit den anderen Sauriern vor 64 Millionen Jahren ausgestorben. Wie wir am Quastenflosser gesehen haben, schließt das Fehlen jüngerer Fossilien sein Überleben jedoch nicht aus. Jedenfalls weist manches darauf hin, daß es mindestens neun oder zehn Millionen Jahre nach dem Verschwinden der Dinosaurier noch Plesiosaurier gab.[36]
Der Plesiosaurus paßt am besten zu vielen der Augenzeugenberichte. Sein Hals war bis zu acht, sein Rumpf vielleicht sechs Meter lang. Wie die Meeresschildkröten kam er an Land, um seine Eier zu legen. Allerdings besaß er kein Fell, keine Barthaare und keine Mähne, wovon in vielen Berichten die Rede ist. Innerhalb der vergangenen 64 Millionen Jahre könnte er sich jedoch in bestimmter Hinsicht verändert haben.
Der Zoologe Karl Shuker vertritt in seinem wichtigen Werk über unbekannte Tiere die Auffassung, überlebende Plesiosaurier könnten die beste Erklärung für viele der beobachteten Seeungeheuer darstellen.[37] Dabei bezieht er sich unter anderem auf die berühmten Aufnahmen, die Dr. Robert Rine 1972 am Loch Ness gelangen und die seiner Meinung nach schlüssig darauf hinweisen, daß »Nessie« eine entwickelte Plesiosaurus-Art sein könnte.[38]
Interessant ist in diesem Zusammenhang eine in vielen isolierten Regionen auftretende Erscheinung. Hier haben sich verschiedene große Tiere beim Fehlen räuberischer Feinde zu zwergenhaften Versionen ihrer Art entwickelt. Im Mittelmeer beispielsweise wurden die maltesischen Elefanten und die zypriotischen Flußpferde zunehmend kleiner, bis die letzten, schon in historischer Zeit ausgestorbenen Exemplare nur noch 60 bis 90 Zentimeter lang waren. Auf Mallorca entwickelte sich auf ähnliche Weise eine Zwergantilope; auf der Kanalinsel Jersey hat man die Überreste von Zwerghirschen gefunden. Und in der russischen Arktis, auf

der Wrangel-Insel, haben neuere Funde gezeigt, daß dort noch vor 3700 Jahren – und damit nach der Entstehung der ägyptischen Pyramiden – Zwergmammuts lebten.[39]

1955 berichtete ein Zoologe, er habe auf der isolierten venezolanischen Hochebene von Auyantepui drei seltsame Lebewesen beobachtet, die auf einer Felsbank über einem Fluß in der Sonne gelegen hätten. Seine Zeichnungen und Beschreibungen lassen an Plesiosaurier denken, doch die geschilderten Tiere waren lediglich einen Meter lang.[40]

Bei dem zweiten möglichen Kandidaten für ein überlebendes Urzeitwesen geht es um den Vorläufer jener oft beschriebenen schlangenförmigen Tiere, die mit einer vertikalen, wellenförmigen Bewegung schwimmen sollen. Kein bekanntes heutiges Wesen wie etwa eine Wasserschlange oder ein Aal schwimmt auf diese Weise. Im fossilen Material jedoch findet sich ein solches Tier: das Zeuglodon, das nach Ansicht der Paläontologen seit 25 Millionen Jahren ausgestorben ist.

Es handelt sich um ein sehr langes, schlangenförmiges Säugetier, das bis zu 1,80 Meter lang werden konnte. Fossilien zeigen, daß es vielerorts auf der Erde vorkam, in seichten wie in tiefen Gewässern. Es besaß ein sehr langes und sehr flexibles Rückgrat, und man vermutet, daß es sich wellenförmig fortbewegte. Die Kryptozoologie betrachtet das Zeuglodon als Hauptkandidaten für die unbekannten schlangenähnlichen Wesen, von denen überall auf der Welt die Rede ist.[41]

Rekonstruktion der fossilen Knochen und künstlerische Darstellung des Zeuglodon, einer womöglich noch heute im Meer lebenden Spezies.

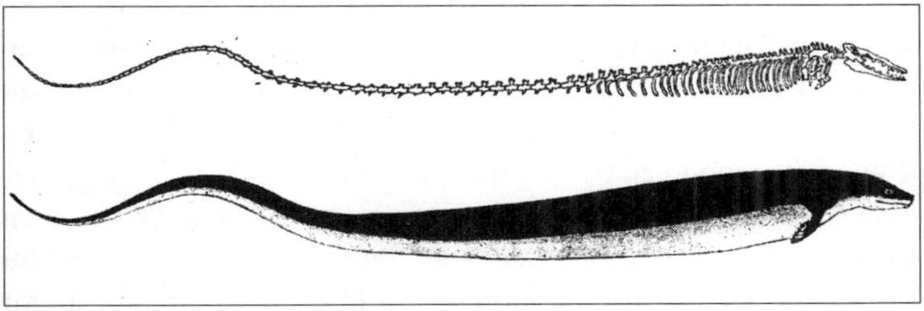

Es ist einleuchtend, daß irgendeine unbekannte Kuriosität, ein überlebender Dinosaurier oder eine andere, den neuen Bedingungen angepaßte Art sich in der Tiefe von Meeren oder Seen dem Blick der Menschheit verbergen konnte. Wie wir gesehen haben, trifft dies etwa auf den Quastenflosser und den Megamouth-Hai zu. Daß so etwas auf dem Festland hätte geschehen können, ist weniger leicht vorstellbar, da der größte Teil der Erde entweder von Menschen besiedelt oder ausgiebig von ihnen erforscht zu sein scheint.

Tatsächlich trifft keine dieser Aussagen zu. Weite Teile des Festlands werden kaum – wenn überhaupt – von Menschen besucht. Und wie im Falle der Meere und Seen hat man hier der Menschheit unbekannte Tiere entdeckt, von denen manche für ausgestorben gegolten hatten.

Im Jahr 1992 unternahm ein internationales Team von Zoologen eine Expedition in den Dschungel an der Grenze von Vietnam und Laos. Die Forscher stöberten vier zuvor unbekannte Tiere auf: einen Fisch, einen Vogel, eine Schildkröte und – als sensationellsten Fund – den Vu-Quang-Ochsen. Dieser erreicht eine Körperhöhe von ungefähr 90 cm und besitzt zwei parallele Hörner, die von der Oberseite des Schädels nach hinten zeigen. Das Forscherteam entdeckte insgesamt drei Schädel. Erst im Juli 1994 gelang es Wissenschaftlern, ein lebendes Exemplar zu fangen.[42]

Im Jahr 1995 reiste ein Team aus französischen und britischen Forschern durch eine entlegene Region Tibets, als die Route durch ungewöhnlich frühen Schneefall blockiert wurde. Beim Umweg durch ein bis dahin nie kartographiertes Tal stellten die Teilnehmer der Expedition erstaunt fest, daß es mit großen Bäumen bestanden war, in deren Schutz mehrere Rudel kleiner Pferde lebten. Die zwergwüchsigen Tiere waren 1,20 m groß und hatten keilförmige Köpfe. Der Leiter der Expedition erklärte später, die Pferde hätten genauso ausgesehen wie ihre Verwandten auf den prähistorischen Höhlenbildern in Frankreich und Spanien.[43]

Dies sind nur die jüngsten Beispiele einer langen Reihe von Entdeckungen, zu denen es seit Beginn der wissenschaftlichen Klassifizierung der Tiere kam; und diese Entdeckungen dürften kaum ein unvermitteltes Ende finden. Allein in diesem Jahrhundert wurden sieben zuvor unbekannte Tiere von beträchtlicher Größe aufgespürt.[44]

Die beiden letztgenannten Beispiele demonstrieren das Milieu, in dem solche Entdeckungen gemacht werden – es handelt sich um abgelegene Berg- oder Dschungelregionen. So ist es nicht weiter erstaunlich, daß ein Dschungelgebiet existiert, aus dem Berichte von einem Lebewesen zu uns dringen, das an nichts Geringeres als einen großen Dinosaurier erinnert. Ein Geschöpf, das die örtliche Bevölkerung in Furcht und Schrecken versetzt.

VIERTES KAPITEL

Lebende Dinosaurier

Am 19. Februar 1980 watete Professor Roy Mackal von der Chicago University, ein Biologie mit einer großen Leidenschaft für die Kryptozoologie, durch die weitgehend unerforschten Likouala-Sümpfe in den nördlichen Dschungelgebieten der afrikanischen Republik Kongo. Während er sich durch stinkenden Schlamm, Schwärme stechender Insekten und eine Luftfeuchtigkeit von beinahe 100 Prozent kämpfte, muß er sich gefragt haben, weshalb er das angenehme Leben an der Universität mit einem derart gefährlichen Terrain vertauscht hatte. Sein Begleiter war der Zoologe James Powell, dessen frühere Aufenthalte im afrikanischen Dschungel ihn nur unvollständig auf die Mühen vorbereitet hatten, denen sich die beiden Forscher jetzt gegenübersahen. Getrieben wurden sie von der Gewißheit, daß irgendwo in dieser gefährlichen Region große, unbekannte Tiere lebten, bei denen es sich möglicherweise um überlebende Dinosaurier handelte.[1]

Trotz ihrer in vielerlei Hinsicht ehrfurchtgebietenden Schönheit sind die Likouala-Sümpfe einer der gefährlichsten und ungastlichsten Orte der Erde. Das durchweg feuchte, sumpfige Dschungelgebiet umfaßt Teile von Zaire, der Republik Kongo und der Zentralafrikanischen Republik und ist mit seinen über 140 000 Quadratkilometern fast halb so groß wie die Bundesrepublik Deutschland. Der dichte Dschungel ist die Heimat einer überaus reichen Tierwelt: Hier leben Leoparden, Panther, Gorillas, Flußpferde, Antilopen und gefährliche wilde Büffel; dazu kommt eine Anzahl unbekannter Arten, die das seichte Wasser bewohnen.

Das Gebiet ist sehr heiß und sehr feucht. Es wimmelt von Giftschlangen – Vipern, Mambas und Kobras –, gefräßigen Ameisen, aggressiven Krokodilen, Skorpionen, Taranteln und Moskitos, die Malaria übertragen. Wer sich hier fortbewegen will, muß durch endlose Sümpfe voll stinkenden Schlamms waten, aus dem bei jedem Schritt übelriechende Gase aufsteigen. Hier finden sich Krankheiten jedweder Art. Selbst die Einheimischen, die an die Region so gut angepaßt sind, wie es Menschen überhaupt möglich ist, leiden unter Darmparasiten, Hautkrankheiten und Malaria.

Nur wenige Jäger wagen sich ins Herz der Sümpfe, noch geringer ist die Zahl derer, die dort in Dörfern leben. Die größten Ansiedlungen bestehen lediglich aus einer Handvoll isolierter Hütten, viele Kilometer und viele Wegstunden von irgendwelchen Nachbarn entfernt. Wer hier lebt, hält sich ans Ufer der größten Flüsse Likouala aux Herbes, Bai und Sangha. In diesem gewaltigen Sumpf könnte ein großes, an die Umwelt angepaßtes Tier unbegrenzt existieren, ohne kaum jemals gesehen zu werden.

Bemerkenswert an dieser Region ist, daß sie trotz ihrer furchteinflößenden Erscheinung in ökologischer Hinsicht eine »Insel« der Stabilität darstellt.[2] Seit 60 Millionen Jahren – also nahezu seit der Zeit, in der man das Aussterben der Dinosaurier vermutet – hat sie sich im wesentlichen nicht verändert. Sie hat weder Erdbeben erlebt noch die Gletscher der Eiszeit, weder Überflutungen noch die gebirgsbildenden Auswirkungen der Kontinentalverschiebung. In all diesen Jahrmillionen ist ihre Umwelt konstant geblieben. Ein an deren Konditionen angepaßtes Tier, das hier in der Vergangenheit erfolgreich leben konnte, hätte eine ausgezeichnete Chance, dies noch heute zu tun. Auf manche Lebewesen trifft das auch nachweislich zu: So gedeihen die Krokodile dort nahezu unverändert seit mehr als 65 Millionen Jahren.

Es kann daher nicht völlig überraschen, daß einheimische Jäger in diesem riesigen, sumpfigen Dschungel gelegentlich von einem gewaltigen, feindseligen Ungeheuer berichtet haben, das wie ein großes Reptil aussähe. Die Wissenschaft mag davon noch keine Notiz genommen haben, die dort lebenden Menschen jedoch

durchaus. Sie bezeichnen es als »Mokélé-mbembé« und achten sorgsam darauf, ihm aus dem Weg zu gehen.

Es waren Berichte über dieses Ungeheuer, die Professor Mackal und James Powell in die Sümpfe gelockt hatten. Ihre Entscheidung, eine Expedition zu starten, bedurfte angesichts beträchtlicher wissenschaftlicher Opposition eines ebenso beträchtlichen akademischen Mutes. Darüber hinaus erforderte die Unternehmung selbst großen praktischen Mut.

Afrikanische Dinosaurier

Es ist nicht zu bezweifeln, daß die seit Jahrhunderten in den Likouala-Sümpfen lebenden Naturvölker schon immer von diesem Ungeheuer wissen und keinen Grund haben, ihm anders zu begegnen als mit großer Furcht. Bestimmte Stämme der Region hegen sogar den Glauben, selbst die Erwähnung eines Zusammentreffens mit einem solchen Geschöpf führe auf irgendeine okkulte Weise zum Tod.

Die ersten Europäer, die gewahr wurden, daß in Zentralafrika etwas Seltsames und Monströses lebte, waren französische Missionare, die durch den Dschungel zogen, um die Einheimischen zum Christentum zu bekehren. Im Verlauf ihrer Tätigkeit berichteten sie auch über den Alltag der Menschen und die aufgefundenen Tiere und Pflanzen, die der damaligen Wissenschaft größtenteils unbekannt waren. 1776 verwendete der französische Abbé Proyart diese Berichte für seine *Geschichte von Loango*. Dort ist zu lesen, Missionare seien auf die Spuren eines unbekannten, »ungeheuer großen« Tieres gestoßen, dessen Fußstapfen »ohngefähr drey Fuß im Umfange« gehabt hätten und acht Fuß voneinander entfernt gewesen seien.[3]

Bis ins frühe 20. Jahrhundert hinein tauchten keine weiteren Berichte auf. Dann drangen Gerüchte von der Existenz einer Anzahl sehr seltsamer Tiere bis in die wissenschaftliche Welt Europas.

Einer der ersten, der diese Geschichten offiziell aufzeichnete, tat dies kurz vor dem Ersten Weltkrieg: der deutsche Offizier Freiherr von Stein zu Lausnitz. Zu dieser Zeit gehörte der im Norden des heutigen Kongo liegende Teil der Sümpfe zur deutschen Kolonie Kamerun. Stein hatte den Auftrag, sich einen Überblick über das Gebiet zu verschaffen, womit er in den Jahren 1913 und 1914 fertig wurde. In seinem nach Berlin gesandten Bericht, der wegen des Kriegsausbruchs leider nie veröffentlicht wurde, erwähnt er ein unbekanntes Lebewesen, das in bestimmten Flüssen der Sümpfe lebte.

Das betreffende Tier, schreibt er, werde sehr gefürchtet und lebe in einem von zwei Flüssen – dem Likouala aux Herbes und dem

parallel fließenden Sangha – begrenzten Gebiet. Beide Ströme münden in den Kongo, der die Grenze zwischen der Republik Kongo und Zaire bildet, bevor er den Atlantik erreicht.
Der Freiherr spricht von einem ungefähr elefantengroßen Tier mit langem, biegsamen Hals. Manche Berichte erwähnten ein einzelnes Horn am Kopf; die Haut sei glatt und von graubrauner Farbe. Es lebe in von der Strömung ausgewaschenen Höhlungen am Steilufer der Flüsse und ernähre sich von am Ufer wachsenden Pflanzen. Die Einheimischen fürchteten sich besonders vor seinem langen, kraftvollen Schwanz, der an den eines Alligators erinnere: »Kanus, die in seine Nähe kommen, sollen sofort angegriffen und umgeworfen, die Besatzung zwar getötet, aber nicht gefressen werden.«[4]
In den folgenden Jahrzehnten tauchten weitere Anekdoten und Gerüchte über dieses und vielleicht auch andere, gleichermaßen unbekannte Tiere auf, nicht nur im Gebiet von Likouala, sondern auch in anderen Teilen Zentralafrikas. In Kamerun sprach man auf fast identische Weise von einem Ungeheuer namens Nyamala; in dem Dschungelgebiet, in dem sich die Grenzen von Zaire, Sambia und Tansania nähern, erzählte man von dem im Wasser lebenden Monster »Mbilintu«. Letzteres sollte an eine riesige Eidechse mit langem Hals, kleinem Kopf und kräftigen, elefantenähnlichen Beinen erinnern.[5]
Der deutsche Verwaltungsbeamte Dr. Leo von Boxberger, der zur Kolonialzeit viele Jahre in Kamerun diente, berichtete, im Kongobecken kursierten zahlreiche Erzählungen von einem »geheimnisvollen Wassertier«, das als riesiges Reptil mit einem langen, dünnen Hals beschrieben werde.[6]
Die ersten europäischen Jäger und Tiersammler, die diese Erzählungen hörten, kamen zu dem Schluß, als wahrscheinlichste Erklärung biete sich ein überlebender Dinosaurier an. Solche Meinungen sorgten kurzzeitig für Schlagzeilen, was der Hypothese in der wissenschaftlichen Welt nicht gerade dienlich war und zu allem Übel auch noch zu einer Anzahl sensationell aufgemachter Täuschungsversuche führte.[7] Damit geriet das Thema endgültig ins Abseits der orthodoxen Wissenschaft.

Trotzdem riß die Reihe der offenbar authentischen Berichte nicht ab. In den 20er Jahren etwa wurde ein örtlicher Herrscher im heutigen Sambia darüber informiert, daß am Rande eines nahen Sumpfes ein Ungeheuer geruht habe, »größer als ein Mensch, mit riesigem Rumpf, langem Hals, einem schlangenähnlichen Kopf und stämmigen Beinen«; beim Herannahen der Beobachter sei es rasch im Wasser verschwunden.[8] Der Herrscher begab sich sofort an den betreffenden Ort, wo er deutliche Spuren eines großen Tieres entdeckte. Auf einer Breite von eineinhalb Metern war das Schilf wie vom Gewicht eines massigen Tieres in den Schlamm gedrückt; von hier aus führte eine breite, schlammige Spur in den Fluß. Dies stimmte mit den Aussagen der erregten Entdecker überein. Dem Herrscher war der Vorfall wichtig genug, um dem britischen Verwaltungschef einen Bericht darüber zu schicken.

Im Mai 1954 machte ein im heutigen Sambia arbeitender Engländer einen Ausflug an den Bangweulu-See. Beim Fischen sah er zu seinem Erstaunen in ungefähr acht Metern Entfernung einen kleinen Kopf auf einem langen, dicken Hals aus dem Wasser auftauchen. Sein erster Eindruck war, es müsse sich um eine Schlangenart handeln, doch er erkannte rasch, daß er eines wesentlich geheimnisvolleren Wesens ansichtig wurde. Er bewahrte Stillschweigen über sein Erlebnis, bis er die Geschichte in den 90er Jahren an den Kryptozoologen Karl Shuker weitergab. Dieser kam zu dem Schluß, es müsse sich um ein Lebewesen des »Mokélé-mbembé«-Typs gehandelt haben.[9]

Shukers Informant erklärte, der Hals des Tieres sei ungefähr 30 Zentimeter dick und von grauer Farbe gewesen. Der Kopf habe eine stumpfe Schnauze mit deutlich sichtbarem Kiefer und eine Stirn aufgewiesen. Nach wenigen Sekunden sei das Wesen wieder in den Fluten des Sees versunken.

Andere Beobachter haben von ähnlichen Geschöpfen berichtet und darauf hingewiesen, daß diese regelmäßig das Wasser verlassen, da am Ufer Fußspuren und andere Abdrücke gefunden worden seien, die darauf hindeuteten, daß das Tier einen Fuß mit drei Zehen oder Klauen und einen dicken Schwanz besitze.[10]

Örtliche Überlieferungen

Ende der 70er Jahre hielt Professor Roy Mackal an einer texanischen Universität einen Vortrag über Kryptozoologie, nach dessen Ende James Powell auf ihn zu kam. Er hatte eine interessante Geschichte zu erzählen.

Powell hatte 1976 in Gabun gelebt, um eine Studie über Krokodile durchzuführen. In dieser Zeit hatte er sich mit Einheimischen angefreundet, die ihm angesichts seines Interesses an diesen Tieren von einem mysteriösen Geschöpf mit dem Namen Nyamala berichteten.[11] Es schien sich um ein überaus gefährliches Ungeheuer mit langem Hals zu handeln, dem man unbedingt aus dem Weg gehen mußte.

Mackal und Powell trugen die ihnen verfügbaren Informationen zusammen und begannen, eine Expedition nach Zentralafrika zu planen, um das unbekannte Ungeheuer aufzuspüren. Beide hielten es für möglich, daß es sich um einen überlebenden Dinosaurier handelte. Als erstes beschloß Powell jedoch, für zwei Wochen nach Gabun zurückzukehren, um vorbereitende Recherchen anzustellen. Was er bei diesem Besuch Ende Januar 1979 herausfand, erwies sich als sehr bedeutungsvoll.

Durch Vermittlung einheimischer Bekannter lernte Powell einen Schamanen kennen, einen sehr intelligenten Mann mit umfassenden Kenntnissen des Gebiets. Powell berichtete:

> »Zuerst zeigte ich ihm Bilder afrikanischer Tiere, die im Dschungel von Gabun leben – Leopard, Gorilla, Elefant, Flußpferd, Krokodil und so weiter –, und bat ihn, jedes einzeln zu identifizieren, was er fehlerlos tat. Dann zeigte ich ihm ein Bild von einem Bären, der in Gabun nicht vorkommt. Diesen konnte er nicht identifizieren. ›So ein Tier lebt nicht bei uns‹, erklärte er. Als nächstes zeigte ich ihm ein Bild eines *Diplodocus* (eines dem Brontosaurus ähnlichen Dinosauriers) und fragte, ob er es erkennen könne. ›Nyamala‹, antwortete er daraufhin ganz nüchtern.«[12]

Powell präsentierte ihm dann das Bild eines Plesiosaurus, den der Schamane ebenfalls als »Nyamala« identifizierte. Als er hingegen Illustrationen anderer Dinosaurier sah, erwiderte er ehrlich und geradeheraus, daß diese nicht in der Gegend lebten.[13]
Trotz aller Vorbehalte kam Powell zu dem Schluß, der Schamane sei ein verläßlicher Zeuge. Damit akzeptierte er, daß sich in den Sümpfen von Gabun ein dinosaurierähnliches Lebewesen verbarg oder zumindest in jüngerer Vergangenheit noch dort gelebt hatte.
Am nächsten Tag reiste Powell 130 Kilometer flußabwärts zu einer weiteren kleinen Siedlung, wo er den Einheimischen dieselben Fragen stellte und ihnen dieselben Abbildungen zeigte. Die Resultate waren identisch. »Bilder eines Leoparden, eines Gorillas, eines Flußpferds, eines Elefanten und eines Krokodils wurden durchweg korrekt identifiziert. Der Bär war unbekannt. Die Bilder eines *Diplodocus* und eines *Plesiosaurus* wurden beide als ›Nyamala‹ identifiziert.«[14] Von letzterem hieß es, es sei »ein seltenes Tier, das man nur in entfernten Seen tief im Dschungel gefunden habe. Nur die allergrößten Jäger hätten das ›Nyamala‹ gesehen«.[15]
Die Einheimischen erzählten Powell, das Tier lebe von »Dschungelschokolade«, wie man eine Pflanze mit großen, nußähnlichen Früchten nennt, die in der Nähe von Fluß- und Seeufern wächst. Berichtet wurde auch, daß die Tiere nicht in Gemeinschaft mit Flußpferden lebten und daß diese in Gebieten, in denen sich das »Nyamala« fand, auffällig fehlten. Später stellten Mackal und Powell fest, daß es in manchen Gebieten von Flußpferden wimmelte, daß sie in anderen Abschnitten desselben Flusses jedoch merkwürdigerweise nicht zu finden waren. Konnten sie annehmen, daß dieser Umstand auf die Anwesenheit des unbekannten Tieres verwies?
Der zuvor erwähnte Schamane gestand Powell schließlich noch, er habe um das Jahr 1946 selbst eines dieser Tiere gesehen, als er in der Nähe eines kleinen Sees kampierte. Frühmorgens, erinnerte er sich, habe ein »Nyamala« das Wasser verlassen und sei an Land gestiegen, um »Dschungelschokolade« zu fressen, wobei er es gut habe beobachten können.[16] Das Tier sei ungefähr zehn Meter lang

gewesen, habe einen langen Hals und einen langen Schwanz gehabt und schien so schwer wie ein Elefant gewesen zu sein.[17] Seine übliche Freßzeit, fügte der Schamane hinzu, sei von Mitternacht bis zur Morgendämmerung gewesen, während es den Rest des Tages unter Wasser verbracht habe.

Es schien klar, daß es sich bei diesem »Nyamala« aus Gabun um dasselbe Lebewesen handelte wie bei dem »Mokélé-mbembé« des Kongogebietes. Von diesem Ergebnis begeistert, beschlossen Mackal und Powell, eine Expedition dorthin zu organisieren und den Versuch zu wagen, eines dieser Tiere aufzuspüren. Alles ging zügig voran, und schon am 30. Januar 1980 gingen sie auf dem Chicagoer Flughafen O'Hare an Bord einer Maschine mit dem Ziel nördlicher Kongo.

Die Expeditionen

Von Anfang an hatten Mackal und Powell drei Ziele: Das erste und ehrgeizigste war, ein lebendes »Mokélé-mbembé« zu fotografieren oder zu fangen. Zweitens wollten sie alle greifbaren Informationen über das Tier, seine Gewohnheiten, seinen Lebensraum und besonders darüber sammeln, wo und wann man es in letzter Zeit gesehen hatte. Drittens wollten sie möglichst viele Menschen kennenlernen und befragen, die das Tier mit eigenen Augen gesehen hatten.

Die beiden Forscher hatten ihr Suchgebiet gut gewählt, denn sie trafen bald auf kooperative Augenzeugen, die das fortgesetzte Vorhandensein der Tiere bestätigten. Mackal und Powell hatten ihr Lager zu diesem Zeitpunkt am Oberlauf des Likouala aux Herbes in der am Flußufer liegenden Siedlung Epéna aufgeschlagen, in deren Nähe das »Mokélé-mbembé« in neuerer Zeit mehrfach aufgetaucht war. Die beiden Forscher sprachen mit einem Dutzend Männer und Frauen, von denen die meisten das Tier persönlich gesehen hatten.

Unter diesen Zeugen befand sich ein hochrangiger Armeeoffizier, der in diesem Gebiet geboren war und dort weiterhin ein Haus besaß. Er hatte das Geschöpf schon zweimal beobachtet, und zwar im Jahr 1948. Das erste Mal war er mit seiner Mutter in einem Kanu von Epéna aus flußaufwärts gepaddelt, als ein »Mokélé-mbembé« ungefähr zehn Meter vor ihnen den Fluß überquerte. Im selben Jahr war er – wieder in einem Kanu – sogar auf ein Exemplar aufgefahren, das knapp unter der Wasseroberfläche in der Mitte des Flusses gelegen hatte. Mit lebhaften Worten beschrieb er seine Überraschung, als das Hindernis sich plötzlich fortbewegte und als monströses Lebewesen erwies.[18]

Ein anderer Zeuge erzählte, er sei im Alter von 17 Jahren um sieben Uhr morgens in seinem Kanu gefahren, als er ein kleines Affenrudel entdeckt und beschlossen habe, Jagd auf die Tiere zu machen. Er habe angelegt und sein Kanu gerade aus dem Fluß gezogen, als ein riesiges Tier mit einem jähen Wasserschwall aus dem seichten Wasser emporgetaucht sei. Es hätte einen langen, rötlichbraunen Hals gehabt, der an seinem Ansatz so dick gewesen sei wie der Oberschenkel eines Mannes. Seine Länge habe ungefähr neun Meter betragen, seine Körperhöhe knapp zwei Meter, und sein Schwanz sei länger gewesen als sein Hals.[19]

Der Bericht eines weiteren Zeugen bezog sich auf den gerade sieben Monate zurückliegenden Juli 1979. In einer 80 Kilometer flußabwärts von Epéna gelegenen Siedlung sei ein »Mokélé-mbembé« in einem sumpfigen Dschungeltümpel gestrandet, weil durch den Beginn der Trockenzeit der Wasserspiegel des Flusses gesunken war. Die Einheimischen hätten das Tier über mehrere Monate hinweg beobachten können, bis es eines Tages aus dem Dschungel gekommen sei, eine kleine, sandige Insel überquert habe und im Fluß verschwunden sei. Es habe Fußspuren hinterlasssen, die so groß waren wie die eines Elefanten, dazu Klauenabdrücke und einen knapp zwei Meter breiten Pfad aus niedergedrücktem Gras.[20]

Im Verlauf der Interviews war von mehreren Informanten eine überaus faszinierende Geschichte zu hören. Irgendwann in der Vergangenheit sei ein »Mokélé-mbembé« tatsächlich gefangen, getötet und dann aufgegessen worden. Der Vorfall habe sich vor

40 Jahren am Télé-See zugetragen, ungefähr 70 km von Epéna entfernt im tiefen Dschungel gelegen, annähernd in der Mitte zwischen dem Likouala aux Herbes und seinem Nebenfluß Bai.

Etwa 40 Jahre früher hätten zwei oder drei »Mokélé-mbembé« die Einheimischen beim Fischen gestört, weshalb man beschlossen habe, die Tiere am Betreten des Sees zu hindern. In der Umgebung des Gewässers befand sich eine Anzahl großer, lagunenähnlicher Teiche, die jeweils durch einen Kanal mit dem Hauptsee verbunden waren. Die Tiere hätten in einem dieser Teiche gelebt und sich durch den entsprechenden Kanal in den See begeben. Die Einheimischen fällten nun eine Reihe 15 cm dicker Bäume, deren eines Ende sie anspitzten. Als sie wußten, daß die Tiere sich in der Lagune befanden, setzten sie die schweren Pfähle wie eine Reihe mittelalterlicher Piken mit der Spitze nach oben in den Kanal. Sie hofften, diese Barriere würde die Ungeheuer vom See fernhalten. Eines habe jedoch versucht, das Hindernis zu überwinden, wobei die Männer sich mit Speeren auf das Tier gestürzt und es getötet hätten. Zur Feier ihres Erfolges hätten sie ihre Beute anschließend zerlegt und aufgegessen. Es hieß jedoch, daß alle, die von dem Fleisch gegessen hatten, kurz darauf gestorben seien.[21]

Mackal und Powell waren in Zeitnot geraten und schafften es nicht mehr bis zum Télé-See. Im nächsten Jahr kehrte Mackal jedoch mit einem etwas größeren Team zurück, zu dem diesmal auch ein einheimischer kongolesischer Zoologe gehörte. Die Expedition sammelte viele weitere Augenzeugenberichte über das Tier, doch gelang es wieder nicht, ein Exemplar zu Gesicht zu bekommen und zu fotografieren. Allerdings stieß man auf Spuren, die tatsächlich von einem »Mokélé-mbembé« hätten stammen können.

Während eines Aufenthalts in Dzéké am Likouala aux Herbes erfuhren die Forscher von einem Ort ein Stück weit flußaufwärts, wo man ein Jahr zuvor eines der Tiere überrascht habe. Als dieses im Fluß verschwunden sei, habe es eine deutlich sichtbare Spur hinterlassen.

Mit einem ortsansässigen Jäger als Führer besuchten Mackal und sein Team die Stätte, wo sie feststellten, daß das Flußufer relativ fest und mit meterhohem Gras bestanden war. Fünfzig Meter vom

Fiktive Darstellung des zentralafrikanischen »Mokélé-mbembé« als kleiner Dinosaurier

Ufer entfernt begann der dichte Dschungel, in dem in Hülle und Fülle die orangengroßen Früchte der »Dschungelschokolade« wuchsen. Der Führer brachte die Expeditionsmitglieder zu einer Anzahl kleiner Tümpel und zeigte ihnen dort die hinterlassene Spur, die an einem der Tümpel deutlich sichtbar war: »Abgebrochene, verwitterte Zweige zeugten vom Vorbeikommen eines eineinhalb bis zwei Meter großen und halb so breiten Lebewesens. Dies war durchaus die richtige Größte für ein Mokélé-mbembé, aber auch für einen kleinen Waldelefanten.«[22] Der durch den Dschungel führende Pfad wies große, ungefähr 30 Zentimeter breite, in die weiche Erde gedrückte Fußspuren auf. Er war gut erkennbar, bis er das am Flußufer wachsende Gras erreichte, wo die kürzlich gewachsenen Pflanzen ihn inzwischen überwuchert hatten.

Auf diese Tatsache wies der Führer auch hin und erklärte, ursprünglich sei auch im zerdrückten Gras eine knapp zwei Meter breite Spur sichtbar gewesen, die in den Fluß geführt habe. Kein

Elefant, fügte er hinzu, hinterlasse derartige Spuren, ganz abgesehen davon, daß Elefanten den Fluß auch immer wieder verließen. Die Möglichkeit, daß die Spur von einem großen Krokodil verursacht worden war, schien auszuscheiden, da Krokodile keine derart breiten Fußabdrücke hinterlassen oder bis zu einer Höhe von fast zwei Metern Zweige abbrechen.
Mit einer Spur Sarkasmus bemerkte Mackal, daß das Tier, das sie jagten, hier gelebt habe, während er und Powell flußaufwärts in Epéna gewesen seien.
Im Verlauf der beiden Expeditionen sammelte Mackal über dreißig detaillierte Beschreibungen des Tieres. Gut die Hälfte davon stammte von Augenzeugen, die es mehrmals beobachtet hatten.
Fasziniert von den in den Medien verbreiteten Berichten machten sich auch andere Forscher an Streifzüge durch diesen Teil Zentralafrikas. Seit der ersten Expedition durch Mackal und Powell hat fast jährlich eine weitere derartige Unternehmung stattgefunden, insgesamt waren es über elf. Zwei davon waren von Japan aus organisiert, eine bestand aus einer offiziellen Gruppe kongolesischer Wissenschaftler. Keine Expedition ist je mit Fotos oder Filmaufnahmen des Tieres zurückgekehrt, das sich damit bis heute einem Zugriff entzieht.
Die regelmäßige Ankunft von Forschern und neugierigen Amateuren zeigt bereits Auswirkungen auf die regionale Wirtschaft. Der Schriftsteller Redmond O'Hanlon, der seine eigene kleine Expedition auf die Spur des »Mokélé-mbembé« führte, berichtet, in Boha, dem nur zwei Tagesmärsche vom Télé-See entfernten und damit nächstgelegenen Dorf, habe eine größere Hütte ein großes Schild mit der Aufschrift »BOHA PILOTE DINOSAURE« getragen.[23]
Nun muß das »Mokélé-mbembé« nicht das einzige seltsame Lebewesen der Likouala-Sümpfe sein. Mackal und Powell haben auch Berichte über andere Tiere aufgezeichnet, von denen zwei ebenfalls Relikte aus der Dinosaurierzeit sein könnten.

Das Tier mit »Platten auf dem Rücken« und seine Kollegen

Unter den von Mackal und Powell geführten Gesprächen erwies sich eines als hochinteressant. Eine Frau, die bis dahin nur örtliche Anekdoten über das »Mokélé-mbembé« wiedergegeben hatte, blätterte in einem Buch mit Dinosaurier-Abbildungen, das die beiden Forscher mit sich führten, als sie eine Seite mit der Illustration eines Stegosaurus aufschlug und plötzlich lächelte. »Ja, von diesem Tier hat man in meiner Familie gesprochen«, erklärte sie. »Meine Eltern erzählten mir von einem Tier, aus dessen Rücken Platten wachsen. Sie haben mir gesagt, ich soll mich hinter einem Baum verstecken, wenn ich es durch den Wald kommen sehe.«[24] Sie fuhr fort, auch dieses Tier mit Namen »Mbielu-mbielu-mbielu« verbringe einen Großteil seines Lebens im Wasser, weshalb die »Platten« auf seinem Rücken mit tropfenden grünen Algen bewachsen seien. Selbst habe sie es nur einmal gesehen, zumindest seinen Rücken, der aus dem Wasser ragte.
Bei seiner zweiten Expedition konnte Mackal 1981 weitere Informationen über dieses Tier sammeln. Er traf auf einen älteren Einheimischen, der früher als Beamter für die französische Kolonialverwaltung gearbeitet hatte. Der Mann besaß außerordentlich detaillierte Aufzeichnungen über Ort und Umstände 15 ihm bekannter Fälle, in denen ein »Mokélé-mbembé« beobachtet worden war. Gegen Ende des Interviews erwähnte auch er das Wesen mit »Platten auf dem Rücken«.
Eines dieser Tiere habe ein Stück flußaufwärts bei Epéna gelebt. Er habe es zwar nicht persönlich gesehen, doch hatte man es in der Trockenzeit, wenn der Wasserstand am tiefsten ist, oft in der Abenddämmerung beobachtet. Es sei »auf dem Rücken stark mit Grünzeug bewachsen« gewesen, was deutlich sichtbar geworden sei, wenn das Tier aus dem Wasser gestiegen sei.[25]
Mackal stellte fest, daß viele seiner Informanten außerdem von einem weiteren Ungeheuer sprachen, das sie »Eméla-ntouka« – »Elefantentöter« – nannten. Es ähnelte dem »Mokélé-mbembé« insoweit, als es ebenfalls teilweise im Wasser lebte und den Kör-

perumfang eines Elefanten und entsprechend dicke, starke Beine hatte. Allerdings besaß es keinen langen Hals, und auf seinem Kopf wuchs ein spitzes Horn.[26] Gelegentlich attackierte und tötete es Wasserbüffel oder Elefanten, aber nie, um diese zu fressen. Wie das »Mokélé-mbembé« war es ein Pflanzenfresser.

Noch von weiteren Lebewesen war die Rede. So habe man ein riesiges, schlangen- oder eidechsenähnliches Tier mit gespaltener Zunge beobachtet, das sich auf vier kurzen, dicken Beinen fortbewegt habe: das »Nguma-monéné«. Es habe sich durch einen gezackten Knochenkamm entlang des Rückens ausgezeichnet.

Ein von Professor Mackal befragter amerikanischer Missionar hatte das betreffende Tier deutlich sehen können. Als er Ende 1971 im Gebiet von Likouala flußaufwärts reiste, sei er zu einer Stelle gekommen, an der der Fluß ungefähr 60 Meter breit gewesen sei. Plötzlich habe er ein Tier vor sich gesehen, das anders ausgesehen habe als alles, was er je gesehen hätte. Es sei ungefähr neun Meter lang gewesen und habe »einen Rücken wie eine Säge« gehabt. Er habe seinen Außenbordmotor abgestellt, sich mit der Strömung treiben lassen und beobachtet, wie das Tier durch den Fluß geschwommen sei, am anderen Ufer herausgestiegen und im Dschungel verschwunden sei.[27]

Schließlich wurden im selben Gebiet drei riesenhafte Exemplare bekannter Lebewesen beobachtet. Bei dem einen handelt es sich um ein bis zu 15 m langes Krokodil, das angeblich lange Tunnels gräbt, die es dann bewohnt. Als erster berichtete ein belgischer Entdecker des 19. Jahrhunderts darüber. Die beiden anderen sind eine Riesenschildkröte, deren Panzer einen Durchmesser von drei- bis viereinhalb Metern haben soll, und ein großer Vogel, vielleicht eine Art Adler, mit einer mutmaßlichen Spannweite von nahezu vier Metern. Er soll Affen angreifen und fressen.

Der Kryptozoologie eröffnet sich in Zentralafrika also ein breites Betätigungsfeld.

Der Urmensch und ausgestorbene Lebewesen

Vor vielen Jahrtausenden schufen alte Völker visuelle Darstellungen ihrer Welt. In Form von Bildern und Schnitzwerken stellten sie ihre Gesellschaft dar, die Tiere, die sie jagten oder zähmten, und später auch bedeutsame Ereignisse. Manche dieser Aufzeichnungen sind außerordentlich merkwürdig und verweigern sich einer einfachen Erklärung.

Ganz zu Beginn der ägyptischen Dynastien, um 3100 v. Chr., als die Schrift noch in den Anfängen steckte, stellte man aufwendig dekorierte Schiefertafeln her. Sie waren eine zeremonielle Weiterentwicklung von Schminktafeln, die man zum Mischen von Pigmenten für die Gesichtsbemalung verwendete. Vor allem in Hierakonpolis, der alten Hauptstadt Oberägyptens, hat man solche Paletten gefunden, die durchweg mit außergewöhnlich feinen Reliefs historischer Ereignisse oder mit Jagdszenen geschmückt sind. Viele verschiedene Tiere und Menschen sind mit großer Detailtreue dargestellt. Vor allem die Tiere sind sofort erkennbar; sie haben nichts an sich, was aus dem Reich der Phantasie zu stammen scheint.

Um so überraschender ist es also, daß zwei der entdeckten Paletten – die eine befindet sich heute im Ashmolean Museum in Oxford, die andere im Archäologischen Museum von Kairo – langhalsige Kreaturen zeigen, die an die Merkmale des Mokélé-mbembé erinnern. Besonders die zeremonielle Palette des Königs Narmer in Kairo läßt an Deutlichkeit nichts zu wünschen übrig. In ihrer Mitte befinden sich – als Umrahmung der runden Höhlung zur Mischung der Pigmente – die langen, gebogenen Hälse zweier seltsamer Tiere mit starken Gliedern und langen Schwänzen. Beide Wesen tragen einen Strick um den Hals, der von jeweils einem ägyptischen Wärter gehalten wird. In dieser Hinsicht nähert sich die Darstellung wohl am ehesten der Phantasie, denn kein Mensch könnte ein solches Tier allein bändigen.[28]

Da die heutige Wissenschaft die Existenz solcher Wesen nicht anerkennt, werden diese rasch als »mythologisch« bezeichnet. Schon eine kurze Betrachtung macht jedoch deutlich, daß dieser

Aus dem vordynastischen Ägypten stammende zeremonielle Palette des Königs Narmer (um 3100 v. Chr.). Im Zentrum der Schiefertafel sind zwei langhalsige, von Wärtern gehaltene Tiere abgebildet. Es gibt keinen logischen Grund, warum man sie für mythologisch halten sollte.

Schluß nicht gerechtfertigt ist. Lassen wir die Vorurteile der modernen Wissenschaft beiseite, so fordert die Logik der Palette – und damit die in dieser Situation einzig relevante Logik –, daß wir diese beiden langhalsigen Geschöpfe als ebenso real und bekannt anerkennen wie die anderen dargestellten Tiere und Menschen. Das führt zu dem unvermeidlichen Schluß, daß die alten Ägypter Exemplare irgendeines großen Tieres gefangen hielten, das entweder nicht mehr existiert oder nur noch in einem der Wissenschaft unbekannten, abgelegenen Habitat. Dieses Tier aber weist außerordentliche Ähnlichkeiten mit dem in den kongolesischen Sümpfen beobachteten Wesen auf.

Allerdings waren die alten Ägypter nicht die ersten Menschen, von deren Hand Darstellungen seltsamer Geschöpfe stammen, die ihre Welt bewohnt haben müssen und die vielleicht noch immer in der unsrigen leben. Jahrtausende früher hatte man während der letzten Eiszeit ähnliche Ungeheuer dargestellt.

Wie allgemein bekannt, wurden in Spanien und Frankreich viele Höhlen mit Bildern entdeckt, die der Mensch der Urzeit geschaffen hatte. Manche der Darstellungen sind mit scharfen Steinen in den Fels geritzt, manche mit Holzkohle ausgeführt, andere mit Farbe gemalt. Der dramatischste Aspekt dieser Bilder ist der hohe Grad künstlerischer Fertigkeit, den Menschen an den Tag legten, die wir üblicherweise als »Höhlenmenschen« abtun. Die sehr lebensechte Darstellung der Tiere erlaubt ferner zum allergrößten Teil ihre problemlose Identifizierung, weshalb es um so erstaunlicher erscheint, daß sich unter diesen Tausenden von gezeichneten, geritzten und gemalten Abbildungen zwei Darstellungen langhalsiger Tiere finden, die keinem heute bekannten Lebewesen ähneln.

Das erste Bild stammt aus der Höhle von Pergouset in Südfrankreich und wird auf eine Zeit vor 12 000 oder mehr Jahren datiert. Es ist das schön ausgeführte Relief eines Tieres mit einem langen Hals und einem Kopf, der an den eines Pferdes erinnert. Handelt es sich um eine Giraffe? Angesichts der nahezu arktischen Bedingungen der Eiszeit ist das unwahrscheinlich. Könnte es dann ein Wesen wie das »Mokélé-mbembé« sein oder vielleicht ein Mee-

Darstellung eines langhalsigen Wesens in der eiszeitlichen Höhle von Pergouset (Frankreich), datiert auf 13 000 bis 10 000 v. Chr.

Ritzzeichnung einer Gruppe unbekannter reptilienähnlicher Wesen an der Wand der eiszeitlichen Höhle von Casares (Spanien).

restier wie der »Cadborosaurus« von Vancouver? Niemand hat eine Erklärung. Die Archäologen, die 1997 auf dieses Bild aufmerksam machten, schreiben: »Der sehr lange Hals ist kein Zufall; die Linien sind mehrfach verstärkt oder nachgeschnitten worden [...]«[29]

Anschließend spekulieren die Autoren, dieses und andere Bilder seien unter dem Einfluß psychedelischer Drogen entstanden. Das ist natürlich möglich; wesentlich wahrscheinlicher ist aber, daß dieses Tier wie im Falle der anderen Zeichnungen etwas war, das der Künstler in der Welt außerhalb seiner Höhle beobachten konnte.

Das zweite Beispiel ist noch geheimnisvoller. In der spanischen Höhle von Casares findet sich die ebenfalls aus der Eiszeit stammende Abbildung von drei monströsen, dinosaurierähnlichen Wesen. Zwei von ihnen sind groß; und scheinen ausgewachsene Tiere zu sein; das dritte ist klein und offenbar ein Junges. Alle haben lange Hälse, mächtige, aber ungenau gezeichnete Rümpfe und seltsame Reptilienköpfe. Sie sehen gefährlich aus.[30]

Wie in den anderen Fällen läßt die Logik der Höhlen darauf schließen, daß es sich hier um Lebewesen handelt, die der Künstler außerhalb der Sicherheit seiner unterirdischen Behausung tatsächlich kennenlernte.

Trafen unsere Vorfahren also noch vor relativ kurzer Zeit auf echte Ungeheuer, wenn sie in den Wäldern jagten oder in den Flüssen fischten? Die Felszeichnungen scheinen dies zu beweisen. Wie auch immer die Wahrheit lauten mag, diese Geschöpfe als »mythologisch« oder als »Phantasieprodukte« abzutun, bedeutet, ein verfrühtes Urteil über sie abzugeben und das Risiko einzugehen, potentiell bedeutsame historische Fakten einfach zu ignorieren.

Vielleicht werden wir irgendwo die Knochen dieser Tiere ausgraben. Freilich ist das nicht möglich, wenn sie im Meer lebten. Auch die Knochen von Tieren, die teilweise in Flüssen lebten, wurden wahrscheinlich schon vor langer Zeit ins Meer gespült.

Fliegende Ungeheuer

Von 1911 bis 1922 fungierte der Engländer Frank Melland als Bezirksbeamter der britischen Kolonialverwaltung im heutigen Sambia. Er hatte großes Interesse an naturgeschichtlichen Fragen und war zum Mitglied des Königlich Anthropologischen Instituts, der Königlich Geographischen Gesellschaft und der Gesellschaft für Zoologie ernannt worden. Nach seiner Rückkehr veröffentlichte er 1923 sein Buch *In Witch-Bound Africa*, eine Studie des Schamanismus, den er während seines Kolonialdienstes bei den Stämmen untersucht hatte. Darin beschreibt er, wie seine zoologische Neugier eines Tages geweckt wurde, als man ihm von einem speziellen magischen Talisman berichtete. Dieser wurde an bestimmten Stellen bei der Überquerung von Flüssen verwendet, um den Angriff eines überaus gefürchteten Wesens abzuwehren, das die Einheimischen »Kongamato« nannten.

Auf seine Frage »Was ist ein Kongamato?« erhielt Melland eine überraschende Antwort. Es sei eine Art Vogel, erklärten seine Gewährsleute, oder vielmehr ein fliegendes Wesen, das wie eine Eidechse mit Fledermausflügeln aussehe. Diese Flügel hätten eine Spannweite von gut einem bis zu mehr als zwei Metern, und der Schnabel enthalte viele scharfe Zähne. Melland schreibt: »Ich schickte nach zwei Büchern, die ich zu Hause hatte und die Abbildungen des Pterodactylus enthielten. Alle anwesenden Einheimischen wählten diese sofort und ohne Zögern aus und identifizierten sie als Kongamato.«[31] Das Tier lebte angeblich in sumpfigen Dschungelgebieten, besonders entlang des Flusses Mwombezhi nahe der Grenze von Zaire.

Weiter südlich in Simbabwe tauchten Geschichten über eine ähnliche Kreatur auf. So notierte der englische Journalist G. Ward Price den Bericht eines Kolonialbeamten, in dessen Amtsgebiet ein riesiger Sumpf lag, den die Einheimischen so fürchteten, daß sie sich im allgemeinen weigerten, ihn zu betreten.

Ein Mann war jedoch tollkühn genug, sich hineinzuwagen. Einige Zeit später erschien er mit einer tiefen Wunde in der Brust wieder und berichtete, er sei von einem großen Vogel mit langem Schnabel attackiert worden. Der Kolonialbeamte besorgte sich ein Buch mit Abbildungen prähistorischer Lebewesen und zeigte es dem Verwundeten, der es kommentarlos durchblätterte, bis er auf die Darstellung eines Pterodactylus stieß. Bei dessen Anblick schrie er auf und rannte augenblicklich davon.

Der Beamte erklärte gegenüber Price: »Ich halte es für durchaus möglich, daß der Pterodactylus in diesem riesigen, unbekannten Gebiet überlebt hat.«[32]

Aber nicht nur die Einheimischen beobachteten diese seltsamen Geschöpfe. Im Jahre 1941 erlebten ein britischer Armeeoffizier und seine Leute, wie eines über sie hinwegflog.

In diesem Jahr bereitete der britische Heerführer Orde Wingate im Sudan seine Invasion Äthiopiens vor, um den vertriebenen Kaiser Haile Selassie wieder zu seinem Thron zu verhelfen. Unter seinem Kommando diente ein Oberstleutnant A. C. Simonds, der als Teil der vorbereitetenden Strategie mit einem ganz kleinen Trupp aus Offizieren und Mannschaften nach Süden entsandt wurde. Simonds und seine Männer verließen die südsudanesische Stadt Roseires, überquerten die Grenze zu Äthiopien und marschierten in östlicher Richtung durch den Dschungel in Richtung auf das Hochland von Belaya, das sie nach 15 Tagen erreichten. Während dieses Marsches erblickten sie ein seltsames fliegendes Wesen, auf das die Beschreibung eines Pterodactylus paßte.

In seinen privaten, für seine Tochter verfaßten Erinnerungen schreibt Simonds:

> »Auf unserem Marsch sahen und hörten wir beständig wilde Tiere, und obwohl ich diese Geschichte nach meiner Rückkehr in die Zivilisation häufig erzählt habe, glaube ich noch heute nicht, daß irgend jemand sie mir abnimmt. Wir alle sahen einen riesigen Vogel über uns hinweggleiten, der eine Art zweiten Flügel am Ende jeder Flügelspitze zu haben schien – fast wie eine Hand. Man sah also eine große Flügelfläche und dann eine kleinere zweite. Als ich in Kairo ankam, sprach ich darüber mit einigen Zoologen. Nachdem diese meinen Bericht überprüft hatten, erklärten sie, ich hätte einen Pterodactylus gesehen, der seit über einer Million Jahren ausgestorben sei!«[33]

Geschöpfe der Neuen Welt

Berichte über den Pterodactylus beschränken sich nicht auf die isolierten, sumpfigen »Dschungelinseln« Afrikas. Sie tauchten auch anderswo auf, und zwar in einem Gebiet, das man für eine der am besten erforschten Regionen der Erde halten würde: in Nordamerika.

Am 26. April 1890 brachte der *Tombstone Epitaph*, dessen Titel zu den hübschesten Zeitungsnamen der Welt zählen dürfte, einen von den üblichen Übertreibungen strotzenden Artikel, in dem folgendes berichtet wurde: Einige Tage zuvor seien zwei Reiter auf ihrem Weg durch die Huachuca-Wüste südlich von Tombstone, ungefähr 25 Kilometer nördlich der mexikanischen Grenze, auf ein gewaltiges fliegendes Ungeheuer gestoßen. Dieses sei fast 30 m lang gewesen und habe eine Spannweite von 50 m gehabt; seine fledermausähnlichen Flügel seien ledrig und federlos gewesen. Der Kopf habe eine Länge von zweieinhalb Metern gehabt, der Kiefer eine Reihe scharfer, starker Zähne. Die beiden Reiter hätten auf das Tier geschossen und es getötet.[34]

Als eine Zeitschrift diesen Artikel samt allen Übertreibungen des Originals 1969 wieder abdruckte, las ihn ein alter Mann, der als Kind die beiden Reiter persönlich gekannt und die Geschichte aus erster Hand erfahren hatte. Nun beschloß er, die Sache aufzuklären und einen nüchternen, glaubhaften Bericht des Vorfalls zu Protokoll zu geben. Er erklärte, die beiden Reiter seien wohlbekannte und geachtete Rancher aus der Gegend gewesen. An jenem Tag seien sie tatsächlich auf eine sehr seltsame Kreatur mit großen, ledrigen Flügeln gestoßen, die ihnen vollkommen unbekannt gewesen sei. Das Tier sei nicht so riesig gewesen wie in dem Bericht der Zeitung, sondern habe eine Spannweite von 6–9 m gehabt, was natürlich immer noch gewaltig wäre. Sie hätten mit ihren Flinten darauf geschossen, ohne es erlegen zu können; es habe sich zweimal in die Luft erhoben, bevor es wieder abgestürzt sei. Sie hätten das Tier, das sich noch immer bemühte wegzufliegen, verwundet zurückgelassen.[35]

Wesentlich jünger ist ein Vorfall, der sich am 24. Februar 1976 in

Texas eriegnete. Drei Schullehrer fuhren in einem Wagen eine Landstraße nahe der mexikanischen Grenze entlang, als ein großer Schatten auf sie fiel. Als sie in die Höhe blickten, sei ein riesiges Geschöpf mit sehr großen Flügeln, deren Haut sich eng über lange, dünne Knochen spannte, dicht über sie hinweggeflogen. Diese Flügel hätten an die einer Fledermaus erinnert, doch hätten sie eine Spannweite von viereinhalb bis sechs Metern gehabt. Die drei hatten so etwas noch nie gesehen oder auch nur von etwas entfernt Ähnlichem gehört. Anschließend verbrachten sie geraume Zeit damit, Nachschlagewerke zu durchforsten, um etwas Lebendes oder Totes zu finden, das an diesen Vogel erinnerte – wenn es tatsächlich ein Vogel gewesen war.
Schließlich stießen sie auf ein Lebewesen, das identisch aussah: ein *Pteranodon*. Leider war dieser Pterosaurier mit seinem riesigen Schnabel und einer Flügelspannweite von neun Metern seit dem Ende der Dinosaurier vor fast 65 Millionen Jahren ausgestorben.[36]
Seltsamerweise hatten zwei andere Zeugen wenige Tage zuvor ein ähnliches fliegendes Wesen – vielleicht dasselbe – ebenfalls nahe der mexikanischen Grenze beobachtet.
Solche Geschöpfe könnten sogar noch weiter nach Norden geflogen sein. Am Morgen des 8. August 1981 fuhr ein Ehepaar über den Tuscadora Mountain in Pennsylvania, als vor ihm zwei große, fledermausähnliche Wesen auftauchten. Vom plötzlichen Auftauchen des Wagens offenbar überrascht, seien sie auf diesen zugerannt und hätten die mit Haut bedeckten Flügel ausgespannt, um abzuheben. Die Spannweite dieser Flügel habe der Breite der Straße entsprochen, betrug also mindestens viereinhalb Meter. Die Tiere hätten sich in die Luft erhoben, und während der folgenden Viertelstunde sah das Paar, wie sie allmählich in der Ferne entschwanden. Später identifizierten sie sie als »prähistorische Vögel«, womöglich Pterosaurier.[37]
Die Welt der orthodoxen Wissenschaft kann diese Vorfälle nicht erklären. Sie ist gezwungen, sie entweder zu ignorieren oder sie als Irrtum, Phantasieprodukt oder Schwindel abzutun. Allerdings kann die Wissenschaft Beweise dafür erbringen, daß die entspre-

chenden Lebewesen in derselben Gegend früher einmal existierten. Zwischen 1971 und 1975 wurden an einem Ort in Westtexas die fossilen Überreste von drei Pterosauriern ausgegraben, die aus den letzten Jahren der Dinosaurierzeit datierten. Die Skelette waren zwar nicht ganz vollständig, doch entdeckte man genügend Knochen, um die Spannweite auf 15 m zu schätzen.[38]

Nicht allein, daß es sich damit um die größten Exemplare dieser fliegenden Wesen handelte, die man je entdeckt hat, es sind auch die jüngsten bekannten Pterosaurier. Das fossile Material weist darauf hin, daß dies die allerletzte lebende Saurierart war. Vielleicht gräbt man eines Tages noch jüngere Fossilien dieses Typs aus – oder gar andere Überreste.

Wir haben gesehen, daß isolierte, aber stabile Regionen große unbekannte Tiere beherbergen können, von denen man bislang glaubt, sie seien seit langem ausgestorben. Das Meer, das mit dem Quastenflosser und dem Megamouth schon einige seiner Geheimnisse offenbart hat, könnte die Existenz weiterer unbekannter Lebewesen preisgeben, vielleicht eines Megalodon oder des »Caddy«. Die Dschungel von Zentralafrika verbergen offenbar eines oder mehrere teilweise im Wasser lebende Ungeheuer, bei denen es sich um überlebende Dinosaurier handeln könnte. Könnte auch Texas eine derartige Region darstellen?

Schon seit langem wird behauptet, in Texas sei alles am größten. Stellen diese Geschichten also eine typisch texanische Übertreibung einer Begegnung mit einer großen Fledermausart dar? Oder ist es tatsächlich möglich, daß unbekannte Lebewesen sich ausgerechnet in Nordamerika verbergen, wo der Himmel ständig mit Flugzeugen und Hubschraubern gefüllt zu sein scheint? Gibt es in der Nähe von Texas irgendwelche isolierten, entlegenen Gebiete wie jene Zentralafrikas, in denen ein großes, noch unbekanntes Geschöpf leben könnte? Es gibt sie tatsächlich.

Der Norden Mexikos wird beherrscht von dem weitgehend unerforschten Bergzug der Sierra Madre, der sich wie ein knochiges Rückgrat von Oaxaca bis zur Grenze der Vereinigten Staaten erstreckt. Dieses Gebiet wäre der perfekte Ort, an dem ein unbekanntes Tier sich vor dem menschlichen Auge verbergen könnte.

Der Kryptozoologe Karl Shuker meint jedenfalls, man könnte hier danach suchen. Shuker erwähnt einen weiteren faszinierenden Vorfall. 1968 entdeckte ein Archäologe in den Ruinen der Mayastadt El Tajín am südöstlichen Rand der Sierra ein merkwürdiges Relief. Es stellte einen »Schlangenvogel« dar, bei dem es sich nach Meinung des Archäologen nicht um ein Fabeltier handelt, sondern um ein fliegendes Wesen, das die alten Mayas gut kannten. Auch dieser »Schlangenvogel« erinnert stark an einen Pterosaurus.[39] Könnte dieser Archäologe recht haben? Wenn ja, wäre es ein Hinweis darauf, daß ein solches Tier noch in historischer Zeit existierte, vielleicht bis zum endgültigen Zusammenbruch des Maya-Reiches vor 1000 Jahren. Shuker kommentiert:

> »Die Kryptozoologie ist voll seltsamer Zufälle, doch wenige sind noch seltsamer [...] als die unbestreitbare Tatsache, daß heutige Berichte über riesige, pterosaurierähnliche Wesen ausgerechnet aus einer Gegend stammen, die einst tatsächlich Heimat eines derartigen Tieres war.«[40]

Vor der Zeit der Dinosaurier

Wie stehen die Chancen, daß ein zuletzt als Fossil in 64 Millionen Jahre altem Gestein nachgewiesenes Lebewesen noch heute existiert? Nicht sehr gut, möchte man annehmen. Und wie steht es mit einem doppelt so alten Lebewesen? Wären die Chancen dann doppelt so schlecht? Das Weiterleben des Quastenflossers demonstriert, wie töricht solche Appelle an die Vernunft in diesem Kontext sind. Es scheint also möglich, daß ein noch älteres Tier unter den richtigen Bedingungen eine Überlebenschance gehabt hat. Dem könnte man entgegenhalten, daß das Meer ein wesentlich stabileres Milieu darstellt als alles, was man an Land finden könnte. Das scheint einzuleuchten, doch die Wahrheit ist wesentlich seltsamer.

Ein Beispiel dafür ist ein Tier, dessen Überleben alle Zoologen, wie

skeptisch sie auch sein mögen, zum Nachdenken zwingt: der Tuatara.
Der Tuatara ist ein sehr primitives Reptil, das oberflächlich an eine Eidechse erinnert und drei Augen hat, von denen das dritte nur teilweise funktionell ist. Das Tier wird ungefähr 60 Zentimeter lang und führt meist ein isoliertes, nächtliches Dasein. Fossilien dieser Art erscheinen zum ersten Mal vor 200 Millionen Jahren, und seit dieser Zeit haben die Tiere sich kaum verändert. In jedem Teil der Welt mit Ausnahme des Südpazifik endet die fossile Überlieferung mit der Ära der Dinosaurier. Gäbe es nicht die lebenden Relikte der Südsee, hätte man angenommen, der Tuatara sei bei derselben Katastrophe zugrunde gegangen, die zum Untergang der Dinosaurier führte. Doch der Tuatara hat die Dinosaurier kommen und gehen sehen; gut möglich, daß es ihm mit den Menschen genauso ergeht.
Er lebt noch heute auf einigen wenigen, sehr kleinen und sehr abgelegenen Inseln vor der Küste Neuseelands. Eine zweite Spezies lebt auf einem vier Hektar großen Eiland der Cook-Inseln, ungefähr 3200 km weit entfernt. Wie um alles in der Welt war es möglich, daß diese kleinen, weit auseinander liegenden und Tausende von Kilometern von den größeren Kontinenten entfernten Inseln schließlich zur Heimat der letzten lebenden Tuataras wurden?
Wie stünden die Chancen, daß die Wissenschaft eine solche Situation vorhersagen könnte? Auf diese Frage kann man mit Fug und Recht antworten, daß ein Überleben in einem derart isolierten Milieu selbst dann nicht im entferntesten in Betracht gezogen worden wäre, wenn man die Vernunft bis an ihre Grenzen strapaziert hätte.
Der einzig mögliche Schluß lautet, daß in der Natur alles möglich ist. Diese einfache Wahrheit zu vergessen bedeutet, in einer Phantasiewelt zu leben. Der Ansatz der Kryptozoologen muß richtig sein: Es ist eher wahrscheinlich als unwahrscheinlich, daß im Meer, auf dem Festland oder in der Luft immer noch große, unbekannte Tierarten existieren, die sich nach wie vor unserem Blick entziehen.
Das Abenteuer Wissenschaft geht weiter.

FÜNFTES KAPITEL

Die Geheimnisse der menschlichen Evolution

Am Abend des 30. November 1974 hatte der amerikanische Anthropologe Donald Johanson in der äthiopischen Afar-Wüste Grund zum Feiern. Er hatte am späten Vormittag das versteinerte Bruchstück eines möglicherweise menschlichen Schädels gefunden, das zusammen mit anderen Knochen ungefähr 40 Prozent eines uralten weiblichen Skeletts ergab. Die Gebeine waren seiner Meinung nach die frühesten Überreste von Menschen oder menschenähnlichen Lebewesen, die je entdeckt worden waren.

Johanson war voll freudiger Erregung. Dies war die zweite Saison, in der er das Gebiet durchsuchte, getrieben von der bestimmten Ahnung, etwas Wichtiges entdecken zu können. Und, wie er später schrieb, war er an diesem Tag mit dem Gefühl aufgewacht, er könnte endlich Glück haben.

Während rasch die Nacht hereinbrach, saß Johanson da, ein Bier in der Hand und einen Kassettenrecorder neben sich, der mit voller Lautstärke in die Dunkelheit hinausdröhnte. Eingelegt war einer von Johansons Lieblingstiteln, der Beatles-Song »Lucy in the Sky with Diamonds«. Er lief wieder und wieder, während Johanson und seine Kollegen ihr Bier tranken und aufgeregt über die Folgen ihrer Entdeckung diskutierten. Später schrieb der Forscher über diese ausgelassenen Stunden: »Irgendwann an diesem unvergeßlichen Abend – ich kann mich an den genauen Zeitpunkt nicht mehr erinnern – gaben wir dem Skelett den Namen Lucy [...]«[1]

Und als Lucy ist es seither bekannt, dieses weibliche Wesen, das vor über dreieinhalb Millionen Jahren in oder neben etwas starb, das einst ein großer See war.

Die Entstehung der Menschheit und die Suche nach den üblichen Verdächtigen

Lucy war kein Mensch, aber wie Johanson energisch bestritt, auch kein Menschenaffe. Allerdings war sie kaum über einen Meter groß und ging zwar aufrecht, doch ihre Hände reichten bis an ihre Knie, und ihre Schultern, Rippen und Hüftknochen scheinen zusammen mit der augenscheinlich starken Muskulatur besser zum Erklettern von Bäumen geeignet gewesen zu sein. Lucy wurde ungefähr dreißig Jahre alt, doch ihre Wirbel zeigen bereits Spuren einer einsetzenden Arthritis oder einer ähnlichen Krankheit. Sie war rasch gestorben, womöglich durch Ertrinken.

Leider wurde der vordere Teil von Lucys Schädel niemals gefunden, weshalb keine exakte Bestimmung ihres Gehirnvolumens möglich war. Auf der Basis der Bruchstücke ließ sich jedoch schätzen, daß es mit 330 bis 400 Kubikzentimetern nur wenig größer war als das Gehirn eines Schimpansen.

Man plazierte Lucy in eine Gruppe von Lebewesen, die offenbar sowohl Elemente von Menschenaffen wie auch von Menschen besaßen. Dieser Typus wurde erstmals 1925 in Südafrika entdeckt und erhielt den Namen »Südlicher Affe«, auf lateinisch *Australopithecus* (*austral* bedeutet südlich, *pithecus* Affe). Inzwischen ist man der Meinung, daß mindestens sechs Spezies dieses halb menschlichen, halb affenähnlichen Wesens existierten. Zur Zeit ihrer Entdeckung war Lucy das älteste Exemplar.

Es gibt keine Hinweise darauf, daß irgendein Zweig dieser Grup-

pe gelernt hätte, Werkzeuge anzufertigen. Dennoch sieht es so aus, als habe *Australopithecus* ungefähr eine Million Jahre überlebt, so daß er mit Sicherheit in Kontakt mit dem Urmenschen kam, der zu dieser Zeit schon mit viel Geschick diverse Steinwerkzeuge baute.
Diese Tatsache führt zu der unwillkommenen Frage, ob diese primitive Kreatur tatsächlich als Vorläufer der Menschheit gelten könne, was viele heutige Wissenschaftler – aber nicht alle – behaupten und was die meisten mit dem Thema befaßten Journalisten mit unkritischer Unterwürfigkeit zu akzeptieren scheinen. Der eifrigste Vertreter der These, Lucy und ihre Familie seien Urformen des Menschen, ist Johanson selbst, der seine Begabung, Wissenschaft wie Medien für seine Vorstellungen zu gewinnen, vielfach unter Beweis stellte.

Die Argumente: Lucy als Vorläuferin oder als Parallelentwicklung

Als Spezies hat der Mensch den Gattungsnamen *Homo* erhalten. Der moderne Mensch wird – anatomisch gesehen – als *Homo sapiens* bezeichnet; hierzu gehören auch »Höhlenmenschen« wie der Neandertaler und der Cro-Magnon-Typus. Bei der uns unmittelbar vorangehenden Art soll es sich um einen primitiveren Menschentypus gehandelt haben, *Homo erectus*. Seine Überreste wurden in vielen Teilen der Welt gefunden, von Afrika über Europa bis China.[2]
An dieser Stelle setzt in der Fachwelt eine erregte Diskussion ein. Es hat nämlich eine ganze Anzahl offenbar älterer und primitiverer Ausformungen eines frühen Affenmenschen gegeben, die allerdings in einer Art archäologischem Dämmerzustand verblieben. Die Anzahl der entdeckten Fossilien ist so gering, daß sämtliche Theorien auf extrem wackligen Füßen stehen.
Donald Johanson behauptet, Lucy und ihre Artgenossen seien die Vorläufer echter Menschen gewesen. Anders gesagt, er glaubt, die

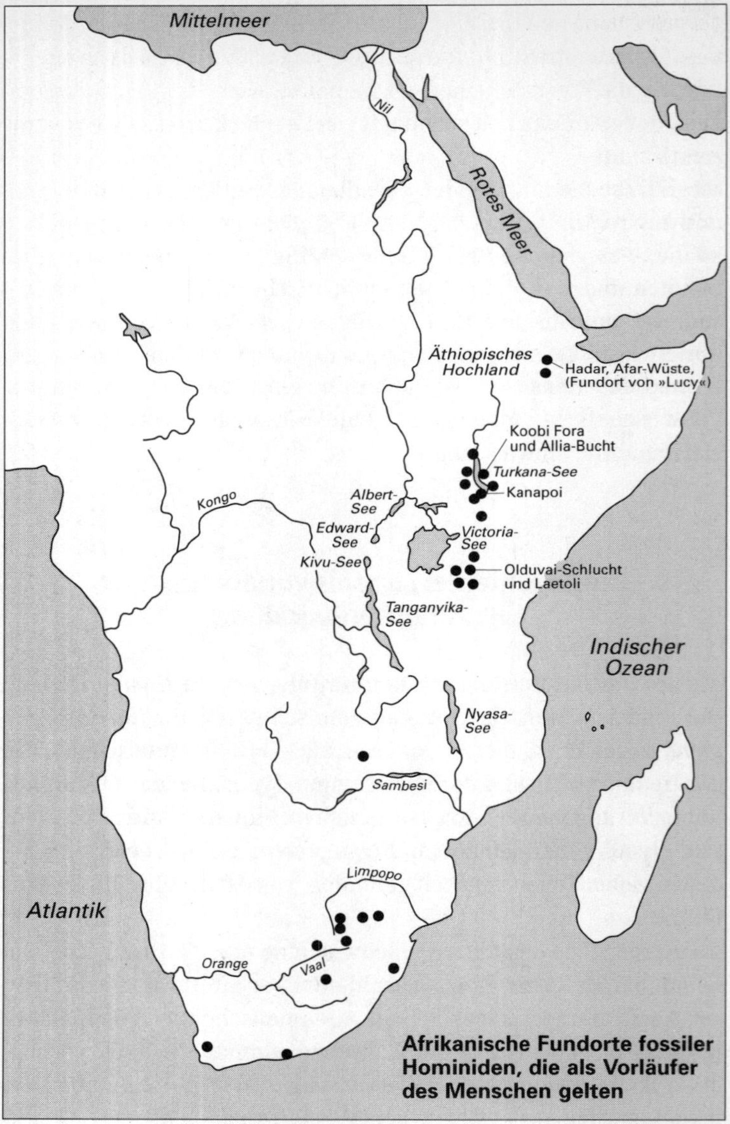

Afrikanische Fundorte fossiler Hominiden, die als Vorläufer des Menschen gelten

Gattung *Homo* und damit der heutige Mensch habe sich im Verlauf der Zeit aus affenähnlichen Geschöpfen wie Lucy entwickelt.
Johansons These ist auf den wütenden Widerstand von Richard Leakey gestoßen. Leakey, der seit jeher am kenianischen Nationalmuseum in Nairobi arbeitet, gehört zu einer Familie berühmter Experten über Fragen der frühen Menschheit. Sein Vater Louis und seine Mutter Mary waren Pioniere ihres Fachs, und auch seine Frau Meave verfügt über große Kenntnisse und Erfahrung, führt Grabungen durch und publiziert zu diesem Thema.
Richard und Meave Leakey sind vorsichtig und wollen nicht akzeptieren, daß Lucy und ihr Typus direkte Vorläufer der heutigen Menschheit darstellen, wie Johanson behauptet. Sie akzeptieren zwar einen Stammbaum der verschiedenen *Australopithecus*-Arten, die bislang entdeckt wurden, weigern sich aber, eine Verbindungslinie zu der Entwicklung von *Homo* zu ziehen.[3] Obwohl auch sie meinen, daß eine solche Verbindung wahrscheinlich an irgendeiner Stelle hergestellt werden sollte, ziehen sie es vor, weitere Fakten abzuwarten. Ihre Position wird von einer ganzen Reihe anderer Wissenschaftler unterstützt.
Richard Leakey vermeidet eine direkte Konfrontation über das Thema und beschränkt sich darauf, offenbar schlüssige Indizien dafür aufzuzeigen, daß Lucy und die anderen Exemplare von *Australopithecus* wesentlich mehr Ähnlichkeiten mit Menschenaffen als mit Menschen aufweisen.[4] Er hält es für möglich, daß der Mensch von einem wesentlich älteren Lebewesen abstammt, das vor ungefähr siebeneinhalb Millionen Jahren lebte und dessen fossile Überreste noch nicht gefunden wurden.[5] Das führt zu dem Schluß, daß die Menschheit eine wesentlich längere Geschichte hat, als Wissenschaftler wie Johanson annehmen. Leakeys Vater Louis wiederum vermutete, die Ursprünge der Menschheit reichten über 40 Millionen Jahre zurück,[6] was die heutige Wissenschaft jedoch als nicht mehr haltbare Hypothese einstuft.
Was das fossile Material in seiner heutigen Form betrifft, reicht es eindeutig nicht aus, um die Frage der menschlichen Evolution zu klären. Dazu wäre die Entdeckung einer großen Anzahl weiterer Fossilien notwendig, darunter einige weitgehend komplette Ske-

lette. Allerdings sind bereits über 60 Jahre vergangen, seit die Leakeys in der ostafrikanischen Olduvai-Schlucht mit ihrer Arbeit begonnen haben. In diesem Zeitraum wurden ähnliche geologische Schichten ebenso ausgiebig wie sorgfältig untersucht. Wenn entsprechende Indizien existieren, hätte man dann nicht eine Spur von ihnen finden müssen?

Vielleicht haben die Fachleute am falschen Ort gesucht? Oder haben sie die entdeckten Fossilien nicht korrekt identifiziert? Oder gar beides?

Um diese Möglichkeiten zu untersuchen, müssen wir die Dinge aus einer anderen Perspektive betrachten. Am Anfang steht die Frage, welche Umgebung die Eigenheiten des heutigen menschlichen Körpers hervorgerufen haben könnte und wo diese Umgebung in Afrika oder anderswo zu finden ist.

Die orthodoxe Position: die Savannen-Theorie

Vor 25 bis 30 Millionen Jahren war der Großteil der damaligen Kontinente mit riesigen Wäldern bedeckt. In diesen Wäldern entwickelten sich die Primaten – die verschiedenen Affenarten – aus einem kleinen, vierbeinigen, am Boden lebenden Tier, das ungefähr so groß war wie ein Eichhörnchen.

Vor 20 Millionen Jahren finden wir Hinweise auf die weit verbreitete Existenz vieler in Bäumen lebender Affenarten, doch fünf Millionen Jahre später begannen die Wälder allmählich zu verschwinden. Noch vor zehn Millionen Jahren dominierten die Affen in den verbliebenen Waldgebieten, aber kurz darauf herrscht ein Mangel an nahezu allen Arten von Affenfossilien. Warum dies so ist, ist ein ungelöstes Rätsel.

Ab einem Zeitpunkt vor acht Millionen Jahren bis zur viereinhalb Millionen Jahre jüngeren Epoche von Lucy erstreckt sich ein dunkles Zeitalter, was die Fossilien von Primaten angeht. Bis vor kurzem förderten Grabungen in Ablagerungen aus dieser Periode zwar Zehntausende anderer versteinerter Lebewesen zutage, von

Affen jedoch nur einen Armknochen, einen Zahn und ein Kieferfragment mit einem weiteren Zahn. Immerhin hat sich die Lage seit Mitte der 90er Jahre durch die Arbeit an neuen Grabungsorten leicht verbessert.

1995 gelang es Meave Leakey und ihren Kollegen, eine neue, sehr frühe *Australopithecus*-Spezies zu etablieren. Als Grundlage diente eine Anzahl von Fossilien, die sie in der Nähe der Allia-Bucht im Osten des Turkana-Sees ausgegraben hatten, darunter ein fast vollständiger Kiefer, ein Teil eines Schienbeins, Schädelfragmente und Zähne. Die Funde wurden auf ein Alter von gut 3,9 Millionen Jahren datiert.[7] Einen noch älteren Fund, bestehend aus fossilen Zähnen und Fragmenten eines Unterkiefers, eines Schädels und eines Armknochens, machten Tim White und sein Team 1995 in Äthiopien. Die ungefähr 4,4 Millionen Jahre alten Knochen wurden wieder einer anderen Urform zugeordnet.[8]

Trotz der Aufregung, die diese Funde begleitete, brachten sie angesichts einer Periode von fast vier Millionen Jahren nicht gerade viel zutage. Zudem existiert keine in irgendeiner Weise schlüssige Erklärung für diesen Mangel an Beweisen.

Nach der orthodoxen »Savannen«-Theorie reduzierte sich die Größe der Wälder während dieses dunklen Zeitalters, das auf eine Veränderung der klimatischen Bedingungen folgte, allmählich so erheblich, daß die wachsende Primatenpopulation darin wegen des begrenzten Nahrungsangebots unter Druck geriet. Mit der Zeit wurde dieser Druck so groß, daß eine Primatengruppe beschloß, außerhalb der Wälder nach Nahrung zu suchen. Sie zog hinaus in die großen, mit Gras bestandenen Ebenen Afrikas – in die Savanne.

Folgt man dieser Theorie weiter, so war es dieses riesige Grasland, wo sich die heute als menschlich bekannten Eigenschaften als vorteilhaft erwiesen. Die natürliche Auslese habe deshalb dazu geführt, daß die Besitzer solcher Eigenschaften Vorteile gegenüber ihren Artgenossen gehabt hätten. Während sich diese Merkmale entwickelten, habe sich der Mensch auf seine zwei Hinterbeine erhoben, um über das hohe Gras blicken zu können, sein Gehirn vergrößert und sein dichtes Fell verloren.

Diese Theorie ist natürlich purer Unsinn. Keines der herausragenden physischen Merkmale des Menschen wäre ein offensichtlicher Vorteil in dieser neuen Umgebung gewesen – einer gewaltigen, grasbewachsenen Ebene voll ebenso aggressiver wie schneller Raubtiere.

Von allen Primaten, die in den schrumpfenden Wäldern lebten, erhob sich nur einer – unser Urahn – auf seine zwei Beine und ging aufrecht in die Savanne. Warum?

Trotz desselben Populationsdrucks haben keine anderen Affen auf die gleiche Weise reagiert. Warum?

Die Umwelt der Savanne mit ihren Löwen, Hyänen und anderen gefräßigen Fleischfressern war wahrhaft feindlich. Und doch macht man uns glauben, daß die aufkeimende Intelligenz eines bestimmten Affentyps diesen dazu brachte, seine normale, relativ schnelle Fortbewegungsweise auf vier Füßen aufzugeben und statt dessen einen aufrechten Gang anzunehmen, der ihn langsamer machte. Es wäre zu erwarten gewesen, daß diese tollkühnen Affen allesamt rasch ausgelöscht wurden.

Aus der Perspektive eines derartigen Tieres ist es vollkommen abwegig, auf zwei Beinen zu gehen, da ein großer Teil der aktiven Energie lediglich dazu verwendet wird, den Körper aufzurichten, statt ihn rasch vorwärtszubringen. Es handelt sich um eine sehr ineffiziente Fortbewegungsmethode,[9] die besonders dann ein Problem darstellt, wenn man von hungrigen Raubtieren gejagt wird.

Warum haben sich manche unserer Vorfahren verändert? Wie konnte die Kraft der natürlichen Auslese auf der offenen Savanne eine derart veränderte Struktur bewirken?

Die Antwort lautet: Sie konnte es nicht.

Warum gibt es Menschen?

Wie unterscheiden wir uns von anderen Primaten, zum Beispiel von Menschenaffen wie dem Orang-Utan? Offensichtlich besitzen wir ein größeres Gehirn und die Gabe der Sprache. Dazu kommen

äußere Unterschiede: Wir sind nicht mit Fell bedeckt und gehen aufrecht auf zwei Beinen. Dies sind allerdings nur die sofort ins Auge fallenden Differenzen. Tatsächlich gibt es Hunderte davon. So unglaublich es scheinen mag, die Wissenschaft hat keinerlei schlüssige Erklärung für die evolutionäre Entwicklung auch nur eines dieser entscheidenden Merkmale. Natürlich hat man versucht, Erklärungen zu finden, hat Thesen entwickelt, um diese Merkmale zu begründen; und mit der Zeit wurden diese Thesen für einleuchtend genug gehalten, um in der evolutionären »Mythologie« verankert zu werden. Gehalten hat das nie lange, denn schon nach kurzer Zeit erwiesen sich sämtliche Erklärungen als mangelhaft. Zu viele menschliche Eigenschaften sind scheinbar unmöglich zu begründen, und deshalb scheute die Wissenschaft, die nicht imstande war, die Frage zu klären, im allgemeinen vor den Problemen zurück, die aus solcher Unkenntnis resultieren.
Besonders die Biologie hat jedoch auf jene Aspekte des menschlichen Körpers aufmerksam gemacht, die keinen Zusammenhang mit dem evolutionären Prozeß aufzuweisen scheinen. Dazu gehören etwa das Wachstum des Gehirns, das an keinem Menschenaffen oder anderen Primaten zu beobachten ist, der Verlust der Körperbehaarung, eine einzigartige Atemtechnik, durch die das Sprechen möglich wird, und ein besonderes Sexualverhalten.
Die Größe des Gehirns scheint ständig zugenommen zu haben, von Lucys Schimpansenhirn über das 440 cm^3 große Gehirn von *Australopithecus*, die 650 cm^3 des Wesens, das man für den ersten wirklichen Menschen hält, und die 950 bis 1200 cm^3 des *Homo erectus* bis hin zu den durchschnittlich 1350 cm^3 des heutigen Menschen, also des *Homo sapiens*. Diese Vergrößerung des Gehirns hat auch zu einem größeren Kopf geführt.
Das Größerwerden des Kopfes wiederum führte notwendig zu einer beträchtlichen Anpassung des Körpers, die sich auf dem Weg von einem affenähnlichen zu einem menschenähnlichen Wesen abspielte. Der Grund ist einfach die Notwendigkeit, ein Kind mit einem derart großen Kopf gebären zu können; und deshalb ist das Becken einer menschlichen Mutter ganz anders geformt als das eines Affenweibchens. Die Zunahme des Gehirnvolumens ist

übrigens so beträchtlich, daß das Gehirn des heutigen Menschen im ersten Jahr nach der Geburt derart stark wächst, daß es seine Größe verdoppelt. Wäre es schon von Anfang an voll entwickelt, so wäre der Vorgang der Geburt unmöglich.

Der Verlust der Behaarung, also des dichten Fells, das ein auffälliges Merkmal der Affen darstellt, ist ebenfalls eine Kuriosität der heutigen Menschheit. Eine solche Behaarung könnte den Körper vor der Sonnenhitze und den kalten Temperaturen der Nacht schützen. Wie hätte das Leben in der Savanne, die tagsüber heiß und nachts oft sehr kalt ist, dazu führen können, daß sich durch natürliche Auslese das Merkmal der Haarlosigkeit entwickelte?

Ein weiteres Geheimnis ist unsere Fähigkeit zu sprechen. Sie ist die Folge einer besonderen Atemmethode, die sich stark von der von Affen unterscheidet – und auch von der aller anderer Lebewesen unserer Erde. *Sie ist dem Menschen eigen.*

Ein neuer Blick auf die Evolution

Es ist heilsam, sich zu überlegen, daß diese Veränderungen sich zwar bei einem Affentyp ergaben – der sich offenbar später zum Menschen entwickelte –, bei allen anderen jedoch nicht. Die anderen Affen haben mehrere Jahrmillionen und eventuell viel länger ohne größere evolutionäre Entwicklungen vor sich hin gelebt. Warum hätten die Kräfte der Evolution nur eine Spezies auswählen sollen, um ihr Geschick zu demonstrieren? Diese Frage bleibt ungeklärt.

Folgt man den üblichen Gedankengängen, so müssen für jede evolutionäre Anpassung zwei Faktoren vorhanden sein. Zum einen muß die Veränderung dem betreffenden Lebewesen in seiner Umwelt einen unmittelbaren Vorteil verschaffen. Es ist kein schlüssiges Argument, daß ein Tier sich mit seinen neuen Merkmalen abmühen könnte, in der Hoffnung, daß in mehreren 100 000 Jahren alles leichter wird.

Zum zweiten müssen dieses Lebewesen und seine Nachkommen

von anderen Exemplaren derselben Art isoliert sein, damit keine Gelegenheit mehr besteht, Erbinformationen auszutauschen. Für diese Isolation sorgen üblicherweise physische Grenzen wie Wüsten, Berge oder das Meer, also Grenzen, die zwei ursprünglich zusammengehörende Gruppen auseinanderreißen und voneinander getrennt halten. Die Savanne erfüllt diese Bedingungen jedoch nicht.

Der Mensch ist ein Säugetier, und trotz seiner starken Spezialisierung teilt er viele seiner Körpermerkmale mit anderen Mitgliedern seiner Klasse. Allerdings unterscheiden wir Menschen uns von allen anderen landlebenden Säugern darin, daß wir durch Nase und Mund gleichermaßen gut atmen können. Ebenso einzigartig ist unsere Unfähigkeit, gleichzeitig zu atmen und zu trinken. Dies liegt an einem besonderen Körpermerkmal, unserem tiefliegenden Kehlkopf.[10]

Sämtliche Säugetiere – außer uns – besitzen einen Kanal, der die Nase mit der Lunge verbindet: die Luftröhre. Ein zweiter Kanal, die Speiseröhre, verbindet den Mund mit dem Magen. Diese beiden Röhren bleiben getrennt, weshalb ihre Besitzer gleichzeitig trinken und atmen können.

Grund dafür ist, daß Mund und Nase durch den Gaumen getrennt sind, dessen Vorderteil das knochige Gaumendach bildet. Der hintere Teil besteht aus weichem Gewebe. Bei allen landlebenden Säugern mit Ausnahme des Menschen führt die Luftröhre mittels eines ringförmigen Schließmuskels durch den Gaumen. Sie befindet sich damit über der Mundhöhle und ist nur mit der Nase verbunden.

Unter bestimmten Bedingungen kann der Schließmuskel sich nun entspannen, so daß das obere Ende der Luftröhre – der Gaumen – in die Mundhöhle absinkt. Dieses Merkmal erlaubt es, Luft durch den Mund auszustoßen oder einzusaugen; es ist beispielsweise für das Bellen des Hundes verantwortlich.

Nach dem Bellen hebt sich die Luftröhre wieder und der Schließmuskel zieht sich zusammen, wodurch die Trennung zwischen Luft- und Speiseröhre wiederhergestellt wird.

Beim Menschen ist die Luftröhre nun nicht mit der Oberseite der

Mundhöhle verbunden. Sie befindet sich in der Kehle unter der Zungenwurzel, liegt also tiefer als bei den anderen Säugetieren. Unser Gaumen besitzt keinen Schließmuskel zur Trennung von Luft- und Speiseröhre. Statt dessen ist die Rückseite unseres Gaumens offen, so daß sowohl Luft wie Nahrung entweder in unsere Lunge oder unsere Speiseröhre gelangen können.

Natürlich ist so etwas eine potentiell gefährliche Einrichtung – ein Konstruktionsfehler der natürlichen Auslese. Das Schlucken wird nämlich zu einer komplizierten Aktion, weil wir sicherstellen müssen, daß Nahrung oder Flüssigkeiten nicht in die Luftröhre geraten statt in den Magen.

Wenn wir aus irgendeinem Grund die Kontrolle über uns verlieren – durch eine Krankheit, einen Unfall oder unter Alkoholeinfluß –, können wir zum Beispiel an unserem eigenen Erbrochenen ersticken. Erstickungsunfälle durch Nahrungspartikel sind sogar eine relativ häufige Todesursache beim Menschen.

Wie sich diese ungewöhnliche biologische Konstruktion beim Übergang vom Wald in die Savanne durch natürliche Auslese – oder anderswie – entwickelt hat, ist den Biologen ein vollkommenes Rätsel.[11] Während alle Fachleute sich darin einig sind, daß sie einzigartig ist, brachte keiner je eine schlüssige Erklärung für ihren Ursprung vor. Aber wir besitzen dieses Merkmal; es hat sich entwickelt, also müssen wir zu irgendeinem Zeitpunkt unserer evolutionären Geschichte darauf angewiesen gewesen sein. Es muß uns in unserer damaligen Umwelt einen Vorteil verschafft haben.

Um welche Umwelt könnte es sich gehandelt haben?

Einen möglichen Hinweis könnte uns der Fall des Nasenaffen geben. Dieser Affe lebt in den Mangrovensümpfen an der Küste von Borneo. Normalerweise hält er sich in den Bäumen auf, doch wenn er diese verläßt, begibt er sich häufiger ins Wasser als aufs trockene Land. Er hat daher gut schwimmen gelernt und kann im Wasser längere Strecken zurücklegen.

In seichtem Wasser erhebt der Nasenaffe sich auf seine Hinterbeine, um zweibeinig weiterzuwaten. Zudem hat man beobachtet, daß er seinen aufrechten Gang nach dem Verlassen des Wassers

beibehalten kann. Die Fähigkeit dieses modernen Affen, auch nur eine kleine Strecke aufrecht auf zwei Beinen zu gehen, verschafft ihm in seiner teils durch das Wasser geprägten Umwelt einen unmittelbaren Vorteil.[12]
Dieses Beispiel verweist auf eine mögliche Lösung des Problems der bislang unerklärlichen Merkmale des menschlichen Körpers.

Ein Leben im Wasser

Unter den landlebenden Säugern besitzt zwar nur der Mensch einen tiefliegenden Kehlkopf, doch steht er damit nicht allein. Sämtliche anderen Säugetiere mit diesem Merkmal leben jedoch im Meer oder in Seen; es sind Tiere wie die Seehunde und Wale, die Seekühe und Seelöwen. Sie alle müssen längere Zeit unter die Wasseroberfläche abtauchen.
Während die tiefe Position des Kehlkopfs seinem Besitzer keinen Vorteil gegenüber landlebenden Tieren verschafft, ist das im Wasser ganz anders. Kann ein Lebewesen durch den Mund atmen, so kann es in kurzer Zeit eine beträchtliche Menge Luft ein- oder ausatmen. So etwas ist von Bedeutung, wenn man vor dem nächsten Abtauchen nur einen Augenblick an die Oberfläche kommt. Zudem kann das Tier dann ganz langsam und kontrolliert ausatmen. Dies ist ein weiteres, verwandtes Merkmal, das wir mit wasserlebenden Tieren teilen: eine bewußte Beherrschung der Lunge, die es uns erlaubt, unseren Atem zu kontrollieren. Ein Beispiel dafür ist die Musik der australischen Aborigines, die ihr Didgeridoo – ein langes, röhrenförmiges Instrument – mit Hilfe der sogenannten Zirkularatmung spielen. Auch der Gregorianische Gesang der mittelalterlichen Mönche beruht auf einer komplexen Atemtechnik. Andere landlebende Säugetiere können ihre Atmung so wenig kontrollieren wie ihren Herzschlag.[13]
In unserem Falle ist etwas noch Einzigartigeres entstanden: die Fähigkeit zu sprechen. Es ist die bewußte Kontrolle unserer Atmung, die uns erlaubt, das breite und differenzierte Spektrum an

Tönen hervorzubringen, auf dem die Sprache beruht. Warum diese Gabe nur dem Menschen verliehen wurde, ist ein bislang ungelöstes Rätsel.
Auch die sogenannte Missionarsstellung, die uns bei der Kopulation einen Blickkontakt erlaubt, ist eher typisch für das Leben im Wasser. Während landlebende Säugetiere kein derartiges Sexualverhalten zeigen, ist es die Norm bei Walen, Delphinen, Seeottern und anderen.
Einzigartig wie der aufrechte Gang und die Sprache ist beim Menschen auch die Art und Weise, wie er schwitzt. Es ist ein erstaunlich ineffizienter Mechanismus, da er Wasser und Salz verbraucht, nur langsam einsetzt – was zur Gefahr eines Sonnenstichs führt – und ebenso langsam reagiert, wenn der Wasser- und Salzpegel des Körpers gefährlich absinken.
Ein fortgesetzter Salzmangel ist jedoch außerordentlich problematisch. So kann ein stark schwitzender menschlicher Körper innerhalb von nur drei Stunden seinen gesamten Salzvorrat verlieren, was zum Einsetzen heftiger Krämpfe führt und – falls diese Situation nicht rasch bereinigt wird – zum Tod.
Es ist nur schwer einzusehen, wie ein derart verschwenderisches System sich in der afrikanischen Savanne entwickelt haben soll, wo ein Wasser- und Salzverlust ein ebenso häufiges wie ernstes Problem dargestellt hätte.[14]
Der Mensch besitzt gleich unterhalb seiner Haut eine auffällig dicke Fettschicht, die über 30 Prozent unseres gesamten Körperfetts ausmacht. Sie fehlt bei anderen landlebenden Primaten, ist unter wasserlebenden Säugetieren jedoch die Norm: Wale besitzen sie ebenso wie Robben und Delphine.
Biologen, die diese Fettschicht untersuchten, stellten fest, daß sie eine ausgezeichnete Isolierung gegen den Verlust von Körperwärme bildet – allerdings nur im Wasser. In der Luft ist sie wesentlich weniger wirksam als das normale terrestrische Konzept einer Körperbehaarung.[15] Wissenschaftlern, die sich mit der Evolution des menschlichen Körpers befassen, ist die Existenz dieser Fettschicht noch immer ein Rätsel.
Angesichts all dieser Indizien ist es höchst unwahrscheinlich, daß

die Savanne die richtungweisende Umgebung für die Entwicklung der Menschheit war. Die Savannen-Theorie ist also tot.
Sucht man nach einer Situation, in der die natürliche Auslese einem nackten Affen wie dem Menschen Vorteile verschafft hätte, so bietet sich ein Leben im Wasser an. Hier ist die Fähigkeit, sich auf zwei Beine zu erheben und aufrecht zu gehen, von sofortigem Vorteil – der betreffende Affe kann seinen landlebenden Feinden ausweichen und dabei über Wasser atmen. Wie die Biologin Elaine Morgan bemerkt, hat der aufrechte Gang an Land kaum unmittelbare Vorteile und hätte Jahrtausende gebraucht, um effizient zu werden. Umgekehrt jedoch sei, so Morgan, »auf überflutetem Terrain aufrecht zu gehen, [...] weniger eine Option als eine Notwendigkeit« gewesen.[16]

Wo könnte sich ein im Wasser lebender Affe entwickelt haben?

Wo könnte sich diese vom Wasser geprägte Umwelt befunden haben? Viele Theorien sprechen von einem Ursprung des Menschen in Afrika, und nach orthodoxer Auffassung wurden dort auch die ältesten Spuren der Menschheit entdeckt. Doch es scheint, als hätten wir uns in Afrika gar nicht entwickeln können, zumindest nicht auf dessen Festland. Darauf verweist ein bestimmtes genetisches Merkmal, das erstmals bei Pavianen entdeckt wurde.[17]
Als drei amerikanische Krebsforscher 1976 einen bei diesen Affen auftretenden Virus untersuchten, machten sie eine überraschende Entdeckung. In der Vergangenheit hatte dieser tödliche Virus eine ausgewachsene Seuche unter der Primatenpopulation Afrikas verursacht. Um die verheerenden Auswirkungen der Krankheit zu überleben, entwickelten die Primaten eine bestimmte genetische Sequenz. Die Forscher stellten nun fest, daß die Virulenz der Krankheitskeime zwar seit langem verschwunden war, die dagegen schützende Erbinformation jedoch erhalten blieb. Sie ist bei jedem aus Afrika stammendem Primaten vorhanden, fehlt je-

doch bei allen anderen Primaten, zum Beispiel bei jenen aus Asien oder Südamerika.[18]
Die Existenz dieser Erbinformation könnte also ein Indiz für eine afrikanische Abstammung sein. Als man die genetische Struktur des Menschen überprüfte, fand man heraus, daß ihm diese Sequenz fehlt. Die beteiligten Wissenschaftler kamen zu dem Ergebnis, dies sei ein schlüssiger Hinweis darauf, daß der Ursprung des Menschen nicht in Afrika zu suchen sei. Als Alternative schlugen sie Asien vor.
Elaine Morgan war der Meinung, daß es dieses Vorschlags nicht bedurfte. Statt dessen begann sie nach einer Region Afrikas zu suchen, in der die Affen den Dschungel verlassen und sich ins Wasser begeben haben konnten. Jahrmillionen später wären sie eben dort wieder an Land gestiegen.
Nun ist es unwahrscheinlich, daß diese Entwicklung ganz freiwillig war, daß ein Affe also seinen bequemen Baum verlassen und sich ins Wasser gestellt hätte, weil er der Meinung war, in einigen Millionen Jahren könnten seine Nachfahren davon profitieren. Genausowenig wäre ein ans Leben im Wasser angepaßter Affe aus den Fluten gestiegen und hätte sich den Gefahren eines Sonnenbrandes und neuer räuberischer Feinde ausgesetzt, weil er sich mit dem Gedanken getröstet hätte, eine Jahrmillion später könnte sein Leben womöglich einfacher werden.
Der wahrscheinlichste Grund für solche Anpassungen ist eine Veränderung der Umwelt. Kein Bereich des Festlands ist absolut stabil, und das große ostafrikanische Rift Valley, das sich von Tansania bis Äthiopien erstreckt, ist besonders instabil. Paradoxerweise ist diese Instabilität von Bedeutung, da sie jede dort lebende Spezies dazu zwingt, sich anzupassen oder unterzugehen.
Tatsächlich gibt es eine bestimmte Region in Afrika, wo die entsprechenden Veränderungen in genau der Weise nötig waren, die unser Szenario erfordert.
Die geologische Forschung hat herausgefunden, daß vor sieben Millionen Jahren in der nordäthiopischen Region Afar ein Binnenmeer entstand.[19] Zuerst drang das Meer in dieses bewaldete Gebiet ein, doch nach einiger Zeit wurde die Verbindung zum Ro-

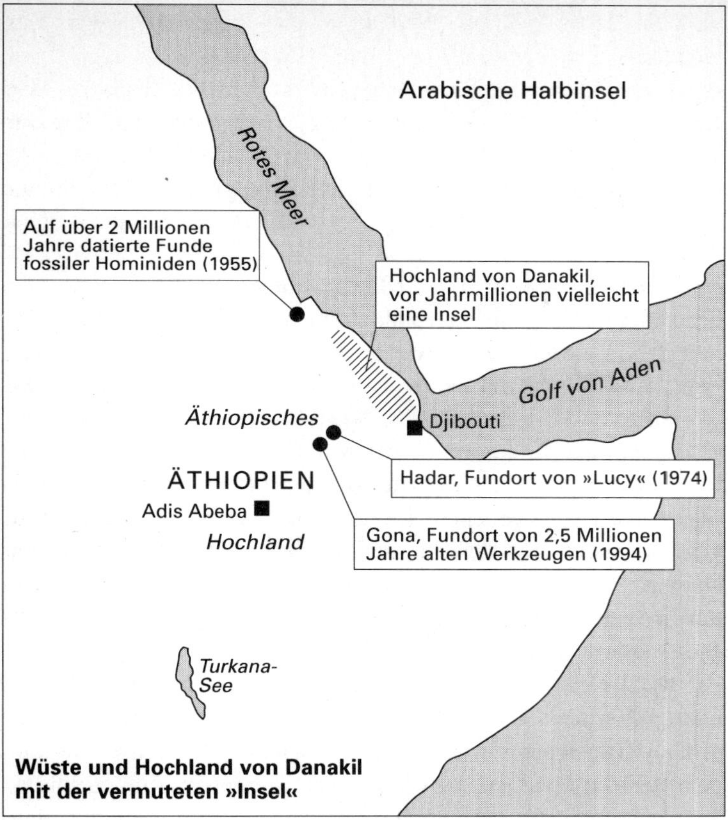

Wüste und Hochland von Danakil mit der vermuteten »Insel«

ten Meer und zum Golf von Aden durch geologische Bewegungen abgeschnitten, so daß ein isoliertes Gewässer entstand, das innerhalb von Jahrmillionen allmählich austrocknete und die mehrere hundert Meter dicke Salzebene hinterließ, die wir heute sehen.[20] Im Osten dieser weiten, trockenen Ebene liegen die Berge des Hochlands von Danakil. Zur Zeit des Binnenmeeres bildeten sie eine bewaldete Insel.[21]

Elaine Morgan folgerte, daß hier die Bedingungen für ein isoliertes Habitat vorlagen. Bestimmte Affen, die auf dieser Insel innerhalb des Meeres isoliert waren, konnten ihre einzigartige Entwicklung zum Menschen hin beginnen. Dieselbe Situation hätte auch verhindert, daß der Pavian-Virus sie erreichte, womit erklärt wäre, wieso der Mensch keine entsprechende Erbinformation aufweist.[22] In diesem Gebiet jedenfalls wären die Affen ins Meer getrieben worden, als der Wasserspiegel stieg, und Jahrmillionen später wieder aufs Land zurückgekehrt, als das Wasser zurückging.

Dies wäre also eine Region, in der Grabungen Fossilien zutage fördern könnten, die Morgans biologische Argumentation mit archäologischen Fakten stützen würden. Tatsächlich ist man in letzter Zeit auf das Gebiet aufmerksam geworden, und es sieht so aus, als wäre dies erst der Auftakt. Im Dezember 1995 arbeitete ein Forscherteam aus Italien und Eritrea in der Salzwüste von Danakil und entdeckte dort ein Schädelfragment, den Teil eines Beckens und einen Fingerknochen. Die auf ein Alter von zwei Millionen Jahren geschätzten Fossilien sind die ersten menschlichen Knochen, auf die man je in dieser Region gestoßen ist. »Wir sind«, sagt der Geologe Ernesto Abbate von der Universität von Florenz, »gerade erst am Anfang.«[23]

Es war in der im Süden dieses Gebiets gelegenen Wüste, wo Johanson zuerst Lucy entdeckte und später die Fossilien einer großen Gruppe menschenähnlicher Lebewesen, bestehend aus mindestens 13 Individuen, die offenbar zusammen ertrunken sind.

Wo auch immer Lucys korrekter Platz im Stammbaum des Menschen oder in dem aller Primaten sein mag, wäre es möglich, sie mit einem Leben im Wasser in Verbindung zu bringen?

Man hat festgestellt, daß Lucys Knie nicht vollständig entwickelt waren und sich nicht wie beim heutigen Menschen durchdrücken ließen. Auf zwei Beinen zu gehen oder zu stehen, wäre für sie also unbequem gewesen. Wie erwähnt, legt ihr Skelett nahe, daß sie den Großteil ihres Lebens auf Bäumen verbracht hat. Jedenfalls vertreten viele Fachleute diese Auffassung – trotz des weit verbreiteten Bildes von Lucy als Königin der Savanne.[24]

Folgt man Richard Leakey, so konnten sämtliche Mitglieder von Lucys Spezies nur kurzzeitig problemlos aufrecht gehen.[25] Dies bezieht sich allerdings nur aufs Festland, denn ein derartiges Bewegungsmuster wäre im Wasser, von dem ein großer Teil des Körpergewichts getragen wird, ohne weiteres möglich. Nun hat man Lucys Füße zwar nie gefunden, doch die anderer Australopithecinen sind proportional wesentlich größer als die unseren. Zudem sind sie breiter und haben längere Zehen. Damit eignen sie sich gut zum Schwimmen und zum Leben auf Bäumen, aber weniger gut zum Gehen.

Schon der Fundort von Lucy verweist auf eine mögliche Affinität zum Wasser. Er scheint einst das sumpfige, vielleicht bewaldete Ufer eines Sees gewesen zu sein. Lucys Knochen lagen zwischen den Überresten von Krebsscheren, Krokodil- und Schildkröteneiern. Die Tatsache, daß kein Raubtier sie beschädigt und verstreut hat, könnte auf einen Tod durch Ertrinken hinweisen. Die Vertreter der Savannen-Theorie argumentieren natürlich, Lucy habe den Sumpf nur aufgesucht, um an Wasser zu kommen. Aber war das tatsächlich der Fall? Warum könnte sie nicht im Wasser und an seinem Rand gelebt haben?

Studien über noch heute existierende primitive Kulturen haben gezeigt, daß der Mensch sich in Afrika nirgendwo am Rande eines Sees oder Wasserlochs niedergelassen hat. Das liegt daran, daß diese Orte häufig von Raubtieren wie Löwen und Hyänen aufgesucht werden, die dort auf Beute lauern, die beim Trinken gut angreifbar ist. Der Urmensch hätte hier also keine geeignete Umgebung gefunden, um sich aufzuhalten und Kinder aufzuziehen. Hätten diese primitiven Kreaturen jedoch wie die Nasenaffen in den Bäumen und Sümpfen gelebt, wären sie vor den erwähnten Räubern geschützt gewesen.

Es bleibt allerdings ein kleines Problem. Wenn eine Phase des Lebens im Wasser auch die schlüssigste Erklärung für die Entwicklung unserer physischen Attribute darstellt, muß gefragt werden, in welchen Zeitraum diese Phase fällt. Auf den ersten Blick wäre es logisch, daß diese Entwicklung während des »finsteren Mittelalters« der Primatenfossilien stattfand, also vor acht bis vier Millionen Jahren. Aber was wäre, wenn die Menschheit sich als wesentlich älter erwiese?

Was wäre, wenn dieser Vorgang innerhalb isolierter Meere oder Seen bereits viele Jahrmillionen früher stattgefunden hätte? Würde das bedeuten, daß anatomisch mit dem heutigen *Homo sapiens* identische Menschen bereits lange vor Lucy und ihren Artgenossen gelebt haben? Gäbe es dafür einen Beweis, dann wäre Lucy für die menschliche Evolution vollkommen irrelevant, und alle Lehrbücher zum Thema müßten umgeschrieben werden.
Sind solche Gedanken unrealistisch? Handelt es sich dabei um eine wilde Theorie, die sich jenseits aller vorhandenen Fakten bewegt?
Durchaus nicht.

Die Fußabdrücke von Laetoli

1978 arbeitete eine von Mary Leakey geleitete Expedition im Norden Tansanias in Laetoli, ungefähr 50 Kilometer südlich der Olduvai-Schlucht, wo sie auf die versteinerten Fußabdrücke von drei gehenden Hominiden stieß. Die Urmenschen waren durch kurz zuvor herabgeregnete Vulkanasche gegangen, womöglich bei dem Versuch, einem Vulkanausbruch zu entkommen. Ausgegraben wurden mehr als 70 Fußabdrücke auf einer Strecke von 24 m. Sie wurden auf ein Alter von 3,6 bis 3,8 Millionen Jahren datiert.[26]
Diese Spuren sind älter als Lucy und damit der früheste bislang entdeckte Hinweis auf einen aufrechten Gang. Sie bergen allerdings ein Geheimnis, das für Donald Johanson und seine Anhänger wenig erfreulich ist. Denn diese Fußabdrücke stammen nicht von einem Wesen wie Lucy, ganz gleich, wie oft Johanson dies behaupten mag. Obgleich sie bis zu 200 000 Jahre älter sind als Lucy, stammen sie von Füßen, die anatomisch mit denen des heutigen Menschen identisch sind.[27] Daß ein Geschöpf wie Lucy sie hinterlassen hat, ist ganz unmöglich.
Der Fuß von *Australopithecus*, zu dessen Gattung Lucy gehört, besitzt lange Zehen, wobei der große Zeh abgespreizt ist. Selbst das

Die Fußabdrücke von Laetoli, vor über 3,6 Millionen Jahren hinterlassen von Füßen, die denen heutiger Menschen ähneln. Die Spuren wurden 1978 von einem Team unter der Leitung von Mary Leakey entdeckt.

beste Exemplar eines derartigen fossilen Fußes, das man bislang gefunden hat, paßt nicht zur Spur von Laetoli. Die dortigen Fußabdrücke weisen wie die des heutigen Menschen einen parallel ausgerichteten großen Zeh auf, dessen Abstand zum zweiten Zeh mit dem heutigen identisch ist. Professor Russell Tuttle von der

Chicago University schreibt denn auch unverblümt: »Man kann sich schwerlich vorstellen, daß ein Fuß [wie der von Lucy] sauber in die Fußabdrücke von Laetoli passen könnte.«[28]
Viele Fachleute, die die Abdrücke untersuchten, kamen zu dem Schluß, die dafür verantwortlichen Füße seien, wie Professor Tuttle schreibt, »nicht unterscheidbar von denen eines schreitenden, gewöhnlich barfuß gehenden Menschen«.[29]
In neuerer Zeit setzte Professor Tuttle seine Kritik fort. So wurde er im Februar 1997 vom *National Geographic* mit folgender Aussage zitiert: »Die Spuren stammen von einem mysteriösen Hominiden, dessen Fossilien erst noch entdeckt werden müssen.«[30] Die entsprechenden Fakten sind allerdings nicht sonderlich publik geworden, da populäre Artikel über Lucy und ihre Artgenossen sie einfach ignorieren. Der Ruf zu vieler Wissenschaftler und zuviel finanzielle Unterstützung hängt davon ab, daß die Bedeutung von Lucy für die Evolution des Menschen aufrechterhalten wird. Lucys vermeintliche Rolle gilt als gängige Wahrheit, und viele Fachleute, die es besser wissen, halten stillschweigend daran fest.
Nun sind die Fußabdrücke von Laetoli nur einer von vielen Fakten, die Lucys Platz im menschlichen Stammbaum in Frage stellen. Leider haben die selbsternannten Hüter der Orthodoxie dafür gesorgt, daß nur ihre eigene Interpretation den Weg in sämtliche gängigen wissenschaftlichen Darstellungen gefunden hat.
Die Dissidenten haben allerdings keineswegs geschwiegen. Einer von ihnen war der verstorbene Professor Lord Zuckerman, ein prominenter Zoologe. Als er 1973 bei einem Vortrag vor der Londoner Zoologischen Gesellschaft der These widersprach, *Australopithecus* sei ein Vorläufer des Menschen gewesen, bemerkte er kritisch zur allgemeinen Situation: »Die Stimme der höheren Autorität hatte gesprochen, und zu gegebener Zeit erschien ihre Botschaft überall in den Lehrbüchern.«[31]
Heute, ein Vierteljahrhundert später, wird die betreffende These noch immer in Frage gestellt, nun aber im Lichte wesentlich umfangreicherer Kenntnisse. So meinte Professor Wood, ehemals Dekan der medizinischen Fakultät an der Universität von Liverpool und ein Fachmann für die menschliche Anatomie, 1997 im *Natio-*

nal Geographic, die Menschheit zeige »keine klare Abstammungslinie von den Australopithecinen«.[32]

Die Diskussion über die Rolle Lucys und ihrer Artgenossen für die Evolution des Menschen ist jedoch nur ein winziger Teil der Problematik.

Die Wahrheit über die Entwicklung der Menschheit ist wesentlich erstaunlicher, als wir es uns vorstellen können. Die Wissenschaft versucht ihr Bestes mit den wenigen Fragmenten früher Primaten und Hominiden, auf die man gestoßen ist, doch hinter jeder Deutung dieser Funde steht die Annahme, die betreffenden Knochen stellten progressive Stadien der menschlichen Entwicklung im Verlauf der vergangenen vier oder fünf Millionen Jahre dar. Setzte man dies nicht voraus, so würden manche dieser Funde eine ganz andere Erklärung erfahren. Aber diese Annahme hat in aller Stille den Status einer Ideologie errungen, die eine moderne Sichtweite auf die Vergangenheit behindert.

In Wirklichkeit dürfte der voll entwickelte Mensch bereits gelebt haben, als Lucy vor 3,6 Millionen Jahren geboren wurde. Zumindest sind die Fußabdrücke von Laetoli ein Beweis dafür.

Vielleicht hat sich die notwendige Phase des Lebens im Wasser während des »dunklen Zeitalters« abgespielt, das vor ungefähr acht Millionen Jahren begann. Vielleicht aber liegt sie auch viele Jahrmillionen weiter zurück.

So könnte auch Louis Leakey der Wahrheit ursprünglich nahegekommen sein, als er vermutete, die Entwicklung des Menschen habe vor mindestens 40 Millionen Jahren stattgefunden und nicht vor vier oder fünf Millionen Jahren, wie man heute allgemein annimmt.

Denn dieses heute akzeptierte Datum ist nicht mehr als eine Meinung, und wie jede Meinung kann sie durchaus falsch sein.

Unterdrückte Fakten über den Urmenschen

Als Sieger neigt man dazu, die Geschichte nach eigenem Gutdünken umzuschreiben; und selbst wer noch auf den Sieg wartet, beginnt oft schon zu kritzeln. Er weiß, daß eine Kontrolle über die Informationen und deren Interpretation eine Kontrolle über die allgemeine Meinung darstellt.

Derartige Versuche, die Meinung zu beherrschen, treten in vielen akademischen Disziplinen auf. In letzter Zeit bekannt geworden ist der Konflikt um die Qumran-Rollen, doch auch der menschlichen Vorgeschichte sind solche Ambitionen nicht erspart geblieben. So hat Professor Charles Oxnard von der University of Southern California darauf hingewiesen, bei der Entdeckung des »südlichen Affenmenschen« – des *Australopithecus* – habe in der Fachwelt ein heftiger öffentlicher Streit darüber geherrscht, ob dieses Lebewesen eher einem Menschen oder einem Affen ähnele. Das Ergebnis lautet nach Oxnards bissigem Kommentar, daß »die *Meinung*, es handle sich um Menschen, die Schlacht gewann«. Warnend bemerkt der Wissenschaftler dann, dabei sei nicht nur eine Gegenmeinung geschlagen worden; viel ernster sei das Risiko, daß gleichzeitig auch die für sie sprechenden Indizien begraben worden seien.[1]

Das sind bemerkenswert klare Worte. Wir können sicher sein, daß sie durch eine echte Sorge motiviert waren, bestimmtes Material sei trotz seiner unbestreitbaren Echtheit bewußt beiseite gelegt

worden – in der Hoffnung, zukünftige Generationen von Wissenschaftlern würden vergessen, daß es je existierte.
Der fortwährende Kampf darum, Lucy und ihren Verwandten aus der Gattung *Australopithecus* die Funktion als Vorläufer des Menschen zu erhalten, wird ohne überzeugende Hinweise auf Kompromißbereitschaft oder guten Willen geführt. Zwar führt die akademische Professionalität dazu, daß die herrschende Atmosphäre aus Bitterkeit, Eifersucht und gegenseitiger Herabwürdigung meist nicht an die Öffentlichkeit dringt, doch sind die Fronten klar, und gelegentlich kommt es trotz allem zu Eruptionen. So wurden die heftigen Differenzen zwischen Donald Johanson und Richard Leakey einmal durch eine in den ganzen USA ausgestrahlte Talkshow publik gemacht.[2] Seither scheint eine Art Guerillakrieg zu toben.
Der Titel des Buches, das Johanson 1981 zusammen mit Maitland Edey publizierte, läßt wenig Raum dafür, die Behauptungen seiner Autoren mißzuverstehen – er lautet *Lucy: Die Anfänge der Menschheit*. Richard Leakey wiederum hat die Stellung Lucys in seinem 1993 publizierten Buch *Der Ursprung des Menschen* nicht direkt in Frage gestellt. Statt dessen zitiert er ausführlich die Arbeiten anderer Fachleute, die sich sehr kritisch mit der vermeintlichen »Menschlichkeit« der Gattung *Australopithecus* und deren frühem Mitglied Lucy auseinandersetzen. Die ganze Darstellung erlaubt nur einen Schluß: Die Australopithecinen waren auf Bäumen lebende Affen und keineswegs Urahnen des Menschen.
Dennoch beginnt ein Kollege Johansons, der Anthropologe Tim White, einen 1994 in *Nature* erschienenen Aufsatz mit der vertrauensvollen Aussage: »Arbeiten im südlichen Afrika haben *Australopithecus* als Vorläufer des Menschen etabliert [...]«[3] Der Autor zeigt offenbar keinerlei Sinn dafür, daß die Lage wesentlich umstrittener sein könnte.
Immerhin scheinen sich durch die Fugen des großen Dampfers »Lucy« allmählich Zweifel einzuschleichen. Selbst die amerikanische Zeitschrift *National Geographic*, seit jeher eine Bastion der Orthodoxie, hat in einer neueren Serie über den Ursprung des Menschen indirekt darauf hingewiesen, daß der Platz Lucys im

Stammbaum der Menschheit durchaus nicht feststeht: »Manche Wissenschaftler«, wurde da widerwillig berichtet, »stellen Lucys Rolle als Mutter von uns allen noch immer in Frage«.[4]

Verbotene Archäologie

Im selben Jahr, in dem Professor Oxnard seine Warnungen veröffentlichte, begann der amerikanische Wissenschaftler Richard Thompson, Autor vieler Aufsätze über Mathematik, Geologie und Physik, all jene Indizien zur Vorgeschichte des Menschen zusammenzutragen, die bislang vernachlässigt wurden. Als Mitglied des spirituellen Bhaktivedanta-Instituts vertrat Thompson die historische Perspektive der alten vedischen Schriften Indiens, wonach die Menschheit bereits seit sehr, sehr langer Zeit existiere.
In Zusammenarbeit mit dem Autor Michael Cremo machte sich Thompson dann an die Arbeit an einem Buch, in dem diese von der modernen Wissenschaft größtenteils unterdrückten oder abgelehnten Indizien erläutert und analysiert werden sollten. Neun Jahre später, 1993, konnte das Werk mit dem deutschen Titel *Verbotene Archäologie* endlich erscheinen. Es ist eines der bemerkenswertesten Bücher des Jahrzehnts, das sich dennoch durch bewußte Zurückhaltung auszeichnet. Cremo und Thompson kamen zu folgenden Ergebnissen: Unter den Funden von Geologen, Archäologen und Paläoanthropologen finden sich Indizien, die die Annahme stützen, daß ein moderner Menschentypus bereits vor vielen, vielleicht Dutzenden von Jahrmillionen in Europa, Asien, Afrika und Amerika existierte. Diese Menschen benutzten Werkzeuge, gingen auf die Jagd und lebten in Koexistenz mit anderen eher menschen- oder eher affenähnlichen Arten wie der kleinwüchsigen Lucy.
Die Autoren führen gute Gründe für die Annahme an, daß die Situation in der entfernten Vergangenheit recht ähnlich war wie heute, da Menschen und Affen verschiedener Arten zur selben Zeit die Erde bevölkern. Wir haben bereits von den geheimnisvollen

fossilen Fußabdrücken gehört, die beweisen, daß der Mensch und bestimmte Australopithecinen gleichzeitig in derselben Region lebten.

Der bloße Gedanke, daß die geläufige Rekonstruktion unserer evolutionären Vergangenheit derartig fehlerhaft sein könnte, ist eine ketzerische Breitseite gegen die vorherrschende Meinung.

Cremo und Thompson äußern den Verdacht, daß die Ansichten jener Wissenschaftler, die weder die Rolle Lucys noch die These vom afrikanischen Ursprung des Menschen akzeptieren, nicht über die Mauern der akademischen Fachwelt hinausgelangen. Sie vermuten, daß diese gegenläufigen Ansichten bewußt unterdrückt werden, um die Wirkung der orthodoxen Theorien auf Schulen, Universitäten und die interessierte Öffentlichkeit zu maximieren.[5]

Überdies haben die weithin publizierten Differenzen zwischen den Leakeys und Johanson eine zusätzliche, wenn auch wahrscheinlich unbeabsichtigte Wirkung gehabt – sie lenkten die Aufmerksamkeit von der noch wichtigeren Streitfrage ab, ob Afrika tatsächlich die Wiege der Menschheit ist oder nicht. In dieser Hinsicht sind sich die Leakeys und Johanson zwar einig, viele andere Forscher jedoch nicht, und zwar, wie wir noch sehen werden, aus gutem Grund.

Um den Ausschluß konträrer Belege zu gewährleisten und um das schwankende Gebäude der orthodoxen Theorie zu stützen, wird seit langem eine doppelte Moral angewandt. Fossile Knochen und alte Werkzeuge, die zu den gängigen Thesen passen, werden rasch akzeptiert und erscheinen in der wissenschaftlichen Literatur; Fossilien und Artefakte, die dem heutigen Denken widersprechen, werden abgelehnt. Begründet wird dies damit, sie seien falsch identifiziert worden oder erst später in die frühen Ablagerungen gelangt, in denen sie entdeckt wurden. Wenn alle Stricke reißen, läßt man sie sorgfältig zwischen dem Gerümpel eines Museumskellers unter der Rubrik »Vermißt« verschwinden.

Ein klassisches, leider nicht das einzige Beispiel für dieses Vorgehen ist der Fall des kanadischen Archäologen Thomas Lee, dessen Grabungen der herrschenden Meinung zuwiderlaufende Belege zutage gefördert hatten. Der betreffende Skandal bezieht sich auf

Spuren menschlicher Aktivität aus einer Epoche, die wesentlich jünger ist als die hier erwähnten Vorgänge, doch demonstriert sie die Macht des wissenschaftlichen Establishments, die historische Perspektive entsprechend den eigenen Vorstellungen zu manipulieren. Deutlich wird auch, mit welcher Rücksichtslosigkeit und welchem Eigennutz solche akademischen Schlachten geschlagen und gewonnen werden.

Die Manipulation von Beweisen

Während der letzten Eiszeit war soviel Wasser in den gewaltigen polaren Eiskappen gefangen, daß der Meeresspiegel weltweit um mehr als einhundert Meter absank. So war etwa Ostsibirien mit Alaska durch eine große, eisfreie Tundra verbunden. Nach landläufiger Meinung wanderten die ersten Menschen über diese Landbrücke von Asien nach Nordamerika. Diese Migration wird seit den 20er Jahren auf etwa 10 000 v. Chr. datiert.

Obwohl mehrere Funde diese Theorie direkt und entscheidend in Frage stellen, hat sich die offizielle Position nicht verändert.[6] Jeder Archäologe, der sich als widerspenstig genug erweist, die Fakten ernst zu nehmen und andere Vorschläge zu unterbreiten, wird kompromißlos abgefertigt, denn die Vertreter der Orthodoxie machen keine Gefangenen.

Der Archäologe Thomas Lee hatte bereits viele Jahre als stellvertretender Kurator für altindianische Kulturen am kanadischen Nationalmuseum von Toronto gearbeitet, als er im Sommer 1951 archäologische Forschungen in Ontario durchführte. Während er die Manitoulin-Insel im Huronsee untersuchte, entdeckte er an ihrer Ostseite nahe dem heutigen Dorf Sheguiandah Hinweise auf eine frühere menschliche Siedlung. Dort begann er mit Grabungen.[7]

Im Verlauf seiner archäologischen Feldforschung stieß Lee auf Dutzende von Steinwerkzeugen, die von Menschen mit fortgeschrittenen Fertigkeiten zu stammen schienen. Fasziniert von diesen Funden, setzte er seine sorgfältigen Grabungen bis 1955 fort.

Das Problem dabei war, daß die aufgetauchten Werkzeuge wesentlich älter zu sein schienen als 12 000 Jahre.
Um sicherzugehen, daß seine Datierung der Funde stimmte, suchte Lee den Rat verschiedener Geologen, die die entsprechenden Ablagerungen mit der bekannten Geschichte der nordamerikanischen Eiszeit in Verbindung brachten. Sie kamen zu dem Schluß, daß sämtliche Werkzeuge mindestens 65 000 Jahre alt waren, vielleicht aber auch viel älter – die Rede war von bis zu 125 000 Jahren.[8] 1954 unternahmen 40 bis 50 Geologen Exkursionen zum Fundort und stimmten mit dieser geologischen Analyse der Gesteinsschicht überein.[9] Damit nicht genug: Im Verlauf der Jahre haben mehr als einhundert Geologen die Stätte während der Grabungen besucht; sie alle hatten reichlich Gelegenheit, die Schicht und die darin entdeckten Objekte zu begutachten. Doch trotz aller geologischen Übereinstimmung bezüglich ihrer Datierung stellten die Funde für die landläufige Auffassung über das Alter des Menschen in Nordamerika ein unlösbares Problem dar – sie waren ganz einfach inakzeptabel.
Im Jahr 1970 beschäftigte sich John Sanford, Geologe an der Wayne State University von Detroit, erneut mit allen von Lee und anderen in Sheguiandah gesammelten Belegen. Er kam zu folgendem Schluß:

> »Die stratigraphische Sequenz der Sedimente und der in jeder Schicht enthaltenen Artefakte ist definitiv und unzweideutig. Sorgfältige Grabungen und Untersuchungen der Sedimente und der vorgefundenen Artefakte lassen keinen Raum für Zweifel bezüglich der Stratigraphie.«[10]

Was die Interpretation der Funde betrifft, meinte Sanford, sie stammten »sicherlich eher aus der frühen als aus der späten Wisconsin-Zeit«.[11] Dies ist die geologische Bezeichnung für die letzte von vier großen Eiszeiten, die Nordamerika erlebte. Die »Wisconsin«-Periode liegt ungefähr 80 000 Jahre zurück. Sanford schreibt allerdings auch, die aus der tiefsten Schicht stammenden Artefakte datierten wahrscheinlich aus dem Endstadium der vor-

angehenden Eiszeit, der »Sangamon«-Periode, die vor ungefähr 100 000 Jahren zu Ende ging.[12]
Lees Entdeckungen waren also jenen Wissenschaftlern, deren Karriere eng mit der herkömmlichen Theorie verbunden war, der Mensch sei erstmals über die eisfreie Bering-Brücke nach Amerika gekommen, höchst unwillkommen. Lee selbst erzählte folgende Anekdote:

> »Und hatte nicht ein prominenter Anthropologe, der den Fundort besichtigte, tatsächlich ungläubig ausgerufen: ›Sie finden *da unten* doch nicht wirklich etwas?‹ Und ersuchte er mich nicht, nachdem er vom Vorarbeiter zu hören bekommen hatte: ›Verdammich, wir und nichts finden! Kommen Sie runter, und überzeugen Sie sich selbst!‹, alles zu vergessen, was in den glazialen Ablagerungen zu finden war, und mich statt dessen auf die jüngeren, darüberliegenden Materialien zu konzentrieren?«[13]

Als Folge der Weigerung Lees, bei einer derartigen Farce mitzuwirken, spielten seine Gegner ein gnadenloses Spiel. Zum einen sorgten sie dafür, daß Lee keine Gelegenheit zu Publikationen mehr erhielt. Zum anderen nutzte eine Anzahl bekannter Fachleute Lees Ohnmacht, sich in gedruckter Form zu äußern, dazu, seine Entdeckungen auf krasse Weise falsch darzustellen, wodurch sowohl sein Ruf als Wissenschaftler als auch seine Funde diskreditiert wurden. Und schließlich verschwand ein großer Teil der von ihm entdeckten Artefakte in den Eingeweiden des kanadischen Nationalmuseums, wo man sie vergaß.[14]
Ursprünglich besaß Lee allerdings die Unterstützung des Direktors des Nationalmuseums, Jacques Rousseau, der sich weigerte, ihn fallenzulassen. Da er sogar eine Monographie über das Thema erscheinen lassen wollte, geriet er selbst unter Druck und wurde umgehend ersetzt. Auch Lee verlor seine Stellung am Museum, und Sheguiandah wurde von den anderen Archäologen endgültig verächtlich als »Unstätte« abgetan.
Als endgültige Ungerechtigkeit gegenüber Lee und seinen Ent-

deckungen wurde der Fundort schließlich in eine Touristenattraktion verwandelt.
Durch ein derart zynisches Verhalten können wichtige Indizien leicht an den Rand gedrängt oder vollständig beseitigt werden. In diesem Fall wurde alles getan, um die am Fundort aufgetauchten Fakten zu unterdrücken und zu diskreditieren. Dies war für Lees Gegner sehr wichtig, denn wären sie gescheitert, hätten alle Bücher über die Frühzeit des Menschen in Nordamerika umgeschrieben werden müssen. Es war so wichtig, weil andernfalls auf komplexe, aber falsche Theorien aufgebaute akademische Karrieren in Gefahr geraten wären. Lees bitterer Kommentar lautet:

> »Also mußte die Sache begraben werden. Und sie wurde begraben.«[15]

Der Ursprung des Menschen

Die Theorien über die Entstehung des Menschen stützen sich auf Fossilien, die in einem geographisch begrenzten Gebiet – Afrika – gefundenen wurden und die Entwicklung weniger Arten über viele Millionen Jahre hinweg repräsentieren. Es muß also betont werden, wie gering die Zahl der Belege ist und wie spezifisch diese in geographischer Hinsicht sind. Sämtliche Belege informieren uns eigentlich nur über die Situation in Ostafrika vor ein bis vier Millionen Jahren, und alle darüber hinausreichenden Thesen bleiben reine Mutmaßungen.
Doch trifft es zum jetzigen Zeitpunkt weiterhin zu, daß die frühesten von der Wissenschaft akzeptierten Vorformen des Menschen in Afrika entdeckt wurden. Es geht dabei um 17 Fragmente fossiler Knochen, die 1992 und 1993 in Äthiopien ausgegraben und auf ein Alter von 4,4 Millionen Jahren geschätzt wurden.[16] Auch die frühesten anerkannten Urformen von *Homo* stammen aus Afrika; es sind Teile zweier Schädel, die aus Uraha in Malawi und vom kenianischen Baringo-See stammen. Beiden schreibt man ein Alter

von 2,4 Millionen Jahren zu.[17] Wir sollten uns allerdings ins Gedächtnis rufen, daß die von menschlichen Füßen verursachten Abdrücke von Laetoli auf 3,6 Millionen Jahre datiert werden.
Auch die frühesten Werkzeuge stammen aus Afrika; mehr als 3000 von ihnen hat man von 1992 bis 1994 im äthiopischen Gona entdeckt. Ihr Alter wird auf ungefähr 2,5 Millionen Jahre geschätzt.[18] Es gibt keine Hinweise darauf, welches Lebewesen sie angefertigt und benutzt haben könnte, da keine Beziehung zu Knochenfunden besteht, doch man vermutet, daß sie von einer sehr frühen Menschenart stammen. Die Artefakte aus Steinsplittern sind zwar sehr primitiv, weisen jedoch darauf hin, daß ihre Hersteller gute Kenntnisse der Steinbearbeitung hatten. Zudem sieht es so aus, als seien stumpf gewordene Werkzeuge geschärft worden, indem man zusätzliche Splitter abschlug. Jedenfalls handelt es sich um eine bewußte Herstellung von Werkzeugen, bei der man auch an die zukünftige Verwendung dachte.
Der Großteil der heutigen Bemühungen, Hinweise auf den Urmenschen und seine Werkzeuge zu finden, konzentriert sich also auf Afrika. Weitgehend unbekannt ist aber, daß ähnliche Belege auch in Europa aufgetaucht sind. Sie wiederum sind so erstaunlich, so umstritten und so jenseits der herrschenden Meinung, daß die Wissenschaft sie seit langem zur Seite geschoben hat – in der Hoffnung, daß sie allmählich unter dem Staub der Jahre verschwinden. Akzeptierte man nämlich diese Belege, würden sie sämtliche heutigen Theorien über die Frühgeschichte des Menschen restlos zerstören.

Mysteriöse prähistorische Werkzeuge aus Europa

Am Montag, den 8. April 1872, wurden auf einer Versammlung des Anthropologischen Instituts in London zwingende Belege für den sehr frühen Gebrauch von Werkzeugen in Europa vorgelegt. Die anwesenden Mitglieder begutachteten eine Sammlung fossiler Haizähne, die man in der sogenannten Red-Crag-Formation von

Suffolk ausgegraben hatte, den Ablagerungen eines alten Meeres, das sich dort vor 2 bis 2,5 Millionen Jahren ausgebreitet hatte. Nun war die Existenz von Haizähnen in diesem maritimen Gestein zwar nichts Außergewöhnliches, doch diese Exemplare stellten eine Herausforderung für sämtliche Anwesenden dar: Mitten durch jeden Zahn war sorgfältig ein kleines Loch gebohrt.

Eine genaue Untersuchung der Löcher zeigte, daß sie alle mit der Gesteinsmasse gefüllt waren, aus der sie stammten, was belegte, daß die Löcher gebohrt worden waren, *bevor* man sie ins damalige Meer geworfen hatte. Allein schon diese Tatsache verwies auf ein Alter von mehr als zwei Millionen Jahren.[19]

Diese durchbohrten Zähne beweisen, daß ein unbekannter europäischer Mensch der Frühzeit zur selben Zeit Werkzeuge benutzte wie seine Artgenossen in Äthiopien. Die zur Bohrung derart kleiner Löcher notwendigen Werkzeuge wären jedoch wesentlich feiner gewesen als die einfachen, zum Hacken und Schneiden verwendeten Steinsplitter von Gona. Wie dort gab es bei den Funden im Red Crag allerdings keinen Zusammenhang mit menschlichen Knochen. Wir können also noch nicht einmal Spekulationen darüber anstellen, wie der europäische Frühmensch, der sie schuf, ausgesehen haben könnte und ob er zur selben Spezies gehörte wie die unbekannten Bewohner des alten Äthiopien.

Im Oktober 1875 arbeitete Professor Capellini, Geologe an der Universität von Bologna, in der Gegend von Siena, weil er sich für die kleinen fossilen Wale interessierte, auf die man dort gestoßen war. Er hatte das Glück, selbst den Großteil eines Wal-Fossils zu finden, das er aus dem Gestein löste und an seine Universität brachte. Beim Reinigen eines Knochen entdeckte er, daß er einen vor der Versteinerung entstandenen Einschnitt aufwies. Dieser

Abb. rechts oben: *Zeichnung sehr alter, vermutlich von Menschenhand stammender Schnittspuren auf einem fossilen Walknochen. Das im 19. Jahrhundert bei Siena entdeckte Objekt stammt aus zwei bis fünf Millionen Jahre alten Ablagerungen.*

Abb. rechts unten: *Der vergrößerte Ausschnitt einer Schnittspur auf einem aus derselben Gegend stammenden Walknochen zeigt deutlich die Schneidbewegung eines scharfen Objekts.*

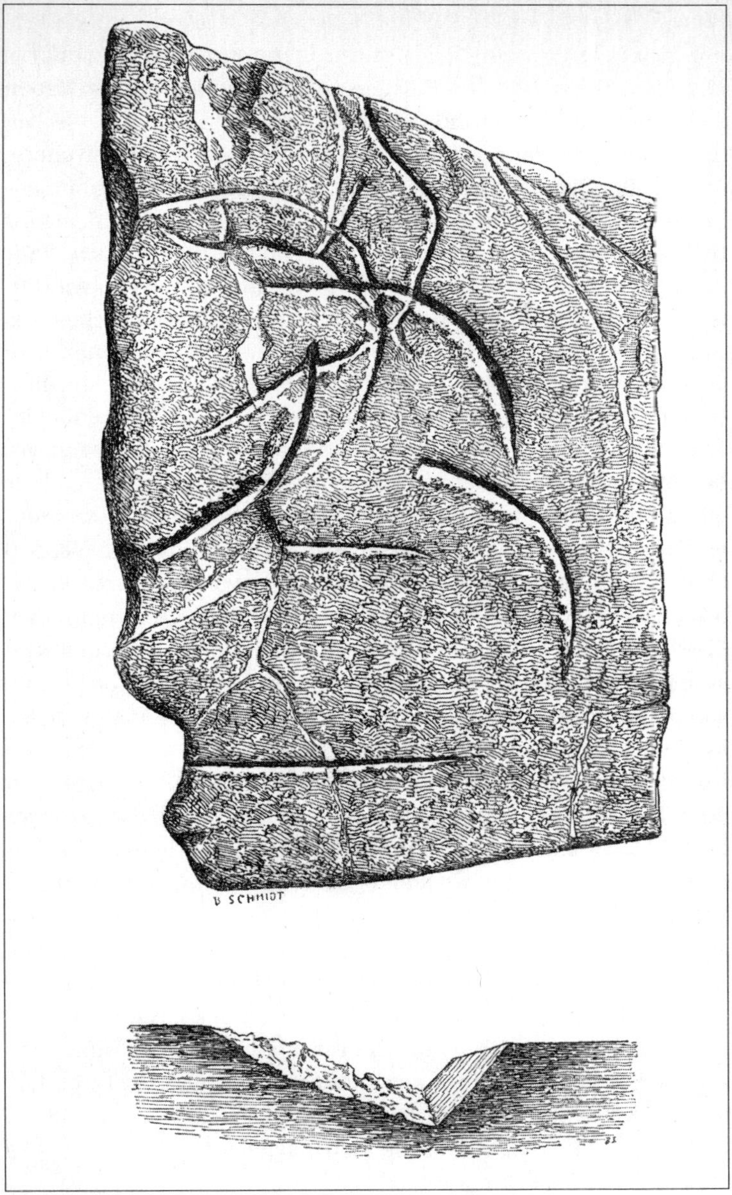
B SCHMIDT

Einschnitt schien bewußt mit einem scharfen Gegenstand angebracht worden zu sein, doch der Knochen stammte aus einer geologischen Formation des Pliozäns, einer zwei bis fünf Millionen Jahre zurückliegenden Epoche.[20]

Eine genauere Untersuchung des Knochens brachte drei weitere, jedoch oberflächliche Einschnitte zum Vorschein. Professor Capellini schloß daraus, daß die Schnitte von der Hand eines sehr frühen Menschen stammten, denn sie unterschieden sich stark von Spuren, wie sie die Zähne von Fleischfressern wie etwa Haien hinterlassen hätten. Es sah so aus, als hätten Menschen das Fleisch von den Knochen des Urwals gelöst, und zwar mit einem scharfen Werkzeug, das dabei auch Einschnitte und Kratzer hinterließ. Um diese Hypothese zu überprüfen, inspizierte Capellini Knochen heutiger Tiere, die nach der Schlachtung im Museum gelandet waren. Sie zeigten ein ähnliches Muster von Schnitten. Für einen weiteren Test verwendete Capellini alte Werkzeuge aus Feuerstein, die er in der Region ausgegraben hatte. Er wies nach, daß er damit auf neuen Knochen dieselbe Art von Einschnitten anbringen konnte. Außerdem war leicht zu demonstrieren, daß die fossilen Knochen nicht in jüngerer Zeit bearbeitet worden sein konnten; wie Capellini seinen Kollegen darlegte, sind solche Versteinerungen so hart, daß man selbst mit einer Stahlnadel nichts in sie einritzen kann.

Neuere Untersuchungen haben den Unterschied zwischen Spuren eines Schlachtvorgangs und den Zahnspuren von Fleischfressern bestätigt. So kommt eine Studie über von Menschenhand stammende Einschnitte auf Knochen aus der Olduvai-Schlucht zu folgendem Ergebnis:

> »Bislang ist noch kein Vorgang entdeckt worden, der Spuren hinterließe, die den durch Schneiden, Hacken oder Kratzen entstandenen Spuren auf mikroskopischer Ebene ähnelten. Das Kratzen und Nagen der Zähne von Fleischfressern hinterläßt Rillen mit rundem beziehungsweise flachem Grund; in beiden Fällen fehlen die feinen, parallelen Schrammen der Schnitt- oder Kratzspuren.«[21]

Professor Capellini konnte solche Spuren auf einer ganzen Anzahl der fossilen Knochen entdecken, stellte zu seiner Verwunderung jedoch fest, daß sie nur am oberen Teil des Rückgrats und der Außenseite der rechten Rippen auftraten. Aufgrund dieser seltsamen Verteilung entwickelte er die These, der Wal sei im seichten Wasser des Urmeeres gestrandet und habe auf seiner linken Seite gelegen, als Menschen mit Feuersteinmessern Fleisch aus seiner rechten Seite schnitten.

Capellini kam zu dem Schluß, die Spuren seien ein Beweis dafür, daß Menschen zur selben Zeit wie die betreffenden Wale, also vor über zwei Millionen Jahren, in der Toskana gelebt hatten.[22] 1876 und 1878 präsentierte er die Funde auf internationalen Fachkonferenzen. Es folgte eine Debatte mit dem Ergebnis, daß eine Anzahl bekannter Wissenschaftler Capellini trotz des für die Anwesenheit von Menschen sehr frühen Datums unterstützte.

In der Folge entdeckte man weitere Knochen mit einem ähnlichen Muster von Einschnitten. Das Museum von Florenz hatte eine große, im toskanischen Fine-Tal ausgegrabene Sammlung von Walknochen erhalten. Professor Capellini beschäftigte sich mit diesen Fossilien und stellte fest, daß sie identische, offenbar ebenfalls von Menschenhand stammende Schnittspuren aufwiesen. Dieses Ergebnis wurde von mehreren anderen Wissenschaftlern bestätigt, darunter ein Professor der Zoologie und der Vergleichenden Anatomie.[23]

Aus Italien stammt auch eine kleine Zahl ähnlicher Knochen, die offenbar von Menschen verursachte Spuren tragen. Ein fossiler Tierknochen weist in der Mitte ein rundes, vielleicht gebohrtes Loch auf; ein anderer scheint halb durchgesägt und dann zerbrochen worden zu sein. Beide Objekte sind mindestens zwei Millionen Jahre alt.[24]

In Frankreich tauchten ähnliche Belege auf. Bei Gannat stieß man in Kalkstein auf den Oberschenkelknochen eines Nashorns, dessen Oberfläche parallele Einschnitte aufweist, die von Menschenhand zu stammen scheinen. Der Fund stammt aus dem fünf bis 25 Millionen Jahre zurückliegenden Miozän und ist damit wesentlich älter als die italienischen Fossilien. Andere am selben Ort ausgegrabene Stücke werden von heutigen Fachleuten aber auf eine noch frühere Epoche datiert, weshalb der Knochen wesentlich älter sein könnte.[25]

In Nordwestfrankreich grub man in der Nähe von Pouancé fossile Knochen eines prähistorischen Säugetiers aus, das im Wasser lebte und einer heutigen Sehkuh ähnelte. Auf einem der Vorderglieder waren mehrere tiefe, saubere Schnittspuren sichtbar. Da die Knochen in der sie bergenden Felsformation unberührt geblieben waren, mußten die Kerben vor der Versteinerung entstanden sein. Besonders mysteriös an diesem Fund ist die Tatsache, daß die entsprechenden Ablagerungen auf das *frühe* Miozän – also auf eine Zeit vor 20 bis 25 Millionen Jahren – datiert wurden.[26] Die Vorstellung, in dieser Epoche hätten bereits Menschen gelebt, ist mehr als ketzerisch. Aber genau darauf läßt dieses Fossil schließen.

Wie steht es mit den Werkzeugen, die bei derart frühen Eingriffen möglicherweise benutzt wurden? Ein Blick in die Fachliteratur zeigt, daß in Europa in vielen sehr alten Gesteinsschichten teils ziemlich fortgeschrittene Steinwerkzeuge aufgetaucht sind.

Im Verlauf der letzten zehn Jahre hat die archäologische Forschung das anerkannte Alter in Europa gefundener Artefakte dramatisch erhöht. Im südenglischen Boxgrove sind an einer auf mindestens 500 000 Jahre datierten Grabungsstätte immer wieder gut gemachte Faustkeile aufgetaucht. Bei Gran Dolina im Nordosten Spaniens wie auch bei Ceprano südöstlich von Rom wurden einfache Hackwerkzeuge entdeckt, die mindestens 800 000 Jahre alt sind. Insgesamt haben diese neueren Grabungen Hunderte von Werkzeugen zutage gefördert.

Noch älter ist ein auf ungefähr eine Million Jahre geschätztes Schneidwerkzeug aus Gran Dolina. Es handelt sich um den ältesten europäischen Fund eines gemeinsam mit versteinerten Menschen- und Tierknochen eingebetteten Werkzeugs. Manche dieser Knochen – darunter menschliche – weisen Schnittspuren auf: Selbst tote Menschen waren eine wertvolle Quelle von Protein.[27]

Wenn heute wissenschaftlich akzeptiert wird, daß südeuropäische Menschen vor mindestens einer Million Jahre Werkzeuge benutzten, fällt allmählich auch ein anderes Licht auf die bereits erwähnten Funde wie die durchbohrten Haizähne oder den von Professor Capellini entdeckten Wal, obgleich sie mehr als zwei Millionen Jahre alt sind. Auch dieses Datum könnte bald wissenschaftlich akzeptabel sein, wenn die Diskussion über neuerdings in Frankreich aufgetauchte Feuersteinwerkzeuge abgeschlossen ist.

Im Jahr 1989 entdeckte der französische Archäologe Eugène Bonifay bei Saint-Eble in Zentralfrankreich eine Anzahl einfacher Steinobjekte. Er schrieb ihnen ein Alter von zwei bis zweieinhalb Millionen Jahren zu – in der Nähe befindet sich ein heute erloschener Vulkan, dessen Ausbruch vor zwei Millionen Jahren die Gegend bedeckte, und die Werkzeuge liegen unter der Vulkanasche.[28]

Schon vor über 100 Jahren wurden auf dem englischen Kent-Plateau bei Ightham krude Steinwerkzeuge entdeckt. Sie sind geschickter hergestellt als Bonifays Objekte und zeigen eine bemerkenswerte Ähnlichkeit mit den von den Leakeys in Ostafrika ausgegrabenen Werkzeugen von Olduvai. Bis zum Ende des 19. Jahrhunderts tauchten an verschiedenen Stätten mehrere hundert solcher Artefakte in Schichten auf, die Anfang dieses Jahrhunderts auf ein Alter von zwei bis vier Millionen Jahren datiert wurden.[29]

Im Gebiet des zwei bis 55 Millionen Jahre alten Red Crag, aus dem die durchbohrten Haifischzähne stammen, wurden auch Steinwerkzeuge gefunden, die auf eine eher größere Kunstfertigkeit hindeuten. An mehreren Orten wurde eine große Anzahl von Feuersteinen ausgegraben, die ausnahmslos Spuren von Bearbeitung aufweisen. Es sind Schaber und Faustkeile, sorgfältig abgeschlagen, um eine scharfe Kante zu erzeugen, ganz ähnlich wie bei an vielen anderen Orten aufgetauchten Werkzeugen.[30]

Diese Funde führten zu einer erheblichen Kontroverse, und eine internationale Kommission aus Fachleuten für Vorgeschichte wurde eingesetzt, um die Sache zu untersuchen. 1923 entschied diese Kommission zugunsten der Funde und ihrer Datierung auf zwei bis fünf Millionen Jahre. Aber wer weiß noch etwas von diesen Objekten? Heute sind sie entweder unbekannt oder werden

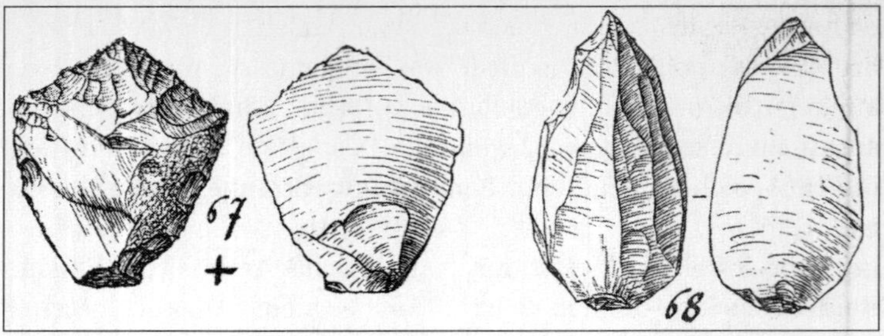

Der berühmte französische Vorgeschichtsforscher Abbé Henri Breuil grub diese Werkzeuge bei Clermont aus. Sie sind identisch mit Gegenstücken aus der letzten Jahrmillion der menschlichen Entwicklung, stammen aber aus 38 Millionen Jahre altem Gestein des Eozän.

sarkastisch als Irrtum abgetan, weil sie den aus den afrikanischen Grabungen hervorgegangenen Theorien widersprechen.

Aber was wäre, wenn die Fachleute sich täuschten? Was, wenn der europäische Mensch jener Zeit nicht aus Afrika gekommen wäre, sondern bereits seit vielen Jahrmillionen in Europa und Asien gelebt hätte?

Die erstaunlichsten Funde stammen aus Frankreich. Nördlich von Paris, bei Clermont, wurden in sehr alten Ablagerungen mehrere sauber bearbeitete Feuersteinwerkzeuge entdeckt. 1910 berichtete der berühmte Abbé Henri Breuil, Professor für Vorgeschichte, über ein Objekt, das er persönlich ausgegraben hatte. Er war sich seines Alters daher »absolut sicher«, stellte wegen der augenscheinlichen Bearbeitung jedoch fest: »Seine Entdeckung am Grund der aus dem Eozän stammenden Sandschichten von Bracheux [...] versetzte mich in tiefe Verblüffung.«[31] Diese Reaktion war durchaus berechtigt, denn das Eozän liegt 38 bis 55 Millionen Jahre zurück.

1910 publizierte Zeichnungen dieses und eines weiteren von Breuil ausgegrabenen Objekts verweisen unzweideutig auf ein bewußtes Eingreifen von Menschenhand. Da Breuil das frühe Datum nicht ignorieren konnte – schließlich hatte er die Werkzeuge selbst gefunden –, aber nicht bereit war, eine derart frühe Existenz des Menschen auch nur in Betracht zu ziehen, erklärte er, die Steinobjekte seien auf natürliche Weise entstanden.[32] Selbstverständlich ist es ganz unmöglich, daß derart fortgeschrittene Werkzeuge allein durch geologische Einflüsse entstehen konnten, was Breuil auch gewußt haben muß.

Die Tatsachen, über die Breuil im stillen gebrütet haben muß, waren äußerst unbequem. Denn diese Werkzeuge sind ebenso fortgeschritten wie die menschlichen Artefakte aus der Zeit des *Homo erectus*, in der Archäologie als Acheuléen bezeichnet. Nebenbei bemerkt, weisen sie ein ähnliches Alter auf wie die im vergangenen Jahrhundert von kalifornischen Bergleuten gefundenen Objekte.

Früheste Hinweise auf den Menschen

Vor drei bis vier Millionen Jahren brandete ein warmes Meer an die Hänge der italienischen Alpen; die von ihm hinterlassenen Ablagerungen enthalten viele Fossilien. Im Sommer 1860 suchte Professor Giuseppe Ragazzoni, ein italienischer Geologe, in der Nähe des bei Brescia gelegenen Castenedolo nach versteinerten Muscheln. Statt dessen fand er in der alten Meeresformation einige fossile Menschenknochen: ein mit versteinerten Korallen verbackenes Schädeldach, Gliedmaßen und Rippen. Als er seine Funde anderen Geologen zeigte, hielten diese das Vorkommen menschlicher Knochen in einer derart alten Schicht für unmöglich und kamen zu dem Schluß, es müsse sich um Relikte einer Erdbestattung handeln, also um ein sehr tiefes Grab aus einer wesentlich späteren Epoche, das bis in die untere Gesteinsschicht hinabreichte. Ragazzoni legt seine Funde also beiseite.

Im Januar 1880 kamen weitere Knochen ans Licht. Sie hatten zwischen einem alten Korallenriff und versteinertem Lehm gelegen, der Muscheln enthielt. Professor Ragazzoni wurde benachrichtigt und begab sich mit seinem Assistenten zum Fundort, um die Knochen selbst auszugraben. Er fand eine ganze Anzahl: Schädelfragmente, einen Kiefer, Zähne, Wirbel, Arm- und Schenkelknochen. Noch im selben Monat entdeckte man in zwei Metern Entfernung Kieferfragmente und Zähne, die sich von den bisherigen Funden unterschieden. Aufgrund seiner früheren Erfahrungen untersuchte Ragazzoni die Stätte sorgfältig, um die Möglichkeit auszuschließen, daß die Knochen von einer späteren Bestattung stammten. Dafür gab es keine Belege, denn, wie er schrieb, waren sämtliche Knochen »vollständig von Lehm und kleinen Muschelschalen- und Korallenfragmenten bedeckt und durchdrungen«, was jeden Verdacht beseitigte.[33] Damit stand fest, daß die Funde sich einst im Urmeer befunden hatten.

Drei Wochen später, im Februar 1880, tauchte ein nahezu vollständiges Skelett auf. Wieder beaufsichtigte Ragazzoni die Ausgrabung der fossilen Überreste. Die Knochen wiesen darauf hin, daß das Skelett von einer Frau stammte. Insgesamt entdeckte man vor Ort Relikte von vier Individuen: von einem Mann, einer Frau und zwei Kindern. Die Knochen lagen eher verstreut, was die Vermutung stützte, daß die Wellen mit den Leichen der Ertrunkenen gespielt hatten. Vielleicht hatten sie vor ihrem Tod in einem Boot gesessen.

Die Tatsache, daß die Knochen so eindeutig in den alten Meeresablagerungen plaziert werden konnten, ließ ein Alter von drei bis vier Millionen Jahren als weitgehend sicher erscheinen.

Ragazzoni zeigte die Knochen Professor Giuseppe Sergi, einem Anatomen von der Universität Rom, der sie und die Grabungsstätte untersuchte. Dabei stellte er fachmännisch fest, es gäbe keine Hinweise darauf, daß speziell das weibliche Skelett begraben worden sei. Besonders der Schädel sei so mit Lehm verbacken, daß es beträchtliche Mühe bereitet habe, ihn herauszulösen.[34] Sergi kam zu dem Schluß, die Knochen seien »ein unwiderlegbares Dokument für die Existenz des tertiären Menschen – keines Vorläufers, sondern eines Menschen von vollkommenem humanem Wesen«.[35]

Noch 1969 versuchten besorgte Fachleute, diese Funde zu diskreditieren. In eben diesem Jahr wurden am Britischen Museum für Naturgeschichte wissenschaftliche Untersuchungen durchgführt, um ein geringeres Alter der Knochen nachzuweisen. Der Testmethode wurden jedoch bald Mängel attestiert: Man hatte nicht genügend Aufmerksamkeit darauf verwandt, das Risiko der Kontamination auszuschließen, der die Knochen nicht nur während ihres Aufenthalts im Boden durch Säuren, Fäulnispflanzen und Wurzeln ausgesetzt waren, sondern auch während der 89 Jahre, die sie ohne Schutz vor der Luft und vor Mikroorganismen im Museum verbrachten.[36] Allerdings zeigten die Tests, daß die Knochen einen hohen Fluorgehalt und eine »unerwartet hohe« Urankonzentration aufwiesen, was auf ein sehr großes Alter hindeutete.[37] Der römische Anatom Sergi, dem Ragazzoni seine Knochenfunde vorlegte, kannte seine wissenschaftlichen Kollegen nur zu genau, als er vorhersagte, die akademische Reaktion werde unvermeidbar feindselig ausfallen. Er beklagte die Haltung seiner Kollegen und warnte davor, solche Entdeckungen mit »dogmatischem Unglauben« zurückzuweisen.[38]

Auffällig ist, daß diese fossilen Knochen zwar aus einer ähnlichen Zeit stammen wie die Funde in Ostafrika, daß aber ein bedeutsamer Unterschied besteht. Die Funde von Castenedolo stammen von Individuen, die mit dem heutigen Menschen anatomisch *identisch* sind. Die meisten der ostafrikanischen Knochen stammen von frühen, primitiven Lebewesen, die bestenfalls als Vorläufer des Menschen zu bezeichnen wären.

Zu denken gibt nun, daß auch in Ostafrika eine sehr kleine Zahl sehr alter Funde von Menschen stammt, die uns anatomisch ähnlich sind.

Bei Kanapoi, an der Südspitze des kenianischen Turkana-Sees, wurde 1965 ein Oberarmknochen entdeckt, der dem des heutigen Menschen »verblüffend ähnelt« und der ursprünglich auf zweieinhalb Millionen Jahre datiert wurde.[39] Dieses Datum wurde später auf mindestens vier Millionen Jahre revidiert.[40] In Koobi Fora östlich des Turkana-Sees tauchten 1973 fossile Beinknochen auf, die auf 2,6 Millionen Jahre geschätzt wurden. Wie Richard Leakey erklärt, seien sie »nahezu ununterscheidbar« von denen des heutigen Menschen.[41] Ebenfalls in Koobi Fora hat man 1974 ein Sprungbein ausgegraben, das auf 1,5 bis 2,6 Millionen Jahre datiert wurde. Der Anatom und heutige Universitätsprofessor Bernard Wood hat dieses Fossil eingehend untersucht und bewiesen, daß es praktisch identisch mit dem entsprechenden Knochen des modernen Menschen ist.[42] 1977 schließlich fand ein von J. Chavaillon geleitetes französisches Team beim äthiopischen Gombore einen Oberarmknochen, der ebenfalls keine Unterschiede zu seinem heutigen Gegenstück aufweist und auf ein Alter von über eineinhalb Millionen Jahren datiert wurde.[43]

Andere menschliche Überreste, ebenso umstritten wie die Funde von Professor Ragazzoni, tauchten in Europa, Asien und Südamerika auf. Sie alle waren im Verlauf der Jahre das Ziel wütender Angriffe von seiten jener Wissenschaftler, die ein aus heutiger Sicht offenbar falsches evolutionäres Dogma verteidigten. Doch selbst die orthodoxe Lehrmeinung nähert sich immer mehr der Ketzerei. Die letzten Worte dieses Kapitels möchte ich mit Fug und Recht Michael Cremo, Richard Thompson und ihrem Mitarbeiter Stephen Bernath überlassen, die all diese abweichenden Fakten zusammengetragen haben:

> »Wir kommen zu dem Schluß, daß die Gesamtheit der Belege einschließlich der fossilen Knochen und Artefakte völlig mit der Ansicht übereinstimmt, anatomisch moderne Menschen hätten über viele Jahrmillionen hinweg in Koexistenz mit anderen Primaten gelebt.«[44]

Was geschah mit den Höhlenmenschen?

In der Julihitze des Jahres 1989 begannen die israelische Archäologin Naama Goren-Inbar und ihre Kollegen mit Grabungen im nördlichen Jordantal. Ihre Grabungsstätte war 500 000 Jahre alt und voller Wasser, da sie sich nahe am Ufer des Jordans befand.

Das Team hatte etwa kurz nach Sonnenaufgang mit der Arbeit begonnen und sie mittags mit großer Erleichterung eingestellt, als die Sonne endgültig jeden Schatten verschwinden ließ. Bei der Arbeit dürften die Wissenschaftler die Frage ihrer persönlichen Sicherheit im Hinterkopf gehabt haben, denn in den Jahren eines labilen Friedens bildete der Jordan die Front, und gelegentlich gab es Probleme.

Man hatte sich entschieden, zunächst sämtliche geologischen Schichten freizulegen und bediente sich eines mechanischen Grabgeräts, um langsam zwei tiefe Gräben über einen Teil des Geländes hinweg auszuheben. Jeder Eimer voller Erde, der an die Oberfläche kam, wurde geleert und nach Knochen oder Artefakten durchsucht.

Eines Morgens brachte die Maschine zur Überraschung der Archäologen ein gut gebautes und stark poliertes Holzbrett zum Vorschein. Etwas Derartiges hatte man noch nie entdeckt.

Das Brett war aus Weidenholz, fast 25 cm lang und 13 cm breit. Es hatte eine sehr flache, sehr glatte und künstlich polierte Oberfläche, die so geschickt bearbeitet war, daß keinerlei Spuren von Werkzeugen sichtbar waren. Zudem war eine Kante völlig gerade und bewußt abgeschrägt. Auf der Unterseite des Brettes war das Holz rauh, gewölbt und unpoliert. Beide Enden waren abgebrochen, wahrscheinlich als Folge der mechanischen Ausgrabung. Die fehlenden Stücke wurden nie gefunden.[1]

Nach landläufiger archäologischer Denkweise hatte kein lebendes Wesen vor so langer Zeit irgendeinen Bedarf an geraden, flachen und polierten Holzbrettern. Welchen Nutzen hätten sie für eine Lebensweise gehabt, der es nach Meinung der Archäologie an geraden Kanten und glatten Oberflächen mangelte? Der Höhlenmensch, erklärt man uns, verwendete weder Lineal noch Zeichendreieck.

Dennoch stieß man auf dieses Brett, das mit beträchtlicher Sorgfalt, mit Mühe und Kunstfertigkeit hergestellt worden war. Wir müssen also schließen, daß es damals eine Verwendung fand. Aber welcher Art könnte diese gewesen sein? Prof. Goren-Inbar war verblüfft und hatte keinerlei Erklärung parat.[2]

Gemeinsam mit ihren Kollegen kam sie zu dem Schluß, daß man die technischen Fertigkeiten der betreffenden Urmenschen bislang unterschätzt habe. Zudem wies sie darauf hin, in Zukunft könne es durchaus weitere »unkonventionelle« Funde dieser Art geben – Funde, die eine Revision der Meinung über die menschliche Gesellschaft der Frühzeit erzwingen könnten.[3]

Unser bequemes Bild von unwissenden, rohen Höhlenmenschen, die von unserer heutigen Welt nicht nur zeitlich, sondern auch bezüglich ihrer Intelligenz und Geschicklichkeit weit entfernt sind, ist also plötzlich in ernsthafter Gefahr, als Täuschung entlarvt zu werden. Der israelische Fund liefert nicht nur einen soliden Beleg für ein unerwartetes Niveau an Kunstfertigkeit und technischem Können, sondern auch für eine ebenso unerwartete soziale und geistige Entwicklung. Anders gesagt, besaßen zumindest einige Zeitgenossen dieser seit langem vergessenen Epoche die geistige Kapazität, formvollendet konstruierte Objekte zu entwerfen und herzustellen, Objekte, wie wir sie gemeinhin mit einer jüngeren Gesellschaft assoziieren.

Teil eines behauenen und polierten Holzbretts. Das ungefähr 500 000 Jahre alte Objekt wurde 1989 in Israel im nördlichen Jordantal ausgegraben.

Das geschickt angefertigte Brett braucht einen Kontext. Unaufdringlich, aber beharrlich flüstert es allen, die sorgfältig zuhören wollen, das Wort »Zivilisation« zu. Zivilisation bei Höhlenmenschen?
Es gibt eine mögliche Erklärung, die die beteiligten Archäologen nicht äußerten, vielleicht, weil sie ihnen einfach nicht in den Sinn kam oder ihnen ihre Konsequenzen als zu abenteuerlich erschienen. Das Brett könnte ein Eindringling gewesen sein – nicht in dem Sinne, daß es aus einer späteren Periode stammt, sondern kulturell. Könnten die primitiven Menschen des Jordantals das Brett von anderswoher erhalten haben, von einer anderen, weiter fortgeschrittenen und technisch kultivierteren Gruppe, die es hergestellt und benutzt hatte?

Der Frühmensch und seine Artefakte

Professor Goren-Inbar weiß nicht, wer einst an dieser Stätte im Jordantal lebte. Es sind keine menschlichen Überreste aufgetaucht, die diese Frage klären könnten. Nach der Art der Werkzeuge, die sie und ihre Kollegen ausgegraben haben, müßte man die Stätte normalerweise jenem primitiven Menschen zuschreiben, der als *Homo erectus* bezeichnet wird. *Erectus* ist eine menschliche Spezies, die einfache Werkzeuge herstellte, Fleisch aß und das Feuer kannte und die sich vor mindestens einer Jahrmillion in Afrika, dem Nahen Osten, Europa und Asien ausbreitete.

Besonders frühe Belege für *Homo erectus* wurden in Afrika ausgegraben, und dort soll sich die Spezies auch entwickelt haben. Nach Meinung mancher – wenn auch nicht aller – Fachleute lebte sie vor 1,78 Millionen Jahren im Bereich des kenianischen Koobi Fora.[4] Weit im Süden, in der südafrikanischen Provinz Transvaal, wurden Relikte gefunden, denen manche Forscher Ähnlichkeit attestierten. Auch bei Mojokerto in Indonesien tauchten Knochen von *Homo erectus* auf, die auf ein Alter von 1,8 Millionen Jahren datiert wurden.[5] Diese Tatsache ist nicht unproblematisch, denn die geläufige These vom Ursprung des Menschen in Afrika kann nicht erklären, wie die Spezies so rasch Asien hätte erreichen können. In neuerer Zeit hat man deshalb teilweise die Meinung vertreten, eine frühere menschliche Spezies sei nach Asien gezogen und habe dort unabhängig ihre eigene Version von *Homo erectus* entwickelt.[6]

Auch in der Longgupo-Höhle im chinesischen Sichuan ist man auf frühe Fossilien gestoßen. Sie sind 1,9 Millionen Jahre alt und könnten entweder von einer Form des *Homo erectus* stammen, die älter wäre als die der afrikanischen Funde, oder von einem Hominiden, der einem wesentlich älteren afrikanischen Gegenstück ähnelte.[7] Vielleicht war es die Spezies, die vorhatte, sich zu *Homo erectus* zu entwickeln? Jedenfalls sind in China und Indonesien spätere Exemplare von *Erectus* aufgetaucht. Im Grunde herrscht diesbezüglich eher Verwirrung als Klarheit.

Nach all den Jahren der Grabungstätigkeit entzieht die Wahrheit sich noch immer dem Zugriff: Tatsächlich weiß niemand, wo der Mensch sich wirklich entwickelt hat. Niemand weiß, wie viele Arten früher Menschen es insgesamt gegeben hat und wie viele zu jeweils einem bestimmten Zeitpunkt. Niemand weiß, ob sich die Menschheit in Afrika entwickelt und über die restliche Erde ausgebreitet hat oder ob sie anderswo, vielleicht in Asien, entstand und dann nach Afrika wanderte. Vielleicht gab es auch Arten, die sich von Asien nach Afrika ausbreiteten, und andere, die die gegenläufige Richtung einschlugen; und vielleicht ist auch etwas ganz anderes geschehen, an das noch nie jemand gedacht hat – und an einem Ort, an dem noch niemand nachgesehen hat.

So unbefriedigend dies sein mag, der endlose Strom neuer Entdeckungen hat die Grenzen des Fachgebiets gesprengt. Es gibt keine gesicherten Theorien mehr und keine Dogmen. Es gibt nicht einmal mehr eine Definition dessen, was der Begriff *Homo* aussagt.[8]

Bis vor kurzem hielt man *Homo erectus* für den direkten Vorläufer des heutigen Menschen. Man war der Meinung, dieser Urahn habe sich graduell innerhalb einer Jahrmillion entwickelt und sei dann nahtlos in die nächste Stufe der menschlichen Evolution, den frühen *Homo sapiens*, übergegangen. Selbst die konservativsten Wissenschaftler haben dies jedoch inzwischen als viel zu vereinfachend und höchstwahrscheinlich falsch erkannt – und zwar ganz ohne Einbeziehung der alternativen Belege, die wir im letzten Kapitel studiert haben und die darauf hinweisen, daß schon vor mehreren Millionen Jahren anatomisch moderne Menschen lebten.

Was an den frühesten wie den spätesten Exemplaren von *Homo erectus* deutlich wird, ist seine evolutionäre Stabilität. Beispielsweise treten keine offensichtlichen Veränderungen der Knochenstruktur oder des Gehirnvolumens auf; letzteres schwankt zwischen 900 und 1200 ml und ist damit nicht wesentlich kleiner als das des heutigen Menschen mit durchschnittlich 1400 ml. *Homo erectus* scheint sich also zu überhaupt nichts entwickelt zu haben, schon gar nicht zum heutigen Menschen.[9] Das entspricht natürlich unseren Erwartungen, denn dies ist dieselbe Situation, die wir im

ganzen Tierreich beobachtet haben. Keine Spezies hat sich nachweisbar zu einer anderen entwickelt; und diese Stabilität der Arten scheint ein gemeinsamer Faktor aller Lebewesen zu sein.
Angesichts der Stabilität von *Homo erectus* über mehr als eine Million Jahre hinweg muß es noch mehr überraschen, wenn äußerst spärlich Objekte von erstaunlicher Kunstfertigkeit – wie das polierte Holzbrett aus Israel – aus dem Dunkel der Vergangenheit auftauchen. Wenn diese Spezies tatsächlich ein derart fortgeschrittenes Kulturniveau erreicht hatte, müßten ihre Erzeugnisse sie während ihrer gesamten Geschichte begleiten. Das tun sie aber nicht.
Eine Grabung bei Bilzingsleben nördlich von Erfurt förderte ein weiteres ungewöhnliches Artefakt zutage, dem ein Alter von 400 000 Jahren zugeschrieben wird. Zuerst stießen die Archäologen auf Reste von Behausungen – runde Zelte aus mit Tierfellen bedeckten Holzstangen – und auf Tierknochen, die mit geometrischen Mustern versehen waren, die ältesten »Kunstgegenstände«, die je gefunden wurden. Im Verlauf der Arbeit tauchte jedoch auch eine rechtwinklige Steinplatte auf, die aussah, als habe man sie professionell behauen, um sie als Baumaterial zu verwenden.[10]
Trotz ihrer Seltenheit ist es unwahrscheinlich, daß solche ungewöhnlichen Objekte Einzelstücke darstellen. Derartige Artefakte existieren nicht in einem Vakuum. Niemand schafft plötzlich einen rechteckigen Steinblock oder ein gerades, poliertes Brett, nur weil er von einem spontanen Ausbruch künstlerischer Zügellosigkeit ergriffen wird. Die Fertigkeit, solche Dinge herzustellen, muß vermittelt werden, und niemand würde sich die Zeit nehmen, eine Fertigkeit zu lehren oder zu erlernen, die keinerlei Nutzen hat. Kurz, solche Artefakte sind das Produkt einer Kultur, in der die zu ihrer Herstellung nötigen Fertigkeiten gepflegt werden. Man denkt an Lehrer und Schüler – und an Sprache.
Aus diesen Hinweisen im archäologischen Befund entsteht das Bild einer intelligenten und findigen Gruppe von Menschen, die über eine ganze Reihe von Fertigkeiten verfügte, darunter die Bearbeitung von Holz und Stein. Könnte es sich um *Homo erectus* handeln oder etwa um eine andere, bislang unbekannte Art?

Der moderne Mensch entsteht

Während der letzten mehreren hunderttausend Jahre wurde die Erde offenbar vom Neandertaler beherrscht. Benannt ist er nach dem östlich von Düsseldorf gelegenen Tal, in dem man 1856 zum ersten Mal auf seine Überreste stieß. Vor ungefähr 230 000 Jahren tauchte der Neandertaler in der noch immer geheimnisvollen Welt Eurasiens auf; seine klassische Periode liegt 115 000 bis 35 000 Jahre zurück.

Der Neandertaler wird oft derselben Spezies zugeordnet wie der heutige Mensch, also dem *Homo sapiens*, doch sind sich die Fachleute uneins, ob das wirklich zutrifft, ob die beiden Typen sich also kreuzen und fruchtbare Nachkommen hervorbringen konnten. 1997 hat man an der Universität München die einem Neandertalerknochen entnommene DNS analysiert und festgestellt, daß sie sich so stark von der DNS heutiger Menschen unterscheide, daß keine direkte Verbindung zwischen beiden Typen existieren könne.[11]

Dieses Ergebnis weist nachdrücklich darauf hin, daß der Neandertaler einer eigenen Art angehört. Wo waren während all dieser Jahre der echte *Homo sapiens* und seine 46 Chromosomen? Vielleicht hat er auf den rechten Augenblick gewartet.

Eines der größten Mysterien unserer unmittelbaren Vergangenheit ist eine kreative Explosion vor ungefähr 40 000 Jahren. Nach mehreren hunderttausend Jahren der Gleichförmigkeit, der Herstellung einfacher Steinwerkzeuge und einer Lebensweise, die nur auf den jeweiligen Augenblick ausgerichtet zu sein schien, trat eine ganz neue Welt auf den Plan.

Der Protagonist dieser neuen Welt war ein neuer Mensch, der Cro-Magnon-Typus, benannt nach der Höhle in der Dordogne, wo man erstmals seine fossilen Überreste fand. Aus diesem Typus ist die heutige Menschheit entstanden; allerdings sind wir keine Weiterentwicklung, sondern mit ihm identisch. Die Benennung nach einer Höhle verführt dazu, diese Tatsache zu verschleiern.

Zu dieser neuen Welt gehörten kunstvolle Steinmesser mit langen, dünnen Klingen, die einen technologischen Sprung gegenüber den

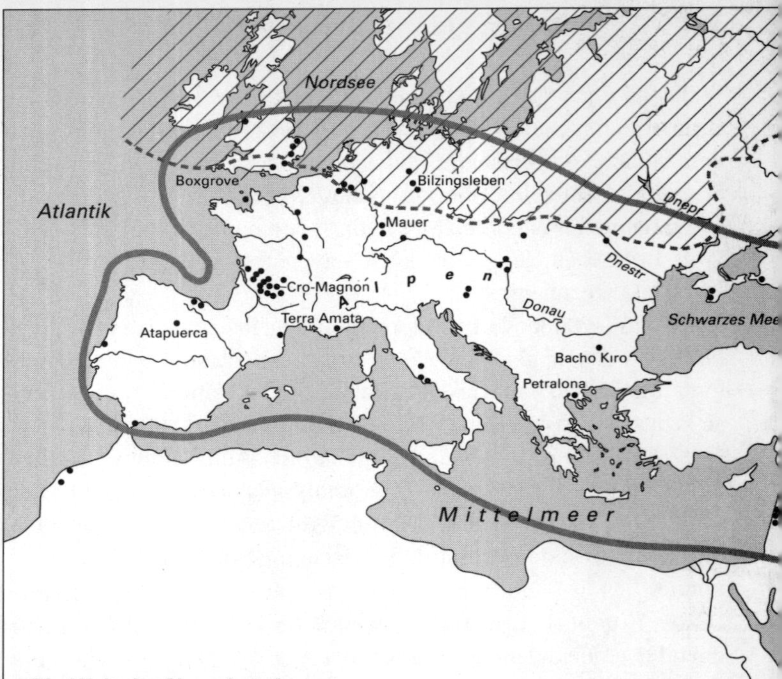

Die Welt der Neandertaler
(mit Hauptfundstellen)

kruden Steinschabern und Schneidwerkzeugen der Neandertaler darstellten. Neu waren auch Werkzeuge und andere Gegenstände aus Knochen, Elfenbein und Hirschgeweihen. Neu war eine Flut feiner, reich verzierter persönlicher Schmuckgegenstände. Neu war die Kunst, die Höhlenmalerei, gebrannte Tonfiguren, aus Stein gehauene »Göttinnen«, Schnitzereien aus Horn, Elfenbein und Holz. Neu war schließlich auch die Kenntnis der Astronomie, wie die Aufzeichnung der Mondphasen auf Knochen oder Elfenbein beweist.[12] Alles in allem war es die Kultur, die diese Welt mit sich brachte.

Die frühesten Spuren dieser neuen Welt finden wir in Bulgarien in der Höhle von Bacho Kiro. Es sind 43 000 Jahre alte Objekte, angefertigt von Menschen, die gerade erst aus anderen Gegenden

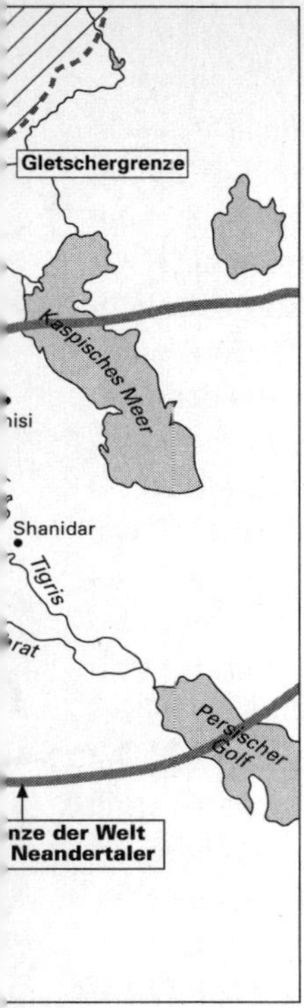

auf dem Balkan eingetroffen waren. Wir haben nicht die leiseste Ahnung, woher sie kamen, aber sie sind unsere Vorfahren.
Die ersten Knochen dieser neuen Menschen, die ganz auf den heutigen Typus verweisen, wurden in Kroatien und Deutschland entdeckt und auf ein Alter von 34 000 Jahren geschätzt. Viele weitere Überreste sind 4000 Jahre jünger; zu diesen gehören auch die Funde aus der französischen Cro-Magnon-Höhle.
Ungefähr zur selben Zeit, also vor 30 000 Jahren, verschwand der Neandertaler abrupt und auf ziemlich mysteriöse Weise. Dieses Verschwinden muß ein direktes Ergebnis des Zustroms des Cro-Magnon-Menschen sein. Es gibt sogar den Verdacht, daß die Eindringlinge sämtliche Neandertaler aufaßen.
Sicher ist nur eines: Neandertaler, die überleben wollten, konnten dies nur, indem sie jeden Kontakt mit den Cro-Magnon-Kriegern und ihren schlanken Messern vermieden. Nur eine solche Gruppe wurde gefunden. Sie überlebte bis vor 28 000 Jahren in Südspanien.[13]
Ein gewisses Pathos umgibt das Ende des Neandertalers, dessen veränderte Umwelt ihn plötzlich überflüssig machte. Und ein Geheimnis, denn es ist schwierig zu erklären, warum er so rasch auf kleine Gruppen von Überlebenden reduziert wurde, nachdem er sich mehr als 200 000 Jahre lang sehr erfolgreich auf vielen Kontinenten ausgebreitet hatte. Seine letzten Spuren verlieren sich, als habe in jener südspanischen Höhle ein letztes Feuer gebrannt, dessen ersterbende Flammen nie wieder angefacht wurden, bis seine Asche viele Jahrtausende später zum letzten traurigen Beleg der Archäologen wurde.
Aber war dies wirklich das Ende der Neandertaler?

Das Überleben des Altmenschen

Vor 28 000 Jahren stellte Südspanien eine Art geographische Sackgasse dar, einen Ort, an dem die Altmenschen etwas länger als sonstwo in Europa überleben konnten, indem sie den Kontakt mit ihren fortgeschritteneren Nachbarn im Norden vermieden.

Wäre es möglich, daß in einem anderen Gebiet der Erde, das ebenso abseits der großen Wanderrouten lag oder irgendwie geographisch isoliert war, noch lange nach 26 000 v. Chr. überlebende Neandertaler existiert haben? Hätten sie sich zum Beispiel zum Schutz in eine abgelegene Bergregion zurückgezogen haben können?

Vorstellbar wäre es; immerhin wissen wir, daß eine Gruppe von Altmenschen zumindest bis zum Ende der letzten Eiszeit auf diese Weise überlebte.

In einer Höhle auf Sardinien entdeckten Wissenschaftler der Universität Utrecht im Jahr 1987 Überreste einer kleinen, zähen menschlichen Spezies, die vielleicht ein angepaßter Typus von *Homo erectus* war. Die Funde wurden auf 12 000 v. Chr. datiert und damit auf eine Zeit, in der Europa schon längst vom modernen *Homo sapiens* beherrscht wurde. Man nimmt an, die ältere Spezies habe auf Sardinien weitergelebt, bis ihre letzten Mitglieder um 6000 v. Chr. getötet wurden, als der moderne Mensch mit Booten auf der Insel landete.[14]

Wieviel länger hätten kleine Gruppen von *Homo erectus* oder eines anderen primitiven Typs sich anderswo halten können? In Java sind Überreste aufgetaucht, die auf das relativ geringe Alter von 40 000 Jahren geschätzt wurden.[15] Vielleicht hätte sogar der kleinwüchsige *Australopithecus* irgendwo in einer Nische überlebt haben können.

An dieser Stelle kommen einem die irischen Sagen von den »kleinen Menschen« in den Sinn und die deutschen Märchen von Zwergen, die in abgelegenen Gebieten in Höhlen wohnen. Verweisen diese überlieferten Geschichten auf die entfernte Erinnerung an eine gar nicht so lange vergangene Zeit, in der der heutige Mensch noch gelegentlich in Kontakt mit seinen alten Vorfahren kam? Sind dies die »Wildmenschen« der Märchen?

Zumindest in der Antike scheinen noch Kontakte stattgefunden zu haben. Eine etruskische Silberschale aus dem 7. Jahrhundert v. Chr. – ein Grabfund aus dem italienischen Praeneste – überliefert entweder eine im Gedächtnis der Menschen verhaftete Erinnerung oder einen konkreten Kontakt mit »Wildmenschen«: In die Schale getrieben sind Menschen auf von Pferden gezogenen Kampfwagen zusammen mit einem großen Affenmenschen.[16] Dieser wirft etwas – vielleicht einen Steinbrocken – auf einen Wagen mit einem Lenker und einem mit Pfeil und Bogen ausgerüsteten Jäger, der sich von ihm entfernt. Es scheint sich also um die Darstellung einer diesem Affenmenschen geltenden Jagd zu handeln. Die Anthropologie verweist solche Märchen und Darstellungen ins Reich der Mythologie. Folgen wir aber dieser Logik, dürfen wir fragen, ob die auf der etruskischen Schale abgebildeten Wagenlenker und Jäger ebenfalls mythologisch sein sollen.
In *Nature* erschien 1902 ein kurzer Artikel, in dem berichtet wurde, eine Anzahl europäischer Museen – erwähnt wurden Breslau, Basel und Worms – besäßen Skelette einer sehr kleinen, teils weniger als 120 Zentimeter großen Menschenrasse. Diese scheint zur Römerzeit in Mitteleuropa existiert zu haben; einzelne Gruppen könnten bis ins Mittelalter hinein überlebt haben.[17] Waren dies kleine »Wildmenschen«?

Ein »wilder Mann« wird von Jagdhunden gestellt. Wurde im Europa des Mittelalters auf solche »Affenmenschen« systematisch Jagd gemacht? Diese Abbildung aus dem Queen Mary's Psalter (14. Jh.) spricht dafür.

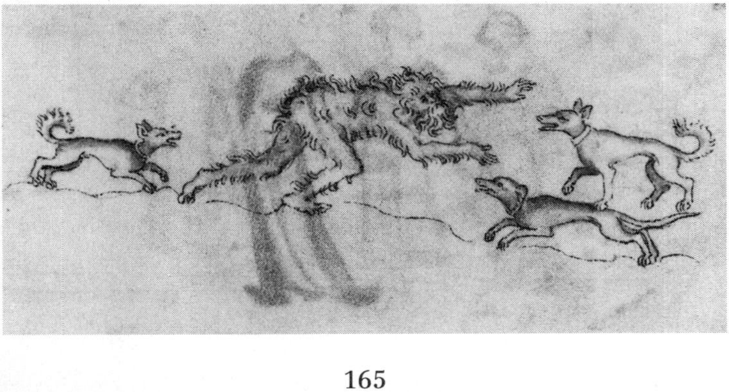

Daß die Europäer des Mittelalters diese Wesen jagten, wann immer sie auf sie stießen, wird aus einer Illustration in einem englischen Psalmenbuch des 14. Jahrhunderts deutlich, dem in der British Library befindlichen *Queen Mary's Psalter*. Dargestellt ist hier eine Hundemeute, die einen behaarten Affenmenschen attakkiert.[18] Da alle Hunde Halsbänder tragen, muß es sich um abgerichtete, nicht um wilde Tiere handeln; offenbar stellt die Szene also eine organisierte Jagd dar.
Vielleicht wurden die Reste früherer Menschenarten nach und nach zum Zeitvertreib getötet. Oder gelang es einigen zu überleben? Könnten kleine Gruppen des *Australopithecus*, des *Homo erectus* oder des Neandertalers noch heute in isolierten Gegenden der Erde leben? Eine Anzahl von Fachleuten hält dies für wahrscheinlich. So erzählte Professor Philip Tobias von der südafrikanischen University of the Witwatersrand, ein *Australopithecus*-Experte, dem führenden Kryptozoologen Bernard Heuvelmans einmal, einer seiner Kollegen sei so von der Existenz lebender Australopithecinen überzeugt gewesen, daß er Fallen aufgestellt habe, um ein Exemplar zu fangen.[19]

Eine einzigartige medizinische Untersuchung

Im Juni 1941 überfiel die deutsche Wehrmacht die Sowjetunion; den Rest des Sommers, den Herbst und den Winter verbrachte sie damit, in ein Gebiet vorzustoßen, das sich in eine gefrorene Hölle verwandeln sollte. Ein Flügel der Offensive war früh nach Südosten zum Kaukasus hin abgeschenkt, um die wichtigen Ölfelder am Kaspischen Meer zu erobern. Dort war eine mit der Verteidigung beauftragte sowjetische Armee stationiert.
Oberstleutnant Vazghen Karapetian, ein Mitglied des sowjetischen Sanitätskorps, befand sich in diesem Winter im Gebiet von Dagestan, im Norden des Kaukasus. Eines Tages baten ihn zwei Beamte der örtlichen Verwaltung, einen seltsamen Mann zu untersuchen, den man soeben gefangen hatte und den man für einen verkleide-

ten Spion hielt. Man brachte den Oberstleutnant zu einer Hütte, in der man den Gefangenen festhielt. Als Karapetian sich erkundigte, weshalb man ihm für die Untersuchung keinen geheizten Raum zur Verfügung stelle, erklärte man ihm, der Gefangene habe in solchen Räumen derartige Schweißausbrüche, daß man ihn hierher verlegt habe.

In der Hütte sah Oberstleutnant Karapetian ein Wesen, auf das ihn seine medizinische Ausbildung in keinster Weise vorbereitet hatte. Sein Bericht spricht von einem kräftigen, nackten, barfüßigen männlichen Wesen von menschlicher Gestalt, ungefähr 1,80 m groß, das aufrecht dagestanden habe, die gewaltige Brust vorgestreckt, und das dicke, große Finger gehabt habe. Die obere Körperhälfte sei mit struppigem dunkelbraunem Haar bedeckt gewesen, das ungefähr zweieinhalb Zentimeter lang gewesen sei. Unterhalb der Brust habe sich ein Pelz aus weicherem, dünnerem Haar befunden. Das Kopfhaar sei lang gewesen, habe die halbe Stirn bedeckt und sei bis auf die Schultern herabgefallen. Das Gesicht sei leicht mit Haaren bedeckt gewesen, habe aber weder Schnurrbart noch Bart aufgewiesen.

Der Oberstleutnant sah dem Affenmenschen in die Augen, doch fand keine Kommunikation statt. »Seine Augen hatten einen leeren Ausdruck, ganz wie ein Tier«, berichtete Karapetian. »Ich streckte ihm meine Hand entgegen und sagte sogar noch ›Hallo‹. Doch er reagierte nicht.«[20]

Ausgerechnet zu diesem Zeitpunkt näherte sich die deutsche Armee. Während die Sowjets sich unter schwerem Feuer zurückzogen, wurde der Affenmensch hingerichtet. Zu seinem Unglück war er für die Kriegsanstrengungen überflüssig. Alle offiziellen Berichte über die Angelegenheit sind verschwunden, und als man Oberstleutnant Karapetian 1966 interviewte, berichtete er, er sei gleich nach dem Zusammentreffen zu seiner Einheit zurückgekehrt und habe nie mehr etwas von dem seltsamen Wesen gehört.

Wilde Menschen

Im November 1951 erforschte eine von dem Bergsteiger Eric Shipton geleitete Expedition die Routen auf den Mount Everest. In der Nähe der nepalesischen Grenze zu Tibet entdeckte die Expedition in 5500 m Höhe auf einem Gletscher eine Reihe von Abdrücken, die von nackten Füßen stammten. Die Männer verfolgten sie ungefähr eineinhalb Kilometer weit. Shiptons detaillierte Aufnahmen der Spur kann man nur schwer als Schwindel abtun; ebenso schwer tut man sich damit, die Spur als Resultat natürlicher Vorgänge oder als teilweise geschmolzene Fußabdrücke von Tieren oder Menschen zu erklären.[21]

Wer oder was hat sie hinterlassen? Welchen Platz würden solche Wesen im evolutionären Stammbaum einnehmen? Die Wissenschaft ist gespalten; viele Forscher meinen, falls diese Wesen tatsächlich existierten, handele es sich um eine große, unbekannte Affenart. Andere halten sie für etwas anderes, vielleicht für Relikte eines primitiven Menschentyps. Zynische Stimmen sprechen von einem Hindu-Heiligen mit großen Füßen, aber solche Wissenschaftler geraten ohnehin in Panik, wenn etwas quer zur gängigen Lehrmeinung auftaucht.

Nun gibt es ein anderes unbekanntes Wesen in der Wildnis, über dessen Existenz es keine Zweifel gibt. In den bergigen Regionen zwischen dem Himalaja und der Mongolei werden solche wilden Geschöpfe »Almas« genannt. Eine ganze Reihe von ihnen ist lebend beobachtet worden, teilweise von Wissenschaftlern und Ärzten, denen man zutrauen kann, den Unterschied zwischen Hominiden und Affen beurteilen zu können. Zudem wurden mindestens zwei Leichen entdeckt, zuletzt 1953 durch den Angestellten einer landwirtschaftlichen Versuchsanstalt in der Mongolei.

Der Mann suchte auf den kahlen Berghängen nach verirrten Kamelen, als er in einer abgelegenen Schlucht eine Gestalt liegen sah. Sie war schon lange tot, ausgetrocknet und halb mit Sand bedeckt. Bei genauerer Betrachtung stellte sich heraus, daß es sich weder um einen Bären noch um einen Affen handelte, aber auch nicht um einen seinem Entdecker vertrauten Menschentyp. Es war ein kräftiges, menschenähnliches Wesen, das mit kurzem, bräunlich-gelbem Haar bedeckt war.[22] Leider brachte der Finder ihn nicht zu seiner Arbeitsstelle, um ihn einer Autopsie oder einer anderen wissenschaftlichen Untersuchung unterziehen zu lassen. Daß der »Almas« zur selben Spezies gehört wie der Mensch – daß er sich also mit diesem paaren und fruchtbare Nachkommen hervorbringen kann –, zeigt der Fall von Zana, einem weiblichen »Affenmenschen«. Bewohner des abchasischen Dorfes Tchina an der Mokwa fingen ihn im 19. Jahrhundert in den Wäldern der Region Zaadan im Westkaukasus.[23]

Man brachte Zana ins Dorf, wo man sie einsperrte. Dann wurde sie verkauft und ging durch die Hände mehrerer Besitzer, bis sie zum Eigentum eines Adligen wurde, der sie in strenger Gefangenschaft hielt. Zuerst war sie sehr wild und grub sich ein Loch im Boden, um darin zu schlafen. Ängstlich warfen die Dorfbewohner ihr Essen zu, das sie verschlang.

Zana wird als groß und breit beschrieben. Sie habe große Brüste gehabt und ein starkes Gesäß, sei mit rötlichem Haar bedeckt gewesen und habe eine sehr dunkle Haut gehabt. Aus ihrem breiten Gesicht hätten starke Backenknochen und ein vorstehender Kiefer geragt; ihre Zähne seien groß und die Augenbrauen buschig gewesen. Arme und Beine wurden als muskulös, die Finger als länger und dicker als beim modernen Menschen beschrieben. Zana lernte nie sprechen und äußerte sich nur durch Schreie und Gemurmel.

Als Zana sich nach ungefähr drei Jahren an das Leben unter Menschen gewöhnt hatte, ließ man sie frei und erlaubte ihr, im Dorf umherzustreifen, bis sie in den 80er Jahren des vergangenen Jahrhunderts starb.

In dieser Zeit bekam sie Kinder von verschiedenen Männern des Dorfes, aber die meisten starben, weil sie darauf bestand, sie sofort im eiskalten Wasser einer nahen Quelle zu waschen. Um sie zu retten, nahmen die Dorfbewohner ihr vier ihrer Kinder weg, die überlebten, heirateten und selbst Kinder hatten. Ihre Haut sei dunkel gewesen, und sie hätten auffallende Kaumuskeln und starke Kiefer gehabt.

Im Jahr 1964 versuchte Professor Boris Porschnew gemeinsam mit einem Archäologen, Zanas Grab zu finden und zu öffnen; der Friedhof war jedoch so überwachsen, daß sie die Grabstelle nicht fanden. Zwei weitere Anläufe scheiterten ebenso wie die Versuche eines Schülers von Porschnew, der sich dreimal auf die Suche begab. Am Ende beschlossen sie, die Überreste von Zanas jüngstem Sohn zu exhumieren. Dabei stellten sie fest, daß dessen Schädel erheblich von der heutigen Norm abwich. Eine beteiligte Anthropologin sprach von »einer eigentümlichen Kombination moderner und altertümlicher Merkmale«.[24]

Ein weiterer Fall, der auf eine sexuelle Kompatibilität von »Almas« und modernem Menschen hinweist, fand seinen Weg in ein offizielles chinesisches Presseorgan. Die Zeitung *Guangming* berichtete, 1939 sei eine Frau im Wald von »Wildmenschen« gefangen worden. Sie blieb 27 Tage verschwunden und gebar nach ihrer Rückkehr ein Wesen, das als »Affenkind« bezeichnet wurde. Dieses Kind starb 1960 im Alter von 21 Jahren. 1980 exhumierten mit dem Fall befaßte chinesische Wissenschaftler die Gebeine und stellten fest, daß das Skelett Merkmale des Affen wie des Menschen aufwies.[25] Die Existenz dieses Wesens ist also akzeptiert, doch wie soll der »Almas« klassifiziert werden? Mehrere Fachleute, die das Thema seit Jahren erforschen, meinen, daß es sich um Relikte eines frühen Menschentyps handelt.

Professor Boris Porschnew, Mitglied der damals sowjetischen Akademie der Wissenschaften, exhumierte im Kaukasus die Überreste eines Mädchens, das von einem weiblichen »Almas« abstammte. Porschnew stellte fest, daß der Körper »ausgeprägte Merkmale des Neandertalers« aufwies.[26]

Nun würde die offenbare sexuelle Kompatibilität mit *Homo sapiens* im Lichte der neueren DNS-Tests den Neandertaler ausschließen. Vielleicht stammt der »Almas« also von einem früheren, unbekannten Typus ab, der genetisch mit uns identisch ist.

Die russische Wissenschaftlerin Sch. Kofman – bekannt als Anatomin, Alpinistin und mehrfach ausgezeichnete Kriegsveteranin – ist sich sicher, daß es sich beim »Almas« um das Relikt eines bislang für ausgestorben gehaltenen Altmenschen handelt, wahrscheinlich um einen Neandertaler.[27] Diese Ansicht wird von der englischen Archäologin und Anthropologin Myra Shackley unterstützt, die entsprechende Feldstudien in der Mongolei betrieb. Shackley weist darauf hin, das Beispiel der nordamerikanischen Indianer beweise, daß ein benachteiligtes, bedrohtes Volk nicht allmählich assimiliert werde, sondern sich nach und nach in entlegene, unfruchtbare Gebiete zurückziehe, an denen die Eindringlinge kein Interesse hätten. Dieses Verhaltensmuster schreibt sie auch den Neandertalern zu, deren völliges Aussterben sie für unwahrscheinlich hält.[28]

Affenmenschen, das heißt mögliche oder wahrscheinliche Relikte einer früheren Spezies, sind auf fast jedem Kontinent aufgetaucht. Berichte über sie kommen aus Brasilien, aus Mittelamerika – wo sie sogar auf den Reliefs der Maya erscheinen[29] –, aus Nordamerika und China. Manche dieser Wesen sind klein und vielleicht eine Abart von *Australopithecus*, andere haben die Größe heutiger Menschen, so daß es sich um den Neandertaler oder um *Homo erectus* handeln könnte. Wieder andere sind riesig und könnten von einem Wesen wie dem chinesischen *Gigantopithecus* abstammen, einem bis zu 2,75 m großen und knapp 300 kg schweren Menschenaffen, der vor 100 000 Jahren ausgestorben sein soll.

Von einem solchen Riesenwesen wird im Norden der Vereinigten Staaten und in Kanada berichtet; meist nennt man es den »Sasquatch«. Es scheint weitverbreitet zu sein, wurde häufig beobachtet und 1967 in einem berühmten Fall sogar gefilmt.[30]

Über einhundertmal hat man die Fußspuren des »Sasquatch« entweder fotografiert oder als Gipsabguß konserviert; es sind diese Belege, die auf die Größe des Wesens schließen und seine Realität vermuten lassen. Die Fußabdrücke sind ungefähr 35 Zentimeter lang und an der Ferse 10, am Ballen 13 Zentimeter breit. Gelegentlich konnte man die Spuren mehr als eineinhalb Kilometer weit verfolgen und stellte dabei eine Schrittlänge von 1,20 bis 1,80 Meter fest. Aus der Tiefe des Abdrucks im Boden kann das Gewicht des Wesens geschätzt werden: Es liegt im Bereich von über 300 Kilogramm.

Besonders die letztgenannte Tatsache macht es schwierig, an einen Schwindel zu glauben. Selbst wenn jemand sich zur Täuschung kostümieren würde, müßte er über 200 Kilogramm an Gewichten schleppen, um die nach dem Verschwinden des Wesens sichtbaren Fußabdrücke zu hinterlassen. Es scheint jedoch kaum möglich, derart beschwert über eine Distanz von fast zwei Kilometern eine rasche Gangart einzuschlagen.

Die Belege zugunsten der Existenz dieses Wesens sind so eindeutig, daß der britische Anthropologe John Napier, Chef der Primatenabteilung an der Smithsonian Institution, zugegeben hat: »Ich bin überzeugt davon, daß der Sasquatch existiert.«[31]

Die Indianer Nordamerikas wissen schon lange von der Existenz eines menschen- oder affenähnlichen Lebewesens. Im Nordwesten der Vereinigten Staaten hat man indianische Felszeichnungen entdeckt, die deutlich affenähnliche Köpfe darstellen. In diesem Bereich der Erde sind Affen jedoch unbekannt.[32] 1784 berichtete die *Times*, Indianer hätten in Manitoba ein derartiges Geschöpf fangen können, das als »riesiges, menschenähnliches und mit Haaren bedecktes« Lebewesen beschrieben wurde.[33]

Im 19. Jahrhundert wurde in einer abgelegenen Region von British Columbia ein kleines Exemplar einer unbekannten menschenähnlichen Spezies gefangen. Am Morgen des 30. Juni 1884 sah der Lokführer eines Zuges, der gerade aus einem Tunnel fuhr, eine direkt neben den Geleisen schlafende Gestalt und brachte den Zug sofort zum Halten. In diesem Moment sprang die Gestalt auf, gab ein scharfes, bellendes Geräusch von sich und begann, den Felshang zu erklimmen. Mehrere Mitglieder des Zugpersonals kletterten hinterher, kreisten das Wesen auf einem schmalen Felsvorsprung ein und setzten es mit einem gezielten Steinwurf auf den Kopf außer Gefecht. Dann wurde es gefesselt, nach unten geschafft und zur nächsten Stadt an der Bahnlinie gebracht.

Den Berichten zufolge war das Wesen männlich und ungefähr 140 Zentimeter groß. Es wog knapp 58 Kilogramm und hatte langes schwarzes Haar auf dem Kopf; sein Körper glich in jeder Hinsicht dem eines Menschen, war jedoch mit glänzendem kurzem Haar bedeckt. Man übergab es einem Bewohner des Städtchens, der es

offenbar in einem Zirkus ausstellen wollte. Auf der Fahrt an die Ostküste soll es dann gestorben sein.[34]
So zögerlich die Fachleute auch sein mögen, sie geben zu, daß genügend Hinweise vorliegen, um in abgelegenen Regionen die mögliche Existenz irgendwelcher noch nicht identifizierter menschenähnlicher Wesen zu vermuten. Die wahrscheinlichste Erklärung für ihr Vorkommen ist, daß es sich um Relikte eines primitiveren Menschentyps handelt, von dem man glaubt, er sei seit langem ausgestorben. Denn, wie Myra Shackley pointiert feststellt, bringt »die bloße Einbildungskraft [...] keine unidentifizierbaren Fußspuren hervor«.[35]

Das letzte Geheimnis

Die letzten Australopithecinen sollen vor ungefähr 750 000 Jahren ausgestorben sein, der europäische *Homo erectus* vor 200 000 Jahren. Allerdings ist *Erectus* oder ein veränderter Typus noch wesentlich später auf Sardinien festzustellen; auch auf Java lebte er noch vor 40 000 Jahren, und das letzte dokumentierte Auftreten des Neandertalers liegt 28 000 Jahre zurück.
Wenn die in abgelegenen Landstrichen beobachteten »Wildmenschen« tatsächlich Populationsreste dieser primitiven Menschen oder ihrer Vorläufer darstellen, haben sie sich evolutionär kaum – wenn überhaupt – weiterentwickelt. Angesichts der Stabilität der Arten, die aus den geologischen Zeugnissen sichtbar wird, ist das auch kein Wunder.
Damit sind wir wieder bei unserer ursprünglichen Frage angelangt. Warum wurde in einem Grab aus der Vorzeit ein poliertes Holzbrett gefunden? Woher könnte es gekommen sein? Jedenfalls ist es unwahrscheinlich, daß ein primitiver Menschentyp wie *Homo erectus* irgendeinen Grund gehabt hätte, ein solches Objekt herzustellen.
Wir haben bereits Belege dafür kennengelernt, daß *Homo sapiens*, der Mensch in seiner heutigen Form, offenbar schon seit sehr lan-

ger Zeit existiert. Könnte das Brett also von einer bislang unbekannten Gemeinschaft solcher Menschen stammen, die bereits über eine fortgeschrittene Kultur verfügte? Benutzten diese Menschen sorgfältig bearbeitetes, poliertes Holz, und könnten sie auch für die behauene Steinplatte von Bilzingsleben verantwortlich sein? Stellen diese Gegenstände also Fragmente einer sehr alten Kultur dar, die in den Bereich einer zwar zeitgenössischen, aber primitiveren Kultur gelangten?

Schließlich: Entstand diese Kultur in einem bislang unentdeckten Kerngebiet, von dem aus sich der heute als Cro-Magnon-Mensch bezeichnete Typus ausbreitete? Denn, wie bereits bemerkt, erschien der heutige Mensch bereits aktiv und kenntnisreich aus dem Nichts, als sei er schon immer so gewesen.

Im sechsten Kapitel habe ich einige der frühen Knochenfunde aus Kenia und Äthiopien aufgeführt, die trotz ihres Alters von ein- bis zweieinhalb Millionen Jahren von heutigen Menschenknochen nicht zu unterscheiden sind. Die Forscher, die zu diesem Schluß kamen, hatten sie mit Gegenstücken verglichen, die von heutigen Menschen aus Europa, Amerika und Afrika stammten, nicht von Neandertalern.

Die Konsequenz aus den afrikanischen Funden lautet, daß die primitiveren Hominiden schon vor sehr langer Zeit von *Homo sapiens* wußten. Wahrscheinlich fürchteten sie ihn und wichen vor seinem schonungslosen Vorrücken zurück. Etwaige heute noch lebende Überbleibsel würden also so weit wie möglich von der menschlichen Zivilisation entfernt leben, in den abgelegenen Bergzügen des Kaukasus, des Himalaja und des Pamir oder im Dschungel von Indonesien oder Südamerika.

Trotz dieser historischen Feindschaft zwischen dem heutigen Menschen und seinen primitiveren Artgenossen wäre es also möglich, daß einige Mitglieder älterer Arten zufällig durch die Maschen des Netzes schlüpfen konnten.

Im Jahr 1908 berichtete die Krakauer Akademie der Wissenschaften von der Öffnung eines mittelalterlichen Grabes im polnischen Nowosiolka. Im Innern fand sich ein Skelett mit einem Kettenpanzer nebst mehreren eisernen Speerspitzen. Der Schädel wurde als der eines Neandertalers eingestuft.[36] War dies ein »Wildmensch«, der aus den Wäldern gekommen war, reiten gelernt und seine große Körperkraft in den Dienst eines einheimischen Adligen gestellt hatte?

Woher stammt unsere Zivilisation?

In der kahlen anatolischen Hochebene im Zentrum der Türkei, 50 km südöstlich der Provinzhauptstadt Konya, liegen zwei Hügel, in denen sich die uralten Ruinen von Çatal Hüyük verbergen, der ersten Stadt der Welt.

Dieses große Gemeinwesen der Steinzeit erschien aus dem Nichts. Es gibt keine bekannten Orte, an denen seine Bewohner ihre technischen Fertigkeiten, ihre Religion mit ihren komplexen Tempeln und ihre Fähigkeit, eine auf städtischem Handel und auf Ackerbau basierende Lebensweise zu entwickeln, hätten erwerben können. Diese hochentwickelte Kultur erblühte urplötzlich auf dem fruchtbaren Hochland, als sei sie auf mysteriöse Weise von anderswoher an Ort und Stelle gelangt.

Für Archäologen und Historiker markiert diese Stadt den Ursprung der Zivilisation, genauer gesagt, den Beginn einer von Siedlungen und Ackerbau geprägten Epoche, die als Jungsteinzeit oder Neolithikum bezeichnet wird. Der Engländer James Mellaart, der dort als erster Grabungen durchführte, schrieb voller Begeisterung:

> »Die in Çatal Hüyük zum Vorschein gekommene Zivilisation leuchtet wie eine Supernova in der eher düsteren Galaxie der zeitgenössischen bäuerlichen Kulturen [...] Ihre prägnanteste Wirkung hatte sie nicht im Nahen Osten, sondern in Europa,

denn in diesen neuen Kontinent sandten die neolithischen Kulturen Anatoliens die Anfänge des Ackerbaus und der Viehzucht, aber auch den Kult einer Muttergottheit, der die Basis unserer Zivilisation darstellt.«[1]

Man hat in Çatal Hüyük Belege für eine bis dahin beispiellose technische Kunstfertigkeit entdeckt – Hunderte von Messern, Dolchen, Pfeil- und Speerspitzen aus Feuerstein oder Obsidian, durchweg Produkte eines ebenso unglaublichen wie einzigartigen Könnens, das ein wesentlich höheres Niveau aufweist als das anderer bekannter Kulturen des Nahen Ostens. Obsidian beispielsweise ist ein extrem hartes vulkanisches Glas, dessen Splitter eine Kante haben, die so dünn ist wie ein Molekül und wesentlich schärfer als jedes moderne Messer.

Entdeckt wurden ferner stark polierte Obsidianspiegel, sauber durchbohrte Perlen, Juwelen und Textilarbeiten von höchster Kunstfertigkeit, darunter Teppiche. Dies alles weist auf einen hohen Lebensstandard hin. Die Bewohner der Stadt benutzten allerdings keine Keramik, sondern Behälter aus Holz und Flechtwerk, deren Raffinement und Perfektion zur damaligen Zeit ohne Beispiel ist.

Das technische Niveau der Menschen von Çatal Hüyük war so hoch, daß noch immer nicht bekannt ist, wie sie manche Gegenstände herstellten. Wir wissen nicht, wie sie ihre harten Obsidianspiegel polierten, ohne einen einzigen Kratzer zu hinterlassen; zudem hat man teils aus Obsidian gefertigte Steinperlen gefunden, deren Löcher so fein gebohrt sind, daß keine moderne Nadel hindurchpaßt. Man kann sich unmöglich vorstellen, wie diese Perlen ohne den Einsatz sehr harter Metallbohrer entstanden sein könnten.[2] Auf irgendeine Weise waren jene Menschen aber zur Herstellung solcher Dinge in der Lage, und vielleicht werden wir ihr Geheimnis eines Tages auch erfahren.

Im Zentrum der hochentwickelten und komplexen Religion von Çatal Hüyük stand offenbar eine Muttergottheit, die drei verschiedene Gestalten umfaßte: eine junge Frau, eine Schwangere und eine Greisin. Allein in dem sehr kleinen Teil der Stadt, den man

bislang ausgegraben hat, wurden über 40 diesem Kult gewidmete Heiligtümer entdeckt, die allerdings nicht alle gleichzeitig benutzt wurden.
Nach Ansicht der Archäologen ist die städtische Kultur von Çatal Hüyük einzigartig. Es gibt keine erkennbaren Vorbilder und keine Orte in der Nähe, an denen die Bewohner ihre Fertigkeiten erworben haben könnten. Irgendwo müssen die Menschen von Çatal Hüyük ihre handwerklichen Techniken aber gelernt haben. In uns bekannten zeitgenössischen Gemeinschaften wie jenen von Jericho im Jordantal oder von Jarmo im kurdischen Hochland war dies jedoch nicht möglich, denn dort gab es nichts, was dem kulturellen und handwerklichen Niveau von Çatal Hüyük auch nur entfernt gleichgekommen wäre.
Die Vorstellung, eine derart hohe urbane Kultur sei um 8000 v. Chr. unvermittelt aus dem Nichts entstanden, ist ohnehin absurd. Es ist vollkommen klar, daß ihre Vorläufer sich wesentlich früher und an einem anderen Ort entwickelt haben müssen.
Die Frage lautet: wo und wann?

Die Überlebenden der Eiszeit

Vor ungefähr 80 000 Jahren bildete sich eine gewaltige Eiskappe mit riesigen Gletschern, die bis tief nach Europa, Rußland, Kanada und in die Vereinigten Staaten vordrang. Im europäischen Norden vielleicht mehr als 1500 m dick, bedeckte sie ganz Irland, den größten Teil Englands bis in die Gegend des heutigen London und weite Teile des Kontinents. In Nordamerika reichte eine fast 3000 m dicke Eisschicht bis nach St. Louis und Philadelphia; weiter südlich erstreckten sich die endlosen Ebenen der arktischen Tundra.
Diese Situation stellte die Menschen jener Zeit freilich vor kein unlösbares Problem, weil Südeuropa, Nord- und Zentralafrika und Mittelamerika nicht allzu stark betroffen waren, wenngleich man davon ausgeht, daß die durchschnittliche Temperatur der Erde

wesentlich absank, während Bewölkung und Niederschläge zunahmen. Hatte die Menschheit bis dahin noch keine städtische Kultur entwickelt, so geriet sie nun unter erheblichen Druck, dies nachzuholen, denn sie brauchte Schutz vor dem Regen und den kalten Winden.

Bislang haben wir stets gedacht, die Menschen dieser frühen Epoche hätten als nomadische Jäger und Sammler gelebt und bei Bedarf Schutz in Höhlen gesucht. Das ist auch durchaus korrekt, doch nur nur insoweit, als in Höhlen menschliche Überreste entdeckt wurden. Bezüglich der Schlüsse, die wir aus diesen Funden ziehen, ist Vorsicht angebracht. Voreilige Hypothesen lassen an zukünftige Archäologen denken, die in den Bunkern des Zweiten Weltkrieges Gebeine finden und daraus schließen könnten, so hätten normale Wohnungen des 20. Jahrhunderts ausgesehen.

Der Mensch der Frühzeit lebte nicht nur in Höhlen. Schon vor mehreren 100 000 Jahren wurden Behausungen errichtet, die teilweise offenbar auf Dauer angelegt waren. In Frankreich kamen an der Grabungsstätte Terra Amata bei Nizza möglicherweile 300 000 Jahre alte Strukturen zum Vorschein, die wie Steinkreise mit Löchern für Pfosten aussehen. Ihr Entdecker, der französische Forscher Henry de Lumley, meint, es handele sich um die Überreste gut konstruierter Hütten.[3] Wie so häufig, ist auch diese Stätte umstritten, und nicht alle Kollegen Lumleys stimmen mit seinen Schlüssen überein.[4] Eindeutiger sind die Funde von Bilzingsleben nördlich von Erfurt, die auf ein Alter von etwa 400 000 Jahren geschätzt werden. Archäologen haben hier drei kreisförmige, aus Knochen und Steinen bestehende Strukturen ausgegraben, die einen Durchmesser von drei bis vier Metern haben. Man hält sie für die Fundamente von Gebäuden, die eine dauerhaft bewohnte Siedlung bildeten. Der auffälligste Fund führt zu einer Vielzahl von Fragen nach dem eventuell hohen kulturellen Niveau dieser frühen Menschen. Es handelt sich dabei um einen mit Knochen und Steinen gepflasterten, acht Meter breiten Bereich. Der Forschungsleiter Dietrich Mania ist der Meinung, die Bewohner hätten »diesen Bereich bewußt für kulturelle Aktivitäten gepflastert«.[5]

Wesentlich jünger sind die 6000 Jahre alten, möglicherweise tragbaren »Zelte« oder »Windbrecher« aus Mammutknochen, die bei der Grabung von Molodova am russischen Dnjestr zum Vorschein kamen.[6] In Rumänien hat man bei Dolni Vestonice eine Gruppe von bis zu 28 000 Jahre alten Behausungen gefunden, von denen die größte über 15 Meter lang war. In der Nähe befnden sich die Überreste eines Keramikofens, der offenbar nur zum Brennen kleiner Tonfiguren verwendet wurde, da keinerlei im Haushalt verwendete Töpferware gefunden wurde.[7]
Derart solide Hütten sind nicht transportabel und deshalb für die Wanderungen nomadischer Stämme ungeeignet. Der betreffende Stamm muß also an einem Ort bleiben, Haustiere halten und Ackerbau betreiben, um seinen Nahrungsbedarf zu decken. Um eine seßhafte Population zu versorgen, müssen die Mitglieder der Gemeinschaft sich auf bestimmte Arbeitsgebiete spezialisieren und versuchen, einen Überschuß zu erwirtschaften, um diesen gegen Waren einzutauschen, die sie nicht anbauen oder herstellen können. Sie müssen Regeln für die Nutzung der Anbauflächen und für deren Besitz entwickeln und müssen sich gegenseitig Hilfe leisten, ob bei der Verteidigung oder beim Handel.
Eine solche Kultur, die geprägt ist von gegenseitiger Unterstützung, die sich durch solide Behausungen vor den Elementen schützt und durch eine effiziente Nahrungsmittelproduktion Hungersnöten vorbeugt, bietet die besten Voraussetzungen für das Überleben des Menschen in einer unberechenbaren und womöglich feindlichen Umwelt.

Versunkene Länder

Wo hätten sich solche Kulturen entwickeln können? Die Antwort auf diese Frage muß lauten: Dort, wo sich Kulturen immer entwickelt haben – im gemäßigten, fruchtbaren Tiefland in der Nähe von Flüssen, die als Wasserquelle und Verkehrsweg dienten. Besonders in Mündungsgebieten, wo diese Flüsse das Meer errei-

chen, entstanden Kulturen. Es liegt also nahe, die allmähliche Entwicklung urbaner Kulturen während der mehr als 60 000 Jahre der letzten Eiszeit genau an diesen Orten zu vermuten.
Kleine Boote waren zweifellos schon vor langer Zeit ein häufig benutztes Transportmittel. In alten Höhlen gefundene Felszeichnungen und Malereien von Tiefseelebewesen wie Delphine und Wale zeugen von der Wahrscheinlichkeit seefahrerischer Aktivität. Daß die dafür nötige Technologie zu einem sehr frühen Zeitpunkt potentiell verfügbar war, beweist die Entdeckung südostasiatischer Boote, die schon vor etwa 40 000 Jahren mehrere Tage auf dem offenen Meer segeln konnten.[8]
Unglücklicherweise liegen die breiten Flußtäler, in denen sich die Kultur höchstwahrscheinlich entwickelte, nie sehr hoch über dem Meeresspiegel. Das heutige Industal erstreckt sich über mehr als 700 km, bevor es eine Höhe von mehr als 90 m erreicht; beim Mississippi sind es ungefähr 900 km, und ein großer Teil Westfrankreichs erreicht weniger als 100 Höhenmeter.
Auf dem Höhepunkt der letzten Eiszeit, also in der Zeit von 24 000 bis 14 000 v. Chr., war soviel Wasser in den Eiskappen gespeichert, daß der Meeresspiegel weltweit schätzungsweise um mehr als 120 m abfiel.[9] Am Ende der Eiszeit um 7000 v. Chr. war das Meer zurückgekehrt, hatte seinen früheren Pegel wieder erreicht und bildete mehr oder weniger die heutige Küstenlinie, die auf einen erneuten Anstieg um 120 m hindeutet.
Durch die Rückkehr des Meeres gerieten alle alten Küstensiedlungen unter Wasser und lagen nun weit vom Ufer entfernt auf dem Festlandssockel. Man hat zum Beispiel nachgewiesen, daß der größte Teil des heute unterseeischen Sockels vor der Küste der Vereinigten Staaten um 9000 v. Chr. trockenes Land war. Grundnetzfischer, die den Meeresboden nach Muscheln absuchen, haben vor Cape Cod bis zu 300 km weit ins Meer hinaus Mastodon- und Mammutzähne gefunden. Diese lagen in bis zu 120 Metern Tiefe. Aufgetaucht sind ferner die Überreste von Pferden, Tapiren, Moschusochsen und Riesenelchen. 90 m unter der Wasseroberfläche liegende Mastodonzähne wurden übrigens auch in der japanischen Inlandsee gefunden.[10]

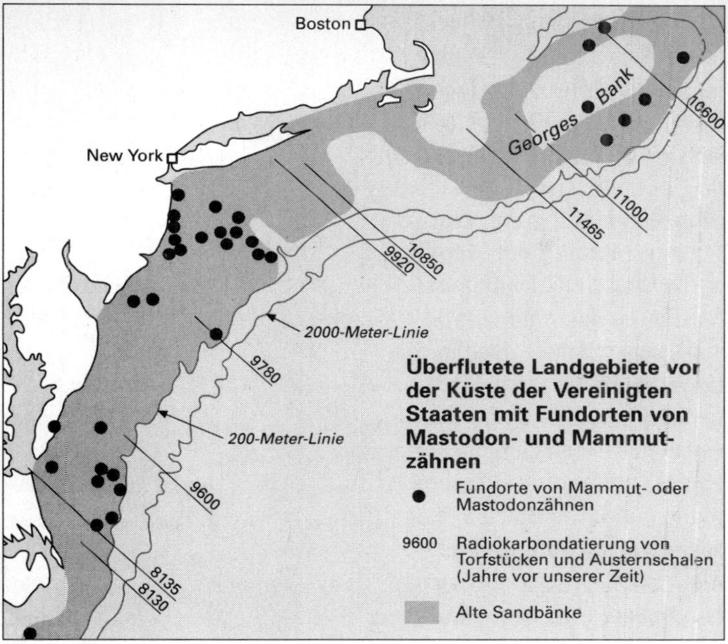

Vor der Atlantikküste der Vereinigten Staaten hat man außerdem vielerorts in fast 90 m Tiefe die Schalen von Austern entdeckt, die normalerweise im seichten Wasser von Meeresbuchten und Lagunen leben. Radiokarbontests datieren sie auf etwa 9000 v. Chr.[11] Diese Funde verweisen darauf, daß der Meeresspiegel nach diesem Datum sehr rasch anstieg – da er sich um 7000 v. Chr. stabilisiert hatte, muß er sich im Verlauf der vorangegangenen 2000 Jahre um 90 – 120 m gehoben haben.

Auch pflanzliche Überreste sind aufgetaucht. Fischer und Ozeanographen haben Zweige, Samen, Pollen und Torfstücke an die Oberfläche geholt, die nach dem Ergebnis der Radiokarbontests ebenfalls um 9000 v. Chr. unter Wasser gerieten. Dazu kommen Hinweise auf versunkene Küsten, auf Sandbänke und Torfablagerungen. All diese Belege haben zu dem Schluß geführt, daß der heutige Festlandssockel der USA um 13 000 v. Chr. eine breite Küstenebene bildete, bedeckt mit Wäldern, in denen eine vielfältige Tierwelt lebte. Nach 9000 v. Chr. befand sich all dies auf dem Grund des Meeres.

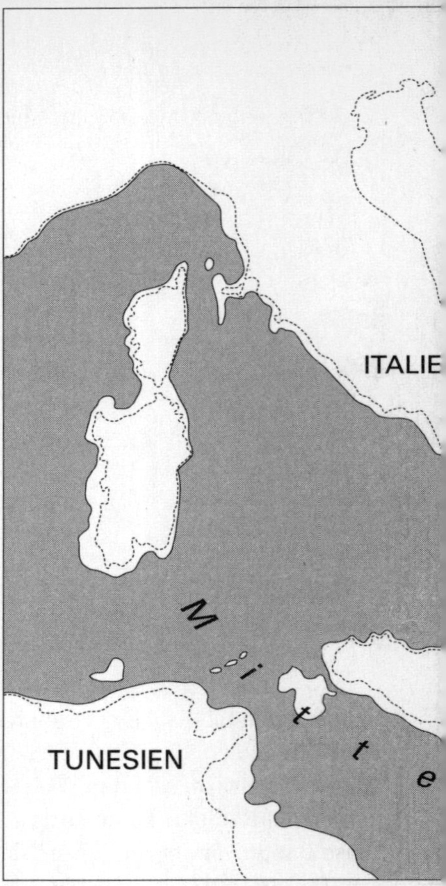

Eine Berechnung der größten Ausdehnung der Kontinente auf dem Höhepunkt der Eiszeit hat ergeben, wieviel zusätzliches Festland tatsächlich existierte. Australien, Neuguinea und Tasmanien bildeten gemeinsam einen Kontinent; die Philippinen, Sumatra, Borneo und Java waren untereinander und mit der kontinentalen Landmasse Asiens verbunden. Über die heutige Küste von Südafrika hinaus erstreckte sich das Festland 150 km weit nach Süden, und eine Landbrücke verband Sibirien mit Alaska. Interessanterweise war diese eisfrei, obwohl eine 3000 m dicke Eisschicht auf Kanada und dem Norden der USA lag.[12] In Europa verschwand zwar die Nordsee, doch war der größte Teil der Region mit einer 1500 m dicken Eiskappe bedeckt. Westlich des Kanals zwischen Frankreich und England erstreckte sich eine weite Ebene in den Atlantik hinein.

Besonders das Studium der Mittelmeerregion führte zu hochinteressanten Ergebnissen. Eine riesige, klimatisch gemäßigte und wasserreiche Ebene breitete sich von der heutigen tunesischen

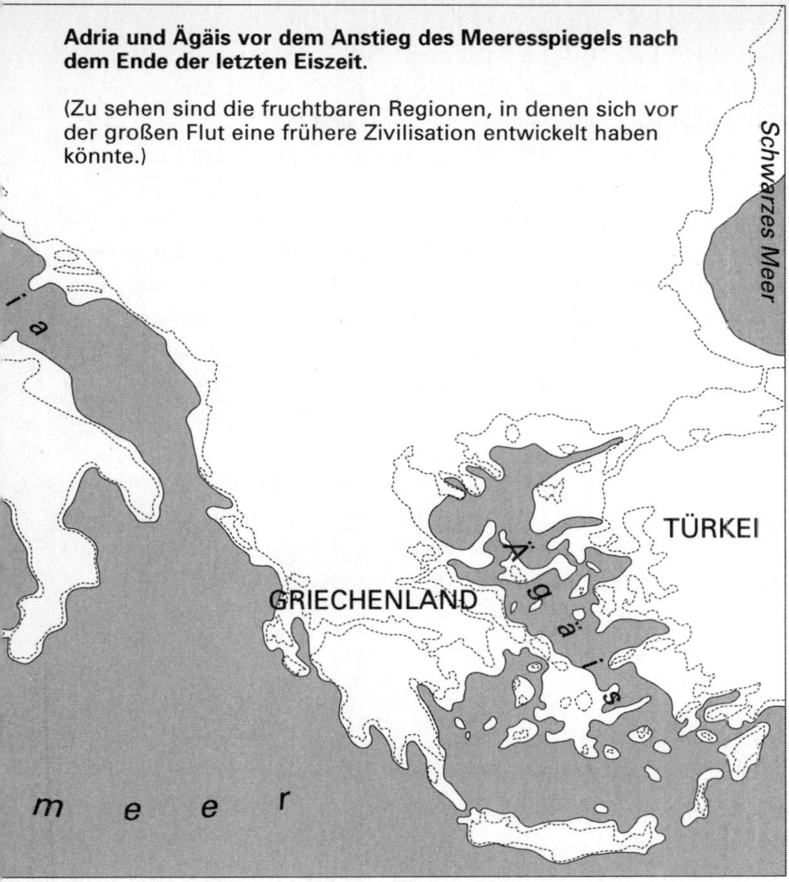

Adria und Ägäis vor dem Anstieg des Meeresspiegels nach dem Ende der letzten Eiszeit.

(Zu sehen sind die fruchtbaren Regionen, in denen sich vor der großen Flut eine frühere Zivilisation entwickelt haben könnte.)

Küste 200 km weit nach Norden aus; Malta war mit Sizilien verbunden; Ebenen erstreckten sich auch entlang der heutigen Küsten von Spanien, Südfrankreich, Italien und Griechenland, wo viele der Inseln zusammenhingen. Am bemerkenswertesten ist die früher nicht vermutete Existenz einer riesigen, fruchtbaren Ebene, die sich, von vielen Flüssen durchzogen, in der oberen Hälfte der Adria ausbreitete. Sie endete mehr als 300 km südlich von Venedig.[13] Man nimmt an, daß dies das fruchtbarste Gebiet der Re-

gion war; es dürfte eine beträchtliche Bevölkerung angezogen haben, deren Überreste nun tief unter der Wasseroberfläche liegen. Das macht es natürlich nahezu unmöglich, nach Relikten irgendwelcher Siedlungen zu suchen.
Die Wirkung dieser weltweiten, durch das Schmelzen des Eises hervorgerufenen Flut und die Veränderungen, die sie den sich entwickelnden Kulturen aufzwang, können gar nicht überschätzt werden. Die Erinnerung an das Grauen angesichts all der Verwüstung muß sich ins kulturelle Gedächtnis der dort lebenden Menschen gegraben haben und von Generation zu Generation in Legenden und Mythen weitergegeben worden sein. Die überall auf der Welt zu findenden Sagen von einer großen Flut könnten also durchaus ein Relikt dieses Ereignisses im kollektiven Gedächtnis der Völker sein.
Nicht ohne Grund merkte ein mit dem Thema befaßter Forscher an: »Es ist keine Übertreibung, daß der steigende Meeresspiegel in vielen Teilen der Welt die größte und bedeutendste Veränderung der Umwelt innerhalb der vergangenen 15 000 Jahre darstellt.«[14]

Die weltweite Flut

Vielleicht führte das Wasser innerhalb weniger furchtbarer Jahre zu einer völligen Katastrophe, vielleicht bedurfte es jahrzehntelanger endloser Regenfälle und Überflutungen. Es mag auch sein, daß das Meer während mehrerer Jahrtausende langsam über das Land kroch, begleitet von unerbittlich ansteigenden Gezeiten und zerstörerischen Sturmfluten. Auf jeden Fall ging die Schmelzphase der letzten großen Eiszeit um 7000 v. Chr. zu Ende, als sich die Gletscher und Eiskappen im großen und ganzen auf ihre heutige Position zurückzogen.[15]
Wenn das Meer Jahr um Jahr und Jahrhundert um Jahrhundert unerbittlich anstieg und wenn die Wetterverschlechterung gleichzeitig zu heftigen Stürmen und zu Wogen führte, die hoch genug

waren, um die Häuser aus Lehmziegeln oder Steinen zu vernichten, wie reagierte wohl die Bevölkerung? Es liegt nahe, daß sie auf höher gelegenes Gelände auswich, wobei sie mitnahm, was sie tragen konnte. Sie nahm aber auch ihre Kenntnisse über Bautechniken, Ackerbau und Weberei mit, dazu ihre Kultur, ihre Religion, ihre Mythen, ihre Lieder und Geschichten.

Da die Menschen nicht wußten, wie weit ihr Land mit der Zeit in den Fluten versinken würde, zogen sie sich allmählich auf immer höher gelegenes Land zurück. In den uralten Sagen von einer weltweiten Flut, die bis heute überlebt haben, wird durchweg geschildert, wie Menschen sich in Booten auf höher gelegenes Gelände retten konnten.

Die alten Griechen glaubten, nach einer katastrophalen, die gesamte Welt zerstörenden Flut hätten die Überlebenden die griechische Zivilisation in Thessalien wieder aufleben lassen. Die an die Geschichte von Noah erinnernde Sage schildert, wie der über die Menschheit erzürnte Zeus eine große Flut vom Himmel sandte. Der thessalische König Deukalion wurde von seinem Vater, dem Halbgott Prometheus, gewarnt und baute eine Arche, auf der er und seine Gattin die Flut überdauerten. Als das Wasser zurückging, landeten sie auf dem Gipfel des Parnaß. Ihr Sohn Hellen wurde als Urahn aller Griechen angesehen, die sich in klassischer Zeit »Hellenen« nannten.

Ist diese Sage eine ausgeschmückte Version im kollektiven Gedächtnis fortdauernder Erinnerungen an den Anstieg des Meeresspiegels? Und wenn ja, warum wurde gerade Thessalien als Heimat der Griechen dargestellt?

Der griechische Philosoph Platon (um 429 bis ca. 347 v. Chr.) hielt es für »absolut glaubwürdig«, daß diese Geschichte die Realität abbildet. Zudem glaubte er, daß es schon vor dieser zerstörerischen Sintflut eine griechische Zivilisation gegeben habe, daß in den Ebenen und am Meer blühende Städte gestanden und die Griechen den Gebrauch des Metalls gekannt hätten. Trifft dies zu, so hätte die Katastrophe nicht nur die Städte zerstört, sondern auch das Wissen um den Bergbau und die Metallbearbeitung. Die Minen wären überflutet worden, die Menschen mit entsprechen-

den Kenntnissen umgekommen. Als Folge wäre die Menschheit wieder in eine primitivere Epoche zurückgefallen, in der man nur den Gebrauch von Steinwerkzeugen gekannt hätte.
Platon schreibt von seiner Überzeugung, die einzigen Menschen, die hätten entkommen können, seien »Hirten auf den Bergen« gewesen, »kleine lebende Funken, die sich vom Geschlecht der Menschen auf den Berggipfeln gerettet« hätten.[16] Auf diesem Hochland hätten sie sich später dem Ackerbau zugewandt. Diese Darstellung stimmt auf erstaunliche Weise mit neueren archäologischen und geologischen Erkenntnissen überein.
Bei all dem gibt es noch eine besonders grauenvolle Möglichkeit: Könnte es sein, daß die gewaltigen polaren Eiskappen nach mehreren Jahrtausenden ständigen Abschmelzens und einem steten, aber mäßigen Anstieg des Meeresspiegels plötzlich instabil wurden und dann ebenso rasch wie vollständig mit katastrophalen Folgen zusammenbrachen?
Die 1989 durchgeführte wissenschaftliche Analyse von Proben, die tief aus dem Inneren des grönländischen Eismantels stammten, ließ erkennen, daß die letzte Periode der Eiszeit um 8700 v. Chr. ein abruptes Ende fand. Das Eis zog sich so rasch zurück, daß innerhalb von 20 Jahren eine durchgreifende Klimaveränderung stattfand. Innerhalb von 50 Jahren wiederum stieg die Temperatur um sieben Grad Celsius an.[17] Das wäre katastrophal genug gewesen, doch existieren Belege für ein noch schlimmeres Szenario. Neuere, 1993 beendete Studien anderer Eisproben vermittelten ein noch dramatischeres Bild dieses Vorgangs. Sie zeigten an, daß das folgenschwerste Abschmelzen und Zusammenbrechen der Eiskappen sich in nicht mehr als ein bis drei Jahren abgespielt haben könnte.[18] Dies würde auf ein völliges Desaster hindeuten.
Natürlich wäre auch ein gradueller Anstieg des Meeresspiegels um 120 m nicht ohne Folgen geblieben. Wäre das Wasser seit der Römerzeit allmählich so stark gestiegen, hätte dies unsere Geschichte und Kultur entscheidend beeinflußt – besonders, wenn dieser Vorgang *kontinuierlich* stattgefunden hätte.
Ein katastrophaler Kollaps der Eisschicht innerhalb von ein bis drei Jahren aber hätte das aufgewühlte Meer buchstäblich Hun-

derte von Kilometern weit über die bewaldeten Ebenen stürmen lassen, wo die Fluten sämtliche menschlichen Siedlungen verschlungen hätten. Ein solches Ereignis hätte Jahrtausende nachwirkende kulturelle Narben hinterlassen, Narben, die ihr tragisches Echo in den Mythen und Legenden von einer verheerenden Flut hinterlassen hätten.

Angesichts dieses auf 8700 v. Chr. datierten Zusammenbruchs der Polkappen und des entsprechend höheren Meeresspiegels stellt sich die Frage, ob es völlig ohne Belang ist, daß Çatal Hüyük, die erste bekannte Stadt, im anatolischen Hochland lag und auf etwa 8000 v. Chr. datiert wird. Schließlich handelt es sich, wie erwähnt, um eine Stadt, die auf mysteriöse Weise aus dem Nichts auftauchte.

Wurde sie von Menschen gegründet, die den verheerenden Anstieg des Meeresspiegels überlebt hatten? Wenn dem so wäre, dann lägen die Ursprünge ihrer Kultur nun irgendwo auf dem Grund des Mittelmeers.

Aber wo?

Exkurs, Teil I: Warum geschah alles »plötzlich«?

Wie so oft bedurfte es eines intelligenten und einfallsreichen Amateurs, um das enge Gedankengebäude der etablierten Fachleute zu sprengen. Es war die Zeit der großen russischen und amerikanischen Erfolge in der Weltraumfahrt, als der amerikanische Autor Alexander Marshack gegen Ende des Jahres 1962 den Auftrag für ein Buch erhielt. Es sollte erklären, wie die Menschheit ein derart hohes zivilisatorisches und wissenschaftliches Niveau hatte erreichen können.

Im Verlauf seiner Recherchen sprach Marshack mit Hunderten von Experten: mit leitenden Angestellten der Weltraumbehörde, mit Wissenschaftlern, führenden Militärs und den Topmanagern großer Konzerne. Seine Arbeit lieferte ihm jedoch nicht die erwarteten Antworten, denn zu seiner Überraschung mußte er feststellen, daß keiner dieser Leute eine klare Vorstellung davon hatte, warum oder auch nur wie dieser kulturelle Fortschritt vor sich gegangen war.[19]

Während Marshack mit seinen frustrierenden Recherchen beschäftigt war, erwachte in ihm ein breiteres Interesse an der Geschichte der Menschheit. Er begann, über die grundlegenden Ähnlichkeiten in den Ambitionen verschiedener Kulturen aus verschiedenen Epochen nachzudenken. Dabei kam er zu dem Schluß, es gebe »keinen grundlegenden Unterschied zwischen uns und dem ersten wirklich modernen Menschen von vor 40 000 Jahren, weder bezüglich des Gehirnvolumens noch der Maße des Skeletts«.[20] Obgleich die vom Menschen der Frühzeit benutzten Werkzeuge offenbar nur aus Stein bestanden hätten, wiesen sie viele Variationen und große Komplexität auf. Marshack stellte fest, daß er dabei war, über den Ursprung der Zivilisation selbst nachzudenken.

An diesem Punkt stand er häufig vor dem Wort »plötzlich«. In den geläufigen Lehrbüchern war zu lesen, sämtliche kulturellen Fortschritte hätten sich »plötzlich« abgespielt: das Auftauchen des Ackerbaus vor 10 000 Jahren, die Entstehung der Zivilisation in Mesopotamien, die wissenschaftlichen Erkenntnisse der Griechen. Marshack fand es unglaublich, daß all dies einfach so und ohne vorherige Entwicklung geschehen sein sollte. »Es muß«, schrieb er, »am Ende einer vorbereitenden Phase gestanden haben, die viele tausend Jahre dauerte. Die Frage ist nur, wie viele tausend Jahre.«[21]

Exkurs, Teil II: Die wahren Ursprünge der Zivilisation

Wo konnte man die Antworten finden? Und welche Art von Belegen versprach überhaupt Antworten?

Marshack hatte einen Einfall, wie die Frage der Belege gelöst werden könnte: Unsere heutige Welt wird von einem Zeitgefühl geschaffen und gebunden. Die Wissenschaft beschäftigt sich mit Dingen, die im Laufe der Zeit geschehen, von der Bewegung der Planeten bis hin zum Ausschlag eines Pendels. Die Art und Weise, wie wissenschaftliche Studien betrieben werden, ist ebenfalls an die Zeit gebunden, denn ihr Ziel ist die Sammlung von Ergebnissen. Zusammengefaßt und auf ein statistisches Mittel bezogen, führen diese Studien zu Theorien, mit denen die Wahrscheinlichkeit einer Wiederholung in zukünftiger Zeit vorhergesagt wird. Dieses Zeitgefühl, behauptete Marshack, setzte mit dem Ackerbau ein. Als Jäger könne man von einem Tag auf den anderen leben, doch ein seßhaftes, an den Ackerbau gebundenes Leben bedürfe eines Gespürs für das Jahr mit seinem jahreszeitlichen Zyklus.

Wollte der Mensch der Frühzeit also, schloß Marshack, sein Leben als Jäger und Sammler aufgeben, um sich als Bauer niederzulassen, mußte er sich einen Zeitbegriff aneignen. Alle Belege für einen solchen Zeitbegriff würden demnach auf den Beginn einer entsprechenden Kultur verweisen.

Marshack sprach mit Wissenschaftlern über seine These, besonders mit einem französischen Fachmann für eiszeitliche Höhlenmalereien. Ihn fragte er, ob sich auf diesen Bildern Belege für eine saisonale oder periodische Ausführung finden ließen. Man vermute es, lautete die Antwort, aber es gäbe keine Beweise.

Im Jahr 1963, als sein wissenschaftliches Werk fast fertig war, stieß er auf einen entscheidenden Beleg, der seinen gesamten Zeitplan durcheinanderbrachte. Er hatte verspätet einen Blick auf einen im Vorjahr aus einer wissenschaftlichen Zeitschrift ausgeschnittenen Artikel geworfen, der sich mit einem kleinen prähistorischen Artefakt befaßte. Es war ein Ritzwerkzeug, bestehend aus einem Griff aus Knochen, an dessen einem Ende ein scharfer Quarzsplitter befestigt war. Das bei einer Grabung in Ishango nahe des zairischen Edward-Sees entdeckte Objekt wurde auf 6500 v. Chr. datiert. Entlang des Knochengriffs zog sich eine Reihe eingeritzter Markierungen, deren Deutung Marshack unbefriedigend erschien. Er studierte die Kerben und fand intuitiv binnen fünfzehn Minuten eine Erklärung. Marshack konnte nachweisen, daß die Markierungen die Mondphasen repräsentierten – die Wiederkehr von Neu-, Halb- und Vollmond im Verlauf einiger Monate.

Wer immer das Werkzeug hergestellt hatte, hatte also über einen Zeitbegriff verfügt. Marshack begann sich mit sämtlichen publizierten Funden prähistorischer Steine und Knochen zu beschäftigen, in die etwas eingeritzt oder eingeschnitten worden war. Hunderte solcher teils über 35 000 Jahre alter Objekte waren in ganz Europa aufgetaucht, ohne daß eine schlüssige Deutung gefunden worden wäre. Hier, schloß Marshack, bei den Menschen, die diese Dinge angefertigt hatten, lag der wahre Ursprung unserer Zivilisation. Doch warum vergingen vor dem augenscheinlichen Beginn der Kultur so viele Jahrtausende?

Was diese Frage und damit die herkömmliche Datierung der Entstehung städtischer Zentren betrifft, hat der Autor Colin Wilson nur einen erbosten Kommentar bereit. Angesichts der Tatsache, so Wilson, daß der Mensch »vor 35 000 Jahren an der Schwelle zur Zivilisation stand und in Gemeinschaften lebte, deren Komplexität ein Wissen über die Astronomie erforderte, will man uns glauben machen, daß er tatsächlich weitere 25 000 Jahre brauchte, bevor er zögernd die ersten Schritte zur Errichtung der frühesten Städte tat. Alles in allem klingt das ziemlich unwahrscheinlich.«[22]

Exkurs, Teil III: Schlußfolgerungen

Alexander Marshack hat behauptet, schon um 35 000 v. Chr. seien sämtliche für eine zivilisierte Kultur notwendigen Elemente verfügbar gewesen. Wenn das so war, dann ist offensichtlich, daß man sich ihrer auch bediente. Wir können also annehmen, daß es zu diesem Zeitpunkt irgendwo seßhafte Bauern gab, die die Bewegungen von Sonne und Mond begreifen mußten, um ihre landwirtschaftliche Produktion zu regulieren.

Diese Hypothese führt zu wichtigen Schlüssen. Seßhaftigkeit und Ackerbau bedeuten Handel, und dieser verweist auf Gemeinschaften – auf Dörfer oder Städte, mit denen man wiederum spezialisierte Tätigkeiten verbindet, wie etwa das Handwerk und die Kunst. Auch die Sprache, Gesetzeswerke und eine

primitive Schrift liegen in nicht allzu weiter Ferne. Tatsächlich scheinen die prähistorischen Höhlenmaler ein symbolisches Aufzeichnungssystem verwendet zu haben, das im Grunde eine primitive Schrift darstellt.
Wo könnten sich die Überreste dieser Kultur befinden? Wo könnten die zu erwartenden Bauernhöfe und Städte liegen? Wie wir bereits gesehen haben, waren es die wasserreichen Flußtäler und Mündungsdeltas, die die besten Voraussetzungen für Siedlungen boten, die von Ackerbau und Handel lebten. Die größte Landfläche dieser Art war während des 10000 Jahre dauernden Höhepunkts der Eiszeit verfügbar, also von etwa 22 000 bis 12 000 v. Chr. Am Ende dieser Periode begann der Anstieg des Meeres die Entwicklung ernsthaft zu stören. Und mit dem Anstieg des Wasserpegels verschwanden all jene Hinweise auf menschliche Betätigung, die überhaupt Bestand hätten haben können, auf dem Meeresgrund.

Die Siedlungen der Flußtäler

Wenn Marshacks Analyse zutrifft und spätestens um 35 000 v. Chr. seßhafte Kulturen entstanden wären, ergäbe sich vor dem Ende der Eiszeit eine sehr lange Periode der Entwicklung und Entfaltung. Um 12 000 v. Chr. begann das Eis zu schmelzen; der katastrophale Kollaps der Eiskappen ereignete sich um 8000 v. Chr., und um 7000 v. Chr. hatte sich die Lage wieder stabilisiert. Dies wäre eine vollkommen einleuchtende Erklärung, weshalb zwischen 9000 und 8000 v. Chr. im anatolischen Hochland »plötzlich« städtische Kulturen auftauchten – Kulturen, die von Flüchtlingen aus dem überfluteten Tiefland gegründet wurden.

Nachdem sich das Meer auf seinem neuen Pegel eingependelt hatte, dürfte die Menschheit sich wieder in die fruchtbaren Flußtäler hinuntergewagt haben. Dies wiederum könnte erklären, warum die großen Zivilisationen in Mesopotamien und im Industal *jünger* sind als die der anatolischen Hochebene, obwohl man das Gegenteil erwarten würde.

Diese Thesen erhielten Unterstützung durch eine neuere Studie der Professoren Tjeerd van Andel von der Universität Cambridge und Curtis Runnels von der Boston University. Die beiden Wissenschaftler konzentrieren sich auf die Besiedlung des griechischen Larisabeckens nordwestlich von Athen.[23] Hier liegen die Ebenen von Thessalien, das legendäre Königreich des Deukalion, der die Sintflut überlebte.

Im letzten Teil der Eiszeit – von 12 000 bis 8000 v. Chr. – trugen in ganz Europa breite, von der Eisschmelze und dem Regen angeschwollene Flüsse große Mengen Kies und Schlamm von den Gletschern talwärts. Regelmäßig verschlammten diese überladenen Ströme, traten über die Ufer und änderten ihren Lauf. Im Verlauf der Jahre füllten sie die Täler viele Meter hoch mit Schutt, so daß breite Überschwemmungsgebiete entstanden.

Das Griechenland zur Zeit der stärksten Vereisung unterschied sich beträchtlich vom heutigen Griechenland. Der größte Unterschied war die Vielzahl großer Küstenebenen in prähistorischer Zeit, von denen es heute nur noch sehr wenige gibt.[24] Nach der

Überschwemmung dieser Tiefebenen waren die einzigen Bewohner des Landes kleine umherziehende Gruppen nomadischer Jäger, die ihre Beute mit charakteristisch geformten Bogen töteten. Ihre Pfeile waren mit sehr kleinen und scharfen Feuersteinspitzen bestückt.
Nachdem sich der Küstenverlauf um 7000 v. Chr. stabilisiert hatte, strömte ein völlig neuer Menschentyp ins Land, der eine vollkommen andere Lebensweise hatte. Die überwältigende Mehrheit der Einwanderer ließ sich auf dem Rest des fruchtbaren, wasserreichen Schwemmlands nieder, das von den Jägern nie besiedelt worden war. Die neuen Bewohner waren Bauern; sie führten ein seßhaftes Leben, hielten Nutztiere und bebauten ihre Felder. Sie entschieden sich für die Ebenen, weil der Boden dort locker war und sich leicht umpflügen und bewässern ließ. Abgesehen von ihren eigenen Tieren und ihrer Ernte gab es viele zusätzlichen Nahrungsquellen wie Hirsche, Wildschweine und Wasservögel; auch Fische und Muscheln waren reichlich zu finden.
Die Ankunft dieser Menschen stellt uns vor ein Rätsel, denn niemand weiß, woher sie kamen. Man fand niemals irgendwelche Gegenstände – ob aus Keramik oder Stoff – oder andere archäologische Überreste, die einen Hinweis auf ihre Herkunft hätten liefern können. Wir wissen nur, daß sie übers Meer kamen und ihre Fertigkeiten bereits mitbrachten.

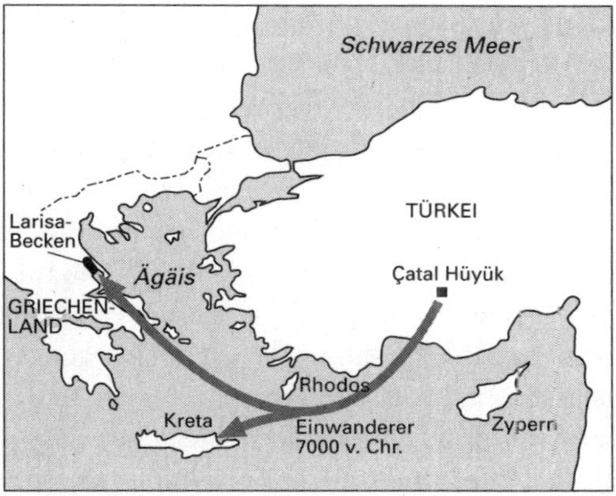

Mögliche Herkunft der um 7000 v. Chr. nach Griechenland und Kreta eingewanderten Bauern

Van Andel und Runnels meinen, die Heimat der Einwanderer sei wahrscheinlich das Hochland von Palästina oder das südliche Anatolien gewesen. Für Anatolien spricht vieles, weil das Gebiet um Çatal Hüyük auf Schwemmland liegt, das dem späteren ersten Siedlungsgebiet dieser Menschen in Griechenland stark ähnelte.
Die Ergebnisse ihrer Studie stellten die Autoren vor weitere Fragen. Wenn, wie es der Fall war, in Anatolien keine Überbevölkerung herrschte, warum entschloß sich ein Teil der Bewohner, funktionierende und angenehme Lebensumstände aufzugeben und auszuwandern? Und wie fanden sie das geeignete griechische Schwemmland, auf dem sie sich ansiedeln konnten? Woher ahnten sie überhaupt, daß es existierte?
Die beiden Forscher spekulieren, die anatolischen Bauern könnten Kontakt mit Händlern und Seefahrern gehabt haben.[25] Es muß etwas in dieser Art gewesen sein, denn das Leben an einem von Land umschlossenen Ort wie Çatal Hüyük würde keinesfalls die Entwicklung von Techniken begünstigen, wie sie zum Bootsbau und zur Navigation nötig sind. Wahrscheinlicher ist, daß seine Bewohner gute, bislang noch unbekannte Verbindungen zu jenen geheimnisvollen ersten Seeleuten hatten.
Denn es sieht so aus, als habe es schon in dieser frühen Epoche nach dem Ende der letzten Eiszeit kenntnisreiche Seefahrer gegeben, die das Mittelmeer erforschten und vielleicht sogar weiter vordrangen – über die Säulen des Herkules hinaus.[26]

Die frühesten Siedler in Griechenland

Die gesamte Geschichte der frühen Besiedlung Griechenlands deutet weniger auf eine freiwillige Emigration aus einer Heimat hin, in der man sich wohl gefühlt hatte, denn auf eine seit langem ersehnte Rückkehr in ein verlorengegangenes Heimatland, das jenseits des Meeres an der Küste Griechenlands lag und eilig verlassen worden war, als die ansteigenden Meeresfluten und die zerstörerischen Flüsse die Bewohner um 8000 v. Chr. zur Flucht zwangen. An ihre Zufluchtsorte im Hochland am Rand des östlichen Mittelmeers nahmen diese Menschen ihre Kenntnisse von Ackerbau und Viehzucht mit.

Dort, in Anatolien, überlebte ihre Kultur, und es sind deren Überreste, die die Archäologen ausgegraben haben. Nur wegen der Zerstörung der früheren Heimstätten dieser Menschen in Griechenland hält man die neuentstandenen Siedlungen wie Çatal Hüyük für die frühesten Städte der Welt. Als die Zeit der Veränderungen vorüber war und der Meeresspiegel um 7000 v. Chr. mehr oder weniger sein heutiges Niveau erreicht hatte, erfüllten sich die Nachkommen der einstigen Flüchtlinge einen lange gehegten Wunsch und zogen in die alte Heimat zurück – wie die europäischen Juden, die nach 1800 Jahren des Exils ins Heilige Land zurückkehrten.

Um dieselbe Zeit wanderten Bauern auch in Kreta ein. Man nimmt an, daß sie ebenfalls aus dem anatolischen Hochland kamen.[27] Da die Kolonisten auf dem Seeweg nach Kreta und aufs griechische Festland gelangten, muß ihrer Unternehmung eine lange Zeit der Planung und Organisation vorausgegangen sein. Zumindest brauchten sie Boote, in denen das Saatgut nicht vom eindringenden Meerwasser verdorben wurde und die groß genug waren, um darin Vieh zu transportieren.

Aus Sicht der Archäologie offenbart die Kultur der Kolonisten einen vollkommen anderen geistigen Horizont als die der primitiven Sammler und Jäger, die zuvor in Griechenland lebten. Die Vorstellung, die Lebensweise der ersteren könnte sich auf natürlichem oder zufälligem Wege aus der Jäger-Sammler-Lebensweise entwickelt haben, ist also nicht plausibel.[28]

Unter den Wissenschaftlern, die sich mit diesem Phänomen beschäftigt haben, wächst der Verdacht, daß sich viel mehr abgespielt haben könnte, als bislang vermutet wurde. Hinsichtlich der Besiedlung Kretas fragt eine Studie, ob dieser Vorgang einzigartig und nur eine lokale Kuriosität von geringer Bedeutung gewesen sei oder womöglich »die Spitze eines großteils unsichtbaren Eisbergs«.[29] War er also Teil einer großangelegten und geplanten Rückwanderung, die ein wichtiger Faktor bei der Besiedlung ganz

Griechenlands gewesen sein könnte? Wenn dies zutrifft, muß die Geschichte der frühen Zivilisation umgeschrieben werden.
Die nautischen Fertigkeiten jedenfalls, mit deren Hilfe die Reisenden ihr Ziel erreichten, können nicht innerhalb kurzer Zeit erlernt worden sein. Sie müssen seit Jahrhunderten oder gar Jahrtausenden Teil einer Seefahrer-Kultur gewesen sein.
Wenn diese Kultur Kenntnisse der Seefahrt entwickelt hatte, so gehörte dazu auch die Navigation und die Kartierung möglicher Routen. Es ist also zu erwarten, daß irgendwo ein sehr frühes geographisches Wissen dokumentiert wurde. Und tatsächlich existieren, wie wir im folgenden Kapitel sehen werden, uralte Aufzeichnungen, die auf die Existenz umfassender geographischer Kenntnisse hinweisen.

Die Geschichte von Atlantis

Niemand weiß, wann die altägyptische Stadt Saïs gegründet wurde; nachgewiesen ist sie seit mindestens 3000 v. Chr. Jahrtausende lang lag sie unauffällig am Ufer des Nils in dessen Delta, bis sie im 7. Jahrhundert v. Chr. zu kurzem Ruhm gelangte. In dieser Zeit war sie die Residenz der 26. Dynastie der Pharaonen.

Die zahlreichen Tempel von Saïs wurden von einer selbstbewußten Priesterschaft gehütet, die die Rituale bewahrte und die historischen Schriften sorgsam bewachte. Nach dem Glauben der Ägypter war ihnen alle Weisheit und alles Wissen am Beginn ihrer Zivilisation von den Göttern selbst übergeben worden; jede spätere Neuerung, jede Revision konnte sie nur weiter von dieser ursprünglichen, reinen Wahrheit entfernen.

Nach der Überlieferung geschah es hier, in einem der Tempel von Saïs, daß ein geheimnisvoller Bericht aus der entfernten Vergangenheit in Hieroglyphen in große Steinpfeiler gemeißelt wurde. Es war die Geschichte des ersten Reiches, das die Menschheit kannte: Atlantis.

»Vor neuntausend Jahren«, erklärte der Priester des Tempels, »lag im Atlantischen Ozean, dem *wahren* Ozean, jenseits der Säulen des Herakles [der Straße von Gibraltar] eine Insel, die größer war als Libyen und Asien zusammen. Ihre Könige waren Mitglieder eines großen Bundes, dessen Herrschaftsgebiet nicht nur ihre eigene Insel umfaßte, sondern auch viele andere Länder. In Afrika reichte es bis nach Ägypten, in Europa bis in die Toskana.«[1]

Dann beschrieb er Atlantis, dessen Küsten größtenteils senkrecht aus dem Meer gestiegen seien, so daß die hohen Klippen einen guten Schutz vor dem stürmischen Atlantik wie auch vor angreifenden Armeen boten. Jenseits dieser Klippen hätten Wälder, Seen und Flüsse gelegen, über denen breite Bergketten mit Vulkanen und einer Vielzahl heißer Quellen aufgeragt seien, die von der Bevölkerung genutzt wurden. Atlantis habe die Größe Spaniens gehabt; es sei ungefähr 800 km lang gewesen, und seine Nordspitze habe auf der Höhe von Gibraltar gelegen.

Die Insel sei von der Natur reich bedacht gewesen; ihre Wälder, Seen und Sümpfe seien die Heimat vieler wilder Tiere gewesen. Auffällig war – nach der Überlieferung – vor allem die große Zahl der Elefanten. Diese Aussage könnte sich eventuell auf das ausgestorbene Mastodon beziehen, eine Abart des Elefanten, die während der letzten Eiszeit sehr häufig war.

Die Südhälfte der Insel habe ganz anders ausgesehen. Hier seien die Berge zu Ende gewesen und hätten eine weite, fruchtbare Ebene geschützt, die 600 km lang und 400 km breit gewesen sei. Sie sei das landwirtschaftliche Zentrum des Landes gewesen. Zahllose Bauernhöfe, Dörfer, Städte und Tempel hätten die Landschaft überzogen, durch ein Netz von Kanälen mit der Hauptstadt verbunden. Auf diesen Wasserwegen hätten Boote das aus den Wäldern in der Landesmitte stammende Holz und die landwirtschaftlichen Erzeugnisse zum Markt der großen Stadt oder als Exportgut zu deren Hafen transportiert.

Die Hauptstadt von Atlantis habe am Südende dieser großen Ebene gelegen. Sie sei nach einem kreisförmigen Plan angelegt gewesen, in dessen Mitte sich das dem Gott Poseidon und seiner sterblichen Gattin Kleito gewidmete Heiligtum befunden habe. Um das Heiligtum herum habe sich der Bereich des Königspalastes ausgebreitet, gefolgt vom ersten der breiten konzentrischen Kanäle, die die Stadt umschlossen und unterteilten. Drei solcher Kanäle,

die jeweils Ankerplätze für die Kriegs- und Handelsflotte boten, für die Atlantis berühmt gewesen sei, habe es gegeben.
Der Hauptgott und Gründer der Zivilisation von Atlantis war Poseidon. Den Sagen zufolge stieg er herab und erwählte sich aus der einheimischen Bevölkerung, die zu dieser Zeit ein einfaches Leben auf der Insel führte, eine Gattin, das Waisenmädchen Kleito. Seinen ältesten Sohn Atlas habe er zum ersten König ernannt.
Der Poseidonkult sei mit Stieropfern gefeiert worden. Im Zentrum der Insel habe sich ein Tempel des Gottes befunden und ein heiliger Hain, in dem wilde Stiere frei umhergestreift seien. Regelmäßig – jedes fünfte oder sechste Jahr –hätten sich der König und seine die Provinzen verwaltenden Verwandten versammelt, um ihren Bund mit Poseidon zu erneuern und Beschlüsse über die Angelegenheiten des Staates zu fassen.
Bei diesen Zusammenkünften hätten sie zuerst einen Stier verfolgen und fangen müssen; da sie keine eisernen Waffen hätten verwenden dürfen, hätten sie Holzknüppel und Seilschlingen benutzt. Den gefangenen Stier habe man zu einer erzenen Säule im Tempel geführt, in die die frühesten Urkunden und Gesetze des Landes eingraviert gewesen seien. Auf der Spitze dieser Säule sei der Stier sodann geschlachtet worden, so daß sein Blut über die Inschrift lief. Dann hätten die Herrscher geschworen, ihren Gesetzen treu zu bleiben, und den Bund besiegelt, indem sie aus einem Krug getrunken hätten, der mit Stierblut und Wein gefüllt gewesen sei. Nach diesem Erneuerungsritus hätten sie Hof gehalten und ihre Angelegenheiten besprochen.
Viele Jahrhunderte lang hätten Weisheit und Mäßigung in Atlantis gewährt. Doch mit der Zeit habe man diese Tugenden vergessen, an ihre Stelle seien Habsucht und Ehrgeiz getreten. Der Reichtum und Stolz der Bewohner habe sie um die Gunst der Götter gebracht und ihren Untergang herbeigeführt.
Als die Menschen von Atlantis den Verlockungen der Macht verfallen seien, hätten ihre Armeen ein gewaltiges Reich erobert, das sie zu beherrschen versuchten. Es habe die Iberische Halbinsel, Südfrankreich, Nordafrika und Norditalien umfaßt. Dann hätten

Atlantis: Der Kontinent von Atlantis und die Ausdehnung seines Reiches (nach Donnelly, 1882)

sie versucht, in Ägypten und Griechenland einzumarschieren, doch seien sie in einer großen Schlacht, in der die Athener eine führende Rolle gespielt hätten, gescheitert.

Einige Zeit nach dieser Niederlage seien die Götter endgültig an ihnen verzweifelt und hätten ihnen die völlige Zerstörung geschickt. Mächtige Erdbeben und Flutwellen hätten ihr Land erschüttert, bis Atlantis in einer jähen Katastrophe vollkommen vom Meer verschlungen worden sei.

Übriggeblieben sei nur ein riesiger Rücken aus dickem Schlamm, der die Überquerung des Atlantischen Ozeans unmöglich gemacht habe.[2]

Die Quelle der Legende

Der erste, der die Geschichte von Atlantis, von seiner Größe und seinem gewaltsamen Untergang erzählte, war der griechische Philosoph Platon, einer der frühesten und zweifellos größten Denker aller Zeiten. Platon lebte, schrieb und lehrte ab etwa 427 v. Chr. in Athen, bis er dort achtzig Jahre später starb. Um seine Ideenvorstellungen auszudrücken, bediente er sich in seinen Büchern meist der Form von Gesprächen oder Debatten zwischen Freunden und Bekannten. Dabei schöpfte er zwar aus zahlreichen historischen Berichten und Legenden, doch konnte niemals erwiesen werden, daß er sein Material erfunden hätte. Er nahm alles so, wie er es vorfand, und verwendete es in seiner ursprünglichen Form zur Veranschaulichung seiner Gedanken.

Gegen Ende seines Lebens, bereits auf dem Höhepunkt seines Ruhms, schrieb er zwei verwandte Dialoge, *Timaios* und *Kritias*. In beiden Texten berichtet Kritias, im wirklichen Leben ein älterer Verwandter Platons, die Geschichte von Atlantis, wie sie ihm zu Ohren gekommen war.

Offenbar hat Kritias Platon die Geschichte tatsächlich erzählt, der sie nach seiner Art in Dialogform verarbeitete. Aber aus welcher Quelle hatte Kritias sie erfahren?

Kritias erklärt, sie sei in seiner Familie schon lange tradiert worden; sein Urgroßvater habe sie von einem Verwandten gehört, dem berühmten athenischen Politiker Solon. Zusammen mit der Geschichte habe Solon auch seine detaillierten Notizen weitergegeben, die Platon nun wohl, eineinhalb Jahrhunderte später, zur Verfügung standen.

Solon war eine hochverehrte Gestalt der griechischen Geschichte, besonders für die Griechen zur Zeit Platons. Es wäre undenkbar gewesen, daß der Philosoph ihm irgendwelche Fehlinformationen zugeschrieben hätte. Immerhin hielt man Solon für einen der weisesten Männer seiner Generation, hatte er doch das von den Athenern benutzte Rechtssystem entworfen.

Während einer Zeit großer gesellschaftlicher Spannungen hatte man Solon gebeten, einen gesetzlichen und politischen Kompromiß auszuarbeiten, der alle Seiten zufriedenstellen würde. Er entledigte sich dieser Aufgabe mit großem Erfolg, doch da er wußte, daß er unter Druck von seiten jener Leute geraten würde, die ihre eigenen Interessen durchsetzen wollten, beschloß er, Athen zu verlassen, so daß alle sich mit den Gesetzen in ihrer vorliegenden Form auf die eine oder andere Weise würden arrangieren müssen. Sobald das System etabliert war, verließ er die Stadt und reiste übers Meer zunächst nach Ägypten.

Wie viele Athener war Solon Kaufmann und Schiffseigner. Ein Besuch Ägyptens bot sich an, da dort viele seiner Landsleute lebten. Der Pharao Amasis (570 bis 526 v. Chr.) hatte den Griechen gestattet, den in der Nähe seiner Residenz Saïs im Nildelta gelegenen Hafen von Naucratis als Handelsstützpunkt auszubauen. Noch während seiner Regierungszeit traf Solon dort ein.

Er blieb einige Jahre in Ägypten. In dieser Zeit besuchte er Saïs und sprach dort ausführlich mit dem Priester Sonchis; auch bei einer Reise nach Heliopolis freundete er sich mit einem Priester namens Psenopis an, der ihm viele in den Tempeln verwahrten Weisheiten mitteilte. Solons Gesprächspartner zählten zu »den gelehrtesten unter den Priestern« Ägyptens.[3]

Bei einem seiner Gespräche mit einem Priester – vielleicht Sonchis – in einem Tempel von Saïs, hörte Solon zum ersten Mal die Geschichte von Atlantis. Vielleicht hatte dieser Priester aus Verärgerung seine übliche Zurückhaltung aufgegeben.

Im Tempel hatte Solon begonnen, über die Frühzeit der griechischen Geschichte zu dozieren, als einer der anwesenden ägyptischen Priester, ein sehr alter Mann, sich schließlich nicht mehr beherrschen konnte.

»O Solon«, rief er zornig, »Solon, ihr Griechen bleibt doch ewig Kinder; einen alten Griechen gibt es ja überhaupt nicht.«[4] Verblüfft fragte Solon, was er damit meine.

Der Priester erklärte: »Ihr seid alle jung in eurer Seele, [...] denn ihr habt in ihr keine urtümliche Meinung, die aus alter Überlieferung stammt, noch irgendein altersgraues Wissen.«[5]

Dann beschrieb er die vielen Verwüstungen, die die Menschheit in der Vergangenheit erlitten habe. In Griechenland zum Beispiel

habe es eine große Flut gegeben, die alle Städte des Landes ins Meer gespült hätte. Weil keiner der Überlebenden des Schreibens mächtig gewesen sei, habe die Kultur wieder ganz neu beginnen müssen, und alle Erinnerungen an die Zeit vor der Katastrophe seien verloren gewesen. In Ägypten hingegen habe keines dieser Naturereignisse solche Zerstörungen verursacht, weshalb hier alles »von alters her in unseren Tempeln aufgezeichnet worden und damit erhalten geblieben« sei.[6]
Als Solon dies hörte, erkannte er erregt die Möglichkeit, etwas über die Vergangenheit zu erfahren, und drang in den Priester, weiterzusprechen. Obwohl dieser anfangs zu zögern schien, beschloß er, Solon die Geschichte von Atlantis nicht vorzuenthalten. Eben dies ist ein Hinweis darauf, daß ihn vielleicht der Zorn überwältigte und dazu brachte, etwas zu offenbaren, das er womöglich lieber verschwiegen hätte. Auf jeden Fall könnte die Tatsache, daß keine späteren Aussagen über diese Legende existieren, darauf hindeuten, daß es sich um ein für den inneren Kreis der Priester reserviertes Wissen handelte. Ob er nun zögerte oder nicht, der Priester verriet Solon jedenfalls eine Geschichte, die 9000 Jahre zurücklag – er erzählte ihm die Geschichte von Atlantis.
Solon war von der Dramatik der Erzählung ergriffen und beschloß, sie in einem Epos zu verarbeiten, wie Homer es mit dem Trojanischen Krieg getan hatte. Am Ende seiner Reisen kehrte Solon nach Athen zurück und begann mit der Arbeit an diesem Epos, gab die Idee später jedoch auf. Vielleicht fühlte er sich der Aufgabe nicht gewachsen. Was auch immer seine Gründe gewesen sein mögen, er gab die Geschichte und seine Notizen an Kritias' Urgroßvater weiter, und so geriet sie in die Familie Platons.
Bei all dem bleibt Platon die ursprüngliche Quelle der Geschichte. Ist sie doch seine Erfindung? Dagegen spricht, daß man keiner seiner anderen Schriften je vorgehalten hat, erfundenes Material zu enthalten. Auch Solon war ein Mann, dem man Ehrlichkeit und Weisheit zuschrieb, und schließlich scheint auch der Weg plausibel, über den der Bericht von Solon zu Platon gelangte. Damit stellt sich allerdings immer noch die Frage, ob wir es mit einer Geschichte zu tun haben, die alle Beteiligten – auch der ägyptische

Priester – ausschmückten? Beginnt diese Geschichte zwar weitgehend korrekt, endet aber mehr oder minder falsch? Auf jeden Fall scheint sie Elemente zu enthalten, die aus verschiedenen Quellen stammen könnten.

Schon Platon wußte, daß der von ihm niedergeschriebene Bericht an die Grenzen der Glaubwürdigkeit stieß, weshalb er es für notwendig hielt, explizit festzustellen, es handle sich um »eine gar merkwürdige, aber durchaus wahre Geschichte«.[7] Im *Timaios* finden sich insgesamt vier solcher Bemerkungen, deren Wiederholung auf Platons Erwartung hinweist, zumindest ein Teil seines Publikums werde sich weigern, ihm die Geschichte zu glauben. Damit hatte er recht: Selbst sein Schüler Aristoteles tat die Geschichte kurzerhand als Märchen ab.

Wir können davon ausgehen, daß Platon etwas korrekt weitergab, das zumindest er für wahr hielt. Solon könnte die Erzählung des Priesters teilweise entstellt oder Fehler bei der Wiedergabe der hieroglyphischen Texte gemacht haben, die er teilweise, wie Platon schreibt, selbst übersetzt hatte. Der ägyptische Priester wiederum könnte einfach eine Geschichte erfunden haben, um das große Alter, das Solon der griechischen Kultur zuschrieb, zu übertrumpfen. Vielleicht vermischte er in seinem Ärger auch erfundene dramatische Elemente mit echten historischen Fakten. Alles in allem stellt die Geschichte uns vor drei grundlegende Probleme:

1. Nur Platon überliefert sie.[8] Auch wenn die Geschichte stimmt, war sie weder allgemein bekannt, noch existierten im alten Ägypten anderswo Aufzeichnungen darüber. Als die Griechen unter Alexander dem Großen später Ägypten eroberten, erhielten Hunderte griechischer Gelehrter Zugang zu den ägyptischen Dokumenten. Während des im Anschluß an Alexanders Feldzug errichteten hellenistischen Königreichs Ägypten entstand die berühmte Bibliothek von Alexandria, die das gesamte in der antiken Welt verfügbare Wissen enthielt. Hätten Einzelheiten der Geschichte von Atlantis ihren Weg in diese Bibliothek gefunden, so hätten viele der Gelehrten, die dort im Verlauf der Jahrhunderte arbeiteten, sie mit Sicherheit erwähnt.

Auch die moderne Archäologie kennt keine entsprechenden Papyrusrollen oder Inschriften. Wahr ist allerdings auch, daß viel Material der altägyptischen Kultur verloren gegangen ist – und daß manches Wissen schon immer geheimgehalten wurde.

2. In der Geschichte wird behauptet, 9000 Jahre vor Solons Zeit, also um 9565 v. Chr., habe eine Kultur existiert, die den Gebrauch von Metallen, Schiffe, behauene Bausteine und den Ackerbau gekannt habe. Dies wäre typisch für die Bronzezeit, wie wir sie erst ab etwa 3200 v. Chr. kennen. Die Geschichte scheint also 6000 Jahre zu früh in der Vergangenheit angesiedelt zu sein.
3. Die riesige Insel, die diese Kultur beherbergte, soll als Folge eines Erdbebens innerhalb von eineinhalb Tagen im Atlantik versunken sein. Es scheint jedoch keine anderen Aufzeichnungen oder Belege zu geben, die diese Katastrophe bestätigen könnten.

Lassen wir den Gebrauch von Metallen einmal beiseite, sind derart fortgeschrittene Kulturen zeitlich nicht allzu sehr von dem bei Platon genannten frühen Datum entfernt. Die Forschungen der letzten 30 Jahre haben gezeigt, daß im anatolischen Çatal Hüyük eine komplexe, vom Handel geprägte Gesellschaft existierte; und im Jordantal entstanden in Jericho sehr früh, vielleicht schon im 8. Jahrtausend, steinerne Stadtmauern und Türme.[9] Nur die Bearbeitung von Metallen setzte erst 2000 Jahre später ein. Die Behauptung, eine solche Kultur habe um 9000 v. Chr. existiert, ist also keineswegs abwegig – wir haben nur einfach noch keine entsprechenden Belege gefunden. Viele Kulturen sind zwar vollständig untergegangen, doch wir entdecken noch immer gelegentlich Relikte, die aus völlig unbekannten Reichen der Vergangenheit stammen.

Trotz dieser Argumente akzeptieren die meisten Forscher zwar das in der Geschichte von Atlantis beschriebene zivilisatorische Niveau, lehnen das Datum aber als unrealistisch ab. Wenn die Erzählung tatsächlich einen wahren Kern habe, dürfe die verschwundene Kultur ihrer Ansicht nach nicht in der fernen Ver-

gangenheit gesucht werden, sondern in den Jahren von 2000 bis 1500 v. Chr., also in der späten Bronzezeit.
Es besteht wenig Zweifel daran, daß das von Platon beschriebene Atlantis tatsächlich auf die Zivilisation der späten Bronzezeit verweist. Entweder müssen wir also Platons Datum für falsch erklären und in bekannten Gebieten bronzezeitlicher Kultur suchen, oder wir müssen uns gegen alle heute bekannten archäologischen Belege wenden und annehmen, die Bronzezeit habe wesentlich früher begonnen – 6000 Jahre früher. Die Wissenschaft hat sich natürlich dafür entschieden, sich auf die bekannten Grabungen aus der Bronzezeit zu konzentrieren.
Sind irgendwelche großen kulturellen Zentren der Bronzezeit einfach verschwunden, indem sie nach Vulkanausbrüchen oder Erdbeben im Wasser versanken? In mindestens zwei Fällen trifft dies tatsächlich zu.
Da man den Atlantischen Ozean als Ort der Insel für eine wilde Übertreibung hält, wandte die Aufmerksamkeit sich von ihm ab und richtete sich statt dessen aufs Mittelmeer. Hier flog innerhalb der revidierten Zeitspanne tatsächlich ein kulturelles Zentrum in die Luft; ein zweites wurde von Erdbeben erschüttert und versank in einem See, so daß nur die schattenhaften Umrisse der Mauern unter dem Wasserspiegel übrigblieben.

Der Ausbruch von Thira

Irgendwann um das Jahr 1628 v. Chr. herum explodierte in einem Sommer die griechische Insel Thira mit der Gewalt von 30 Wasserstoffbomben.[10] Die pulverisierte Mitte der Insel wurde kilometerweit in den Himmel geblasen. Anstelle der fruchtbaren Felder und Weinberge, die sich dort ausgebreitet hatten, entstand ein ebenso großer wie tiefer Krater, in den sich rasch das Meer ergoß. Die wenigen Teile der Insel, die am Rand des Kraters lagen, wurden tief unter vulkanischen Trümmern begraben, vor allem unter vielen Schichten heißer Asche.

Die zerstörten Reste, die vielleicht über Generationen hinweg, vielleicht auch jahrhundertelang unbewohnbar blieben, bilden heute Santorin, eine Gruppe von fünf kleinen Inseln, deren größte den Namen Thira trägt. Wie alle griechischen Inseln ist Thira heute ein beliebtes Urlaubsziel, das alle Besucher mit seinen hohen, steil aus dem tiefblauen Ägäischen Meer steigenden Vulkanklippen beeindruckt. Leuchtend weiße Häuser klammern sich an den schroffen Kraterrand wie Seevögel, bereit, beim ersten Anzeichen einer Gefahr aufzufliegen. Aus einer kleinen Insel in der Mitte des vom Meer gefüllten Kraters steigen manchmal Rauchfäden auf und erinnern die Besucher daran, daß der Vulkan noch immer ausbrechen könnte.

Thira besitzt seinen Anteil an Ruinen aus der griechischen Antike: Reste von Tempeln, Häusern, Amtsgebäuden und einem Theater. Darüber hinaus ist jedoch schon seit vielen Jahren bekannt, daß unter den Schichten vulkanischer Trümmer sichere Belege für eine einst in Vergessenheit geratene Zivilisation ruhen. Im Laufe der Zeit ließ die Erosion Spuren von Mauern und Töpferware sichtbar werden, und im 18. Jahrhundert brachten beschränkte Grabungen die Reste dreier Häuser zum Vorschein. Eines von ihnen war reich mit gemalten Schmuckelementen verziert. Die Grabungen wurden jedoch nicht fortgesetzt – es gab damals erst wenige Archäologen, und die Mittel für ihre Arbeit waren begrenzt.

Was die Geldquellen betraf, lernten die Archäologen schon früh, daß nur dramatische Entdeckungen sie zum Sprudeln bringen, und folglich banden Inseln wie Kreta mit seinen großen Palästen die archäologische Aufmerksamkeit. Auf Kreta befanden sich die eindrucksvollen Überreste einer bislang unbekannten Zivilisation, die von der Seefahrt und vom Handel geprägt worden war. Das Zentrum der mächtigen und hochentwickelten Kultur bildete der imposante Palast von Knossos, mit dessen Ausgrabung Sir Arthur Evans 1899 begann. Nach dem kretischen König Minos, bekannt aus der späteren griechischen Sage vom Minotaurus, spricht man heute von der minoischen Kultur.

Ein besonderes Merkmal der minoischen Kultur ist ihre Vorliebe fürs Dekor. Die minoische Keramik ist reich bemalt, in den Ge-

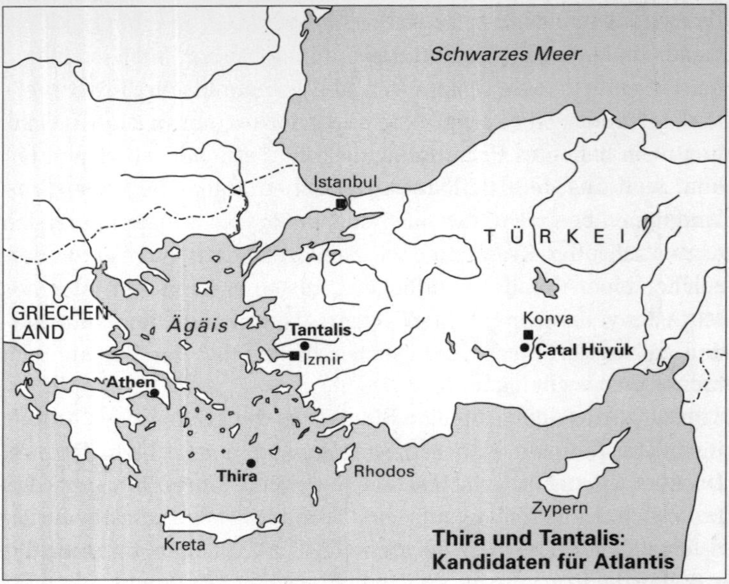

Thira und Tantalis: Kandidaten für Atlantis

bäuden finden sich Wandgemälde, die einen guten Eindruck vom damaligen Leben vermitteln. Vor allem gewähren sie uns einen Blick auf den Stierkult, die diese Kultur kennzeichnende Religion. Bei ihren Arbeiten entdeckten die Archäologen eine Besonderheit: Die weitverbreitete und erfolgreiche Kultur war unvermittelt überwältigt und zerstört worden. Die Mauern der Paläste und Villen waren demoliert, die Häuser verbrannt, die Keramik zerschmettert worden. Auch die Macht dieser Kultur war scheinbar über Nacht verschwunden. Es sah so aus, als hätten ihre Schiffe urplötzlich nicht mehr die Meere beherrscht und ihre Händler aufgehört, Waren aus allen Teilen der bekannten Welt herbeizuschaffen.

Es dauerte nicht lange, bis die Wissenschaft anfing, eine Parallele zwischen Platons Beschreibung von Atlantis und dem Bild zu ziehen, das die reiche bronzezeitliche Kultur Kretas bot. Beide Fälle fanden schließlich ein abruptes Ende. Schon zehn Jahre nach Beginn der Grabungen wurde eine solche Verbindung unterstellt, allerdings anonym.[11] In den folgenden 50 Jahren tauchten kontinuierlich weitere Parallelen auf. 1967 schließlich begann einer der enthusiastischsten Vertreter dieser Hypothese, der griechische Archäologe Spyridon Marinatos, im Boden nach Beweisen zu suchen.

Acht Jahre lang führte Professor Marinatos systematische Grabungen auf Kreta durch, bis er 1974 vor Ort starb. In diesen Zeitraum fiel die dramatische Entdeckung von Teilen einer sehr großen, uralten Stadt, die zur Klärung von zwei wichtigen Aspekten beitrug. Zum einen konnte Marinatos beweisen, daß Thira auf dem Höhepunkt seiner bronzezeitlichen Kultur explodiert war, und zum anderen wurde deutlich, daß die Bewohner von Thira in engem und direktem Kontakt mit der minoischen Kultur Kretas gestanden hatten. Vielleicht war Thira ein minoischer Vorposten gewesen, eine Kolonie oder ein enger Verbündeter. Damit gewann die Hypothese von einem bronzezeitlichen Atlantis allmählich Kontur: Ihr zufolge hätte die Explosion Thiras zum Untergang des minoischen Kreta und zu seinem »Verschwinden« aus der Welt der Bronzezeit geführt. Thira – oder vielleicht auch Kreta – wäre dann Atlantis.

Dem Meeresboden entnommene Proben zeigten, daß in einem großen Teil der südlichen Ägäis aus Thira stammende vulkanische Trümmer zu finden sind. Geschätzt werden kann auch die Höhe der Ascheschicht, die möglicherweise auf Kreta fiel: Ihre 20 Zentimeter reichten aus, um den Boden zu vergiften. Zusammen mit Hinweisen auf eine umfangreiche Zerstörung – drei wichtige königliche Paläste, vier große Landsitze und sechs ganze Städte gingen gleichzeitig unter – wurde ferner Bimsstein gefunden. Die Schäden an Gebäuden in Küstennähe verweisen auf die zerstörerische Wirkung von Flutwellen, die der Vulkanausbruch zweifellos hervorgerufen hätte. Die Mauern sind nach außen gestürzt, zerbrochene Haushaltsgegenstände im weiten Umkreis verstreut. Professor Marinatos und viele andere Forscher waren der Ansicht, die Grabungen auf Thira und Kreta hätten das Rätsel von Atlantis endgültig gelöst. Bald erschienen Bücher, die ihre Vorstellungen wiederholten und bestärkten, Platons Geschichte von

Atlantis schildere im großen und ganzen die bronzezeitliche minoische Kultur Kretas, deren abrupter Untergang auf den Vulkanausbruch auf Thira zurückzuführen sei. Die katastrophale Kombination aus Asche, Flutwellen und wahrscheinlich auch Erdbeben habe Kreta so zugesetzt, daß es rasch in Ohnmacht und Bedeutungslosigkeit versunken sei.

Inzwischen hat sich herausgestellt, daß diese Hypothese falsch ist. Das klassische Griechenland wußte gut Bescheid über Kreta und seine Geschichte. Platon selbst besuchte die Insel einmal, um dort die Möglichkeit der Gründung einer Gemeinschaft zu erkunden. Zudem beschäftigte sich eine reiche mythologische Überlieferung mit dem alten Kreta und dessen König Minos. Es ist daher unvorstellbar, daß Solon oder Platon Atlantis und Kreta nicht zueinander in Beziehung gesetzt hätten, wenn das die Intention der ursprünglichen Geschichte gewesen wäre. Daß sie es nicht taten, ist ein deutlicher Hineis darauf, daß sie der Meinung waren, es handele sich um zwei unterschiedliche Orte. Und schließlich ist die wichtigste heroische Gestalt in der Geschichte von Atlantis der Riese Atlas, nach dem Insel und Meer benannt sind. In keinem griechischen Mythos über Kreta spielt Atlas indessen je eine entsprechende Rolle.[12]

Auch die historische und die archäologische Forschung haben die Hypothese von Thira und Atlantis schließlich zu Fall gebracht. Das so häufig erwähnte abrupte Ende des minoischen Handels ist nämlich einfach nicht eingetreten. Es gab keine plötzliche Unterbrechung der Beziehungen zwischen Kreta und seinen Handelspartnern. Den endgültigen Beweis, daß Professor Marinatos unrecht hatte, entdeckten Archäologen, als sie *unterhalb* der kretischen Trümmer auf Vulkanasche aus Thira stießen. Der Ausbruch muß also vor der Zerstörung der Gebäude stattgefunden haben.[13] Außerdem hat man nachgewiesen, daß die auf Thira ausgegrabene Keramik älter ist als die der verwüsteten kretischen Paläste. Inzwischen ist man deshalb der Ansicht, der Ausbruch von Thira könnte bis zu 250 Jahre vor der Zerstörung der kretischen Städte und Paläste stattgefunden haben.[14] Diese Zerstörung ist nach heutiger Auffassung Folge einer militärischen Eroberung der Insel.

Es war also nicht die Explosion von Thira, die den Untergang des minoischen Kreta herbeiführte. So kann die Geschichte von Atlantis nicht erklärt werden, und damit wäre eine Hypothese erledigt. Sind in der Antike folglich keinerlei Hinweise auf die Entstehung der Legende zu finden?

Der Untergang von Tantalis

Platon zufolge ging der Zerstörung von Atlantis eine entscheidende Niederlage seiner bis dahin siegreichen Armee in einer Schlacht gegen die Athener voraus. In diesem Zusammenhang fügt der Autor eine Beschreibung des Lebens in dieser Frühzeit ein, die durch ihre Detailtreue beeindruckt.
Platon beginnt mit einer Klage über die von starker Erosion verursachten Verwüstungen in Griechenland. In jener frühen Zeit, schreibt er, habe das Land noch nicht seinen fruchtbaren Boden verloren gehabt, sondern sei mit Wäldern und Feldern bedeckt gewesen und mit Wiesen, auf denen große Herden gegrast hätten. Zu Platons Zeit sei der Boden wesentlich schlechter und ärmer geworden. Es folgt eine detaillierte Beschreibung der Akropolis von Athen, ihrer Maße und der verschiedenen, von Kriegern, Handwerkern und Bauern bewohnten Bereiche. Alle damaligen Gebäude, schreibt Platon, seien zerstört und von den noch stehenden Bauten ersetzt worden. Schließlich habe es auch einen großen Brunnen gegeben, der Wasser geliefert habe, aber schon lange vor seiner Zeit durch ein Erdbeben verschüttet worden sei.[15]
Die archäologische Forschung hat gezeigt, daß Platons Beschreibung jeder Überprüfung absolut standhält. Der Philosoph entwirft keine Phantasiewelt, sondern gibt Details wieder, die anderswo aufgezeichnet waren – wo, wissen wir nicht. Dieses Athen einer früheren Epoche und seine Bewohner sind bekannt; sie gehören in die späte Bronzezeit, in der die Stadt in den Machtbereich einer Dynastie von Königen fiel, die von ihrer Residenz Mykene aus bis etwa 1100 v. Chr. herrschten. Tatsächlich war es diese Dynastie,

die Kreta überfiel, seine Paläste zerstörte und die minoischen Könige aus ihrem Palast in Knossos vertrieb. Dieselbe Dynastie kämpfte auch im Trojanischen Krieg.
Ein Wissenschaftler behauptete sogar, der Trojanische Krieg habe die Basis für die Geschichte von Atlantis geliefert; es handele sich einfach um eine ausgeschmückte ägyptische Version dieser weit zurückliegenden Ereignisse.[16] Diese These ist jedoch nicht haltbar, weil Troja zwar »fiel«, aber eindeutig nicht versank. Man kann es noch heute besuchen und feststellen, daß es fest auf trockenem Boden steht. Damit fällt Troja in dieselbe Kategorie wie Thira – interessante Hypothesen, die schlicht nicht zutreffen.
Soll man die bronzezeitlichen Anspielungen also als Methode abtun, dem von Solon geplanten Epos einen dramatischen Kontext zu verschaffen? Eine derartige Verfahrensweise ist bei Schriftstellern und Künstlern häufig genug anzutreffen. So ließen die Maler der Renaissance die Akteure biblischer Szenen oft in »moderner« Kleidung auftreten, und das Musical *West Side Story* verlegte Shakespeares *Romeo und Julia* nach New York. War die bronzezeitliche Szenerie von Atlantis ebenfalls die künstlerische Verpackung einer früheren Katastrophe?
Möglich wäre es. Doch bevor wir diese Epoche verlassen, ist auf eine sehr enge historische Parallele zur Legende von Atlantis zu verweisen, die erst kürzlich aus dem Dunkel der Vergangenheit aufgetaucht ist. Es handelt sich um die Geschichte von Tantalus, dem König von Lydien, einem Königreich, das ab etwa 680 v. Chr. die Hälfte der heutigen Türkei beherrschte, bis es 546 v. Chr. – gerade 19 Jahre vor der Geburt Platons – dem Ansturm persischer Armeen zum Opfer fiel. Der vorletzte König Lydiens war Krösus, bekannt wegen seiner Vorliebe für Reichtum und Luxus.
Zu verdanken ist diese Parallele dem Forscher und Buchautor Peter James, der sich angesichts der Mängel aller bisherigen bronzezeitlichen Erklärungen für das Phänomen Atlantis zu einem anderen Ansatz entschloß. Er begann sich mit der Figur des Atlas zu beschäftigen, der als erster König von Atlantis gilt.
In der griechischen Mythologie war Atlas nach Westen verbannt worden, dazu verurteilt, auf ewig das Himmelsgewölbe zu stützen.

Und dieser westliche Standort ist der Grund dafür, daß in Platons Geschichte der Atlantische Ozean zum Schauplatz wird. James überlegte nun, ob diese Plazierung aus späterer Zeit stammen könnte, da die Schiffe der griechischen Kaufleute erst im 7. Jahrhundert v. Chr. so weit nach Westen vordrangen. Von wo, fragte er, war Atlas verbannt worden?[17] Mit diesem Problem hatte sich offenbar noch kein anderer Wissenschaftler beschäftigt.
Der im 5. Jahrhundert v. Chr. lebende griechische Dichter Pindar schrieb, Atlas sei »aus Land und Besitz seiner Vorfahren verbannt« worden.[18] Aber wo lag dieses Land? James forschte in sämtlichen frühen Überlieferungen und stellte fest, daß sie ausnahmslos auf Anatolien verwiesen.
In der Bronzezeit herrschte in Kleinasien die Zivilisation der Hethiter, in deren Mythologie eine Gestalt auftritt, die wie Atlas den Himmel stützt. An diese hethitische Gestalt könnte auch der griechische Riese Atlas angelehnt sein, denn Kleinasien ist die Quelle für einen großen Teil der griechischen Mythologie.[19]
Was den hethitischen Atlas betrifft, so stand er in Zusammenhang mit dem Stierkult: Er wird oft mit Stierkopf dargestellt und mit Hufen anstelle von Händen und Füßen. Für die späteren Lydier, deren Königreich den Westen des einstigen Herrschaftsbereichs der Hethiter einschloß, war Atlas der legendäre König Tantalus, der märchenhaften Reichtum aufgehäuft hatte.
James stieß nun auf Texte, in denen eindeutige Parallelen zwischen Lydien und der Geschichte von Atlantis aufscheinen.
Der griechische Geograph und Reisende Pausanias verfaßte einen detaillierten Bericht über alle Orte, die er gesehen hatte, und zeichnete dabei auch viele alte Überlieferungen auf, die ohne ihn verloren wären. In einer dieser Überlieferungen ist von einer Stadt auf dem lydischen Berg Sipylus die Rede, die nach einem heftigen Erdbeben in einer Kluft verschwunden sei. Später sei diese Kluft überflutet worden und habe sich in einen See verwandelt.[20]
Bei dem römischen Schriftsteller Plinius, der im ersten nachchristlichen Jahrhundert lebte, findet sich ein weiterer entscheidender Hinweis: Diese verschwundene, nach einem Erdbeben versunkene Stadt war die alte Königsstadt Lydiens mit Namen Tanta-

lis. Der Ort ihres Untergangs war zu Plinius' Zeit kein See mehr, sondern Sumpfland.[21] Diese Fakten waren Pausanias offenbar entgangen.
Die Parallelen zwischen Atlas/Atlantis und Tantalus/Tantalis sind überdeutlich. Auch die Namen der beiden Hauptstädte ähneln sich verblüffend. Hat James also, wie er glaubte, das Geheimnis von Atlantis gelöst? 1994 reiste er in die Region des alten Tantalis, in die Nähe der heutigen türkischen Stadt Izmir. Es gelang ihm, den wahrscheinlichsten Standort der verschwundenen Stadt zu identifizieren, und zwar nahe am Nordhang des Berges Sipylus, wo alte Karten einen See oder Sumpf verzeichnen. Hinter der Stätte ist ein altes, großes, sehr stark verwittertes Bild der Göttin Cybele in den Felshang gehauen.[22] Die Gottheit blickt über den Ort, an dem einst Tantalis stand. Jetzt muß man nur noch graben.
Es ist bekannt, daß Solon im Verlauf seiner Reise nicht nur in Ägypten weilte, sondern auch Lydien besuchte. Möglicherweise hörte er dort die Geschichte von Tantalus, aus der er die Legende von Atlantis schuf. Schließlich schreibt Platon, als Solon sich entschlossen habe, die Geschichte literarisch zu verarbeiten, habe er die Namen ins Griechische übertragen.[23] Hat er aus Tantalus vielleicht Atlas gemacht?
Obwohl dies eine plausible Hypothese ist, läßt sie wichtige Probleme ungelöst, besonders die Frage des Standorts von Atlantis. Werfen wir daher also noch einmal einen Blick auf Platons Erzählung.

Der Atlantische Ozean

Zwei gewichtige Argumente sprechen dagegen, die Geschichte im Mittelmeer der Bronzezeit anzusiedeln. Zum einen hat Platon Atlantis eindeutig an einem Ort jenseits des Mittelmeers angesiedelt, auf halbem Wege zu einem großen Kontinent. Zum anderen spricht er von einer viele Jahrtausende zurückliegenden Epoche, noch vor der ersten ägyptischen Dynastie, bis zu der das damalige Wissen zurückreichte. Nun darf man nicht erwarten, daß jedes

Detail von Platons Erzählung haargenau stimmt, aber sie enthält Aspekte, die ebenso ungewöhnlich wie wahr klingen. Beim ersten dieser Aspekte geht es um außergewöhnliche geographische Kenntnisse – darum, daß Platon beziehungsweise die ägyptischen Priester von Saïs von der Existenz Amerikas wußten.

Platon schreibt, Atlantis habe jenseits der Säulen des Herakles gelegen, also jenseits des Eingangs zum Mittelmeer. Der Philosoph wußte ebenso wie alle Seeleute seiner Zeit, wovon er sprach; Griechen wie Phönizier stießen auf ihren Handelsreisen schon seit Jahrhunderten über diese Grenze vor. Sie trieben Handel mit den Ansiedlungen an der Atlantikküste Marokkos und mit den Bewohnern von Südengland.

Platon behauptet, von Atlantis aus habe es »für die Reisenden damals einen Zugang zu den anderen Inseln« gegeben.[24] Könnte er damit die Westindischen Inseln gemeint haben?

Jenseits dieser Inseln, fährt er fort, liege »das ganze Festland gegenüber rings um jenes Meer, das man wahrhaft so bezeichnen darf«.[25] Spricht Platon hier von Amerika, dem einzigen Kontinent jenseits von Gibraltar, erreichbar durch eine Reise über den Atlantik, die an einer Inselgruppe vorbeiführt?

War dieses geographische Wissen tatsächlich vorhanden, wäre das ein Hinweis darauf, daß jemand nach Amerika und zurück gesegelt ist und daß Berichte über diese Unternehmung auf dem Umweg über die ägyptischen Priester zu Platon gelangten. Das wirft ein neues Licht auf die Erzählung und läßt vermuten, daß sie einen wahren Kern enthält. Vielleicht segelten schon die Ägypter in einer sehr frühen Epoche ihrer Geschichte über den Atlantik. Herodot berichtet jedenfalls, sie hätten Afrika umrundet, was eine wesentlich längere Reise bedeutet hätte.[26]

Ein zweiter Hinweis auf die Gültigkeit der Erzählung bezieht sich ebenfalls auf seefahrerisches Wissen. Platon schreibt, zur Zeit von Atlantis sei »das Meer dort noch befahren« gewesen, jetzt aber könne man es »weder befahren noch erforschen, weil in ganz geringer Tiefe der Schlamm im Wege liegt, den die Insel, als sie sich senkte, zurückgelassen hat«.[27] Diese Worte scheinen Berichte von Seeleuten wiederzugeben; vielleicht lautete so der Rat an jene, die zum ersten Mal nach Westen segelten. Es ist schwierig, diese expliziten Hinweise auf den Atlantischen Ozean, die Westindischen Inseln und den dahinter liegenden amerikanischen Kontinent zu ignorieren. Zumindest dieser Teil von Platons Erzählung muß also stimmen. Bezieht man diese Tatsache auf die Frage, welche geographische Position der versunkene Kontinent von Atlantis gehabt haben könnte, sollten selbst die Befürworter der anatolischen Hypothese sehr nachdenklich werden.

Die eisfreie Antarktis

Jede Beschäftigung mit frühen Kenntnissen der Meere führt zu den mysteriösen Kartenwerken von Piri Re'is (1513) und Orontius Fineus (1531). Erstaunlicherweise stellen diese Karten die Antarktis genauso dar, wie sie *ohne* ihren mehr als 3000 m dicken Eispanzer aussähe.[28] Man sieht sie also so, wie wir sie erst seit den ausführlichen, mit Hilfe hochentwickelter technischer Geräte betriebenen Forschungen der 1950er Jahre kennen. Der logische – und augenscheinlich einzig mögliche – Schluß ist, daß diese Karten sich auf die Kenntnisse eines vergessenen Volkes stützten, das erfahrene Seefahrer und Kartographen besaß. Offenbar hat es irgendwann in der unbekannten Vergangenheit der Menschheit eine Kultur gegeben, die auf den Meeren jenseits des Mittelmeers Handel trieb.
Welche Bedeutung hat die Existenz dieser Karten nun für die Geschichte von Atlantis?
Platon stellt Atlantis als Mittelpunkt eines großen Reiches dar, das auf den seefahrerischen Fähigkeiten seiner Bewohner basierte. Es habe »über zahlreiche andere Inseln des Meeres« jenseits des Mittelmeers geherrscht.[29] Die Hauptstadt von Atlantis selbst habe große künstliche Häfen und Werften besessen, deren steinerne Mauern die Schiffe schützten. Weiter heißt es: »Die Ausfahrt und der größte Hafen aber waren überfüllt von Schiffen und von Kaufleuten, die aus allen Richtungen herkamen und mit ihrer Men-

schenmenge Tag und Nacht ein lautes Stimmengewirr und ein vielfältiges Getümmel verursachten.«[30]

Das kanadische Ehepaar Rand und Rose Flem-Ath hat die Hypothese formuliert, eine einst eisfreie Antarktis könnte der wahre Standort von Atlantis gewesen sein. Die beiden Autoren verweisen darauf, daß diese Landmasse im Zentrum eines »Weltmeeres« liege, der den Atlantischen, den Indischen und den Pazifischen Ozean verbinde. Im Grunde bildeten diese Meere ja einen einzigen, vom amerikanischen und afrikanischen Kontinent zerteilten Ozean. In diesem Sinne habe Platon auch von einem »wahren« oder »wirklichen« Meer jenseits der engen »Säulen des Herakles« geschrieben.[31] Verglichen mit diesem »wirklichen« Ozean, schreibt der Philosoph, erscheine das Mittelmeer »wie eine Hafenbucht mit einer engen Einfahrt«.[32] Dies ist eine sehr zutreffende Beschreibung, wenn man es aus der Perspektive des Atlantischen Ozeans betrachtet.

Für einen Griechen des 4. Jahrhunderts v. Chr. ist eine derartige Aussage ganz außergewöhnlich – in jener Zeit lag das Mittelmeer im Herzen der bekannten Welt, und daß es so geschmälert wurde, verweist erneut auf die Qualität und die Bedeutung des nautischen Wissens, zu dem Platon und Solon Zugang hatten.

Die Flem-Aths meinen, das Ende von Atlantis sei mit jenem katastrophalen Schmelzen der Eiskappen gekommen, das große Flutwellen über das »Weltmeer« gesandt hätte. Diese plötzliche Ausbreitung kalter Wassermassen habe zu einem rapiden Abfall der globalen Temperatur geführt und zu einer plötzlichen Frostperiode. Zum Beleg dafür verweisen sie auf in Sibirien entdeckte Mammuts, die mit frischem Gras im Magen erfroren seien. Dasselbe Schicksal habe auch alles Leben in der Antarktis ereilt. Die Überlebenden hätten sich in der ganzen Welt verstreut und ihr Wissen über Ackerbau, Architektur und Astronomie als Gabe mitgebracht.

Diese Hypothese hat jede Menge schier Ungeheuerliches zu bieten – nur keine harten Fakten. Vielleicht sollten diese einem so herrlich ketzerischen Einfall auch nicht im Wege stehen. Allerdings könnte es solche harten Tatsachen geben – die Flem-Aths meinen, man müsse in der Antarktis mit archäologischen Grabungen beginnen; tief unter dem Eis könnten ja die im ewigen Frost erhaltenen Überreste einer großen Stadt zu finden sein. Bei solchen Aussichten möchte man sofort zum Scheckbuch greifen. Oder lieber doch nicht?

Die Azoren

Ein letzter Ort ist noch in Betracht zu ziehen, und dieser befindet sich tatsächlich dort, wo Platon seinen Kontinent Atlantis ansiedelte. Seltsamerweise scheint diese Spur in letzter Zeit politisch nicht mehr opportun zu sein, selbst unter jenen Forschern, die sich am Rande des wissenschaftlichen Mainstream bewegen.[33]
Nach Platon lag die Insel inmitten des Atlantiks, bevor man die Inseln (der Karibik) und den Kontinent (Amerika) erreichte; ihr Nordende lag auf Höhe der Straße von Gibraltar.

Seit langem ist bekannt, daß eine gewaltige Kette unterseeischer Berge sich von Island bis hinab in den Südatlantik erstreckt: der Tausende von Kilometern lange Mittelatlantische Rücken. An manchen Stellen durchstoßen die höchsten Gipfel dieser Bergkette die Wasseroberfläche; sie bilden etwa die Azoren und die Inseln Ascension und Tristan da Cunha. Wenn Atlantis eine große mittelatlantische Insel war, so hätte sie bestimmt auf einem Teil dieser Kette gelegen. Problematisch daran ist, daß nichts auf ein Absinken des Rückens hinweist – er ist eher im Steigen begriffen.

Es gibt natürlich noch eine andere Betrachtungsweise: Vielleicht ist nicht das Land versunken, sondern das Meer gestiegen.

Wie im letzten Kapitel geschildert, stieg der Meeresspiegel am Ende der letzten Eiszeit, also um 8000 v. Chr., auf ebenso dramatische wie katastrophale Weise. Dieses Ereignis liegt zeitlich nicht allzu weit von Platons Datum für die Zerstörung von Atlantis entfernt. Wir haben auch gesehen, daß von Fischern auf dem Festlandsockel vor den Vereinigten Staaten gefundene Tierzähne darauf hinweisen, daß der Anstieg des Pegels mehr als 120 m betrug.

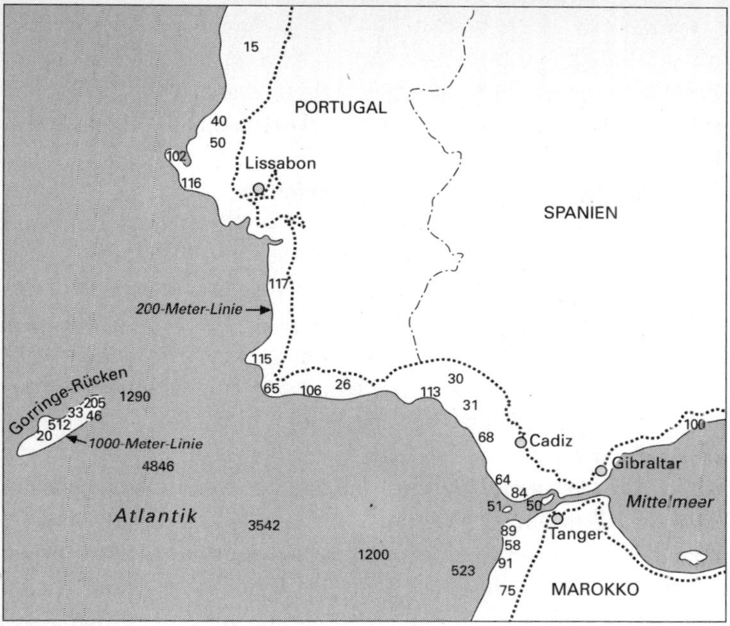

Das Tor zum Mittelmeer (zu sehen sind die überfluteten Landstriche und die heutigen Meerestiefen).

Seit über 100 Jahren durchgeführte Tiefenmessungen haben es der Ozeanographie erlaubt, genaue Karten des Meeresgrundes zu erstellen. Auf ihrer Basis kann man berechnen, bis wohin das Festland zu Zeiten eines gesunkenen Meeresspiegels gereicht haben dürfte.

Die Azoren waren immer schon eine bevorzugte Wahl für die Lage von Atlantis, da eine große Insel in ihrer Position sich auf Höhe der Straße von Gibraltar befunden hätte, genau wie in der Darstellung Platons. Eine gewisse Unterstützung erfährt diese Hypothese durch die seismische Aktivität der Region. Seit 1522 ein größeres Erdbeben verzeichnet wurde, hat es 16 weitere starke Beben gegeben. Das stärkste ereignete sich 1757 und dürfte die Stärke 7,4 auf der Richterskala erreicht haben.[34]

Betrachten wir die Azoren auf der Karte, wird eine Reihe von Fakten deutlich. Zum einen fallen die Inseln ebenso steil ins Meer ab, wie sie aus ihm emporsteigen. Die Azoren sind also die Gipfel sehr hoher Berge, die mehr als 6000 m aus den tiefsten »Ebenen« des Meeresgrundes emporragen.
Zum anderen würde bei einem Absinken des Meeresspiegels um mehr als 120 m eine wesentlich größere Landfläche zum Vorschein kommen. Die zentralen Inseln Pico und Faial wären vereint, die meisten anderen Eilande doppelt so groß wie heute. Darüber hinaus würden bis zu zehn neue Inseln erscheinen, die zwar nicht sehr groß wären, aber einen umfangreichen Archipel entstehen ließen. Er wäre wahrscheinlich ein angenehmer Aufenthaltsort, kommt Platons Beschreibung von Atlantis aber leider nicht sehr nahe.
Vielleicht ist es von Bedeutung, daß die Azoren auf der bereits erwähnten Karte von Piri Re'is aus dem Jahr 1513 am geographisch korrekten Ort eingetragen sind, daß dort statt der heute vorhandenen neun kleinen Inseln 17 teilweise recht große Eilande sichtbar sind. Das größte ist zehnmal größer als die heute größte Insel São Miguel und damit etwa so groß wie Zypern.[35] Bietet diese Karte eine genaue Darstellung der Azoren vor der großen Flut, also aus der Zeit vor 8700 bis 9000 v. Chr.? Es scheint sehr wahrscheinlich.
Wenn die Azoren eine einzige Insel bilden sollen, müßte der Meeresspiegel um etwa 1800 m fallen. Dann würde tatsächlich eine extrem große Landfläche entstehen. Auch ein bescheideneres Absinken um 900 m würde viel Land zum Vorschein bringen, doch die Azoren wären weiterhin eine Inselgruppe.[36] Natürlich ist es auch möglich, daß ein gewaltiges Erdbeben das Land zum Sinken brachte. Hätte ein solches Ereignis tatsächlich stattgefunden, wären die Azoren zweifellos der beste mögliche Ort für Atlantis im gesamten Atlantik.
Im restlichen Atlantischen Ozean ergeben sich keine weiteren Möglichkeiten. Zwar ist das Meer auch an anderen Stellen des Mittelatlantischen Rückens relativ seicht, doch diese »Untiefen« liegen immer noch mindestens 900 m unter der Wasseroberfläche.[37]

In Frage kämen ferner die sogenannten Meereskuppen zwischen dem Rücken und dem afrikanischen Kontinent. Manche von ihnen liegen in einer Tiefe von lediglich 20 m. Bei einem Absinken des Meeresspiegels würden sie sicher zum Vorschein kommen, doch die entstehenden Inseln wären zu klein.[38]

Unweit der Straße von Gibraltar ergibt sich schließlich doch eine Situation, die Platons geographischen Angaben zumindest teilweise entsprechen würde.

Würde der Meeresspiegel auf sein eiszeitliches Minimum absinken, breiteten sich vor der heutigen atlantischen Küste Portugals, Spaniens und Marokkos 50 km breite Landflächen aus. Allein im Golf von Cádiz und vor Nordmarokko entstünden zusätzliche 20 000 km^2 bewohnbarer Küstenebenen. Die Straße von Gibraltar würde zu einem schmalen, etwa 100 km langen Kanal mit zwei kleinen Inseln an seinem atlantischen Eingang. Knapp 500 km weiter westlich entstünde an der Stelle der heutigen Gorringebank eine größere Insel, vielleicht vom Umfang des heutigen Menorca. Dieses Gebiet liegt jetzt im Wasser, das an manchen Stellen jedoch nur 20 m tief ist.[39]

Der rapide Anstieg des Meeresspiegels am Ende der letzten Eiszeit hätte die weiten Ebenen zu beiden Seiten des schmalen Kanals von Gibraltar der Verwüstung preisgegeben. Dabei hätte der Eingang zum Mittelmeer leicht von hoch aufgetürmtem Schlamm blockiert werden können – eine Erklärung für die von Platon erwähnten unpassierbaren Schlammbänke jenseits der Straße.

Die Überlebenden der Flut wären geflohen und hätten die Geschichte der Katastrophe in ihrem Gedächtnis bewahrt. So wäre die Geschichte in die orale Überlieferung jener Länder gelangt, in denen sie Zuflucht fanden. Im Rahmen dieser Überlieferung aber wäre sie schließlich Solon zu Ohren gekommen.

Hätte in der betreffenden Region aber überhaupt ein technisches Wissen existieren können, das Platons bronzezeitlichem Szenerio entspräche? Interpretieren wir seinen Text einfach als Beschreibung einer frühen, aber komplexen Gesellschaft, ist das durchaus plausibel. Die städtische Zivilisation von Çatal Hüyük war fortgeschritten genug und wird doch auf mindestens 8000 v. Chr. datiert.

Und wie wir sehen werden, vollendeten die Erbauer der Sphinx ihr Werk zwar Jahrtausende vor dem offiziellen Beginn der Bronzezeit, doch fehlte es ihnen kaum an technischen Fertigkeiten. Sie verfügten vielleicht nicht über Metall, besaßen aber alles andere, was eine Kultur braucht – ein Wissen über Astronomie, Mathematik und Architektur.

Am Ende könnte Atlantis zu mysteriös und enigmatisch sein, um in den üblichen bronzezeitlichen Kontext gestellt zu werden. Vielleicht hat Solon angemessen reagiert, als er den Wunsch verspürte, ein großes Epos aus der Geschichte zu erschaffen. Doch trotz seines direkten Kontaktes mit der Quelle der Legende sah er sich nicht in der Lage, sie angemessen zu behandeln, so daß er sie an einen anderen weitergab, der sie vollenden sollte.

Es sieht so aus, also müßte uns die Wahrheit über Atlantis vorläufig verborgen bleiben. Plausibel ist jedoch der Gedanke, daß diese Geschichte – zusammen mit anderen, womöglich von jenseits des Atlantik stammenden Elementen – eine Erinnerung an die Flut am Ende der Eiszeit darstellt. Die Aufmerksamkeit muß sich auf das versunkene Festland jenseits der Straße von Gibraltar richten, in dem wir eine aktive Bevölkerung vermuten können. Der russische Altphilologe V. Kudriawtsew hat sogar auf ein Gebiet am Rand des Festlandssockels in der Nähe der Scilly-Inseln verwiesen.[40]

Allerdings kann auch ein ebenso gewaltiges wie katastrophales Erdbeben im Atlantik nicht völlig ausgeschlossen werden. So entfernt diese Möglichkeit scheinen mag, sie ist nicht völlig von der Hand zu weisen, und dies würde die Azoren ins Spiel bringen. Denn es scheint, als verwiesen Platons Worte über den »wirklichen« Ozean und die Begrenztheit des Mittelmeers unausweichlich auf den Atlantischen Ozean als Kern der Geschichte von Atlantis. Im Grunde kommt kein anderer Ort in Frage.

ZEHNTES KAPITEL

Sind die Pyramiden und die Sphinx älter als vermutet?

Seit Jahrtausenden ragen die Pyramiden und die Sphinx auf dem felsigen Plateau von Giseh auf. Ihr Dasein scheint eine geheimnisvolle Botschaft aus längst vergangener Zeit zu vermitteln. Diese Botschaft hinterließ einen unglaublichen Eindruck bei vielen Menschen, die nur gekommen waren, um die Bauten zu betrachten, und die dann zögernd mit dem lebhaften Eindruck Abschied nahmen, einst habe etwas existiert, das für die Welt bedeutsam war, heute aber verloren ist. Niemand kann jedoch ausdrücken, was dieses Etwas genau sein könnte.

Anfang der 1990er Jahre kam es in der Welt der Ägyptologie zu einer stürmischen Kontroverse. Schuld daran waren die Autoren John Anthony West, Robert Bauval, Adrian Gilbert, Graham Hancock und Colin Wilson, die Bücher zum Thema publizierten, in denen sie eine überraschende Breitseite auf das archäologische Establishment abfeuerten. Was diese Autoren zu berichten hatten, war dramatisch, faszinierend und oft auch ungeheuerlich. Es habe einst, behaupteten sie, einen Kontinent namens Atlantis gegeben ...

Dieser verlorene Kontinent, schreiben sie, sei das Zentrum eines gewaltigen, wissenschaftlich hochentwickelten Seereiches gewesen, in dem religiöse Geheimlehren praktiziert worden seien. Im

Gegensatz zum herkömmlichen Verständnis plazieren sie Atlantis aber nicht jenseits der Straße von Gibraltar, sondern viel weiter südlich auf dem Kontinent, den wir heute Antarktis nennen. Vor 16 000 und mehr Jahren sei dieser Kontinent weitgehend eisfrei gewesen und habe ein ähnliches Klima wie das heutige Kanada gehabt.

Nach gravierenden geologischen Veränderungen, darunter eine Verschiebung der Erdkruste, habe sich die Lage der Pole verändert. Der südliche Kontinent sei zu seiner heutigen Position im Eismeer gewandert; dort sei die Kultur von Atlantis zerstört worden und rasch unter einer drei Kilometer dicken Eis- und Schneeschicht verschwunden, die das Land für immer bedeckte.

In den späteren Phasen dieser Katastrophe, im 14. Jahrtausend v. Chr., hätten sich Flüchtlinge nach Norden aufgemacht und sich in alle Kontinente der Erde zerstreut. Unter ihnen hätten sich Eingeweihte befunden, die über die Geheimnisse der Technologie, der Religion und der Wissenschaft von Atlantis verfügten. Eine Gruppe dieser Eingeweihten, in späteren Texten offenbar als »Jünger des Horus« bezeichnet, habe sich in Ägypten angesiedelt und auf dem Plateau von Giseh ein kultisches Zentrum gegründet.

Da diese Menschen neue Zerstörungen fürchteten, hätten sie ein langfristiges Bauprogramm aufgelegt, das ihre Geheimlehren für alle Zeiten bewahren sollte. Sie hätten eine Methode entwickelt, diese Prinzipien in die Geometrie ihrer Bauten einzufügen, und die Bauwerke so massiv konstruiert, daß sie alle zukünftigen Katastrophen überdauern würden. Selbst wenn die Schule der Eingeweihten irgendwann in der Zukunft ausgestorben wäre, hätten spätere Generationen ihre Geheimnisse wieder aufdecken können, indem sie den im geometrischen Plan der Bauten verborgenen Schlüssel entzifferten. So habe die Botschaft von Atlantis über die Jahrtausende hinweg bewahrt und an Zivilisationen übermittelt werden können, die in ferner Zukunft lagen.

Die Eingeweihten hätten die Sphinx geschaffen und den Grundriß des Komplexes von Giseh entworfen. Vielleicht errichteten sie weitere Bauten des Plateaus, vielleicht sind auch nur ihre Pläne in den folgenden Jahrtausenden erhalten geblieben. Jedenfalls wurden

8000 Jahre später, um 2500 v. Chr., die Pyramiden in Übereinstimmung mit den uralten Entwürfen errichtet.
Die Kultstätte von Giseh und ihre Geheimnisse standen von Anfang an unter dem Schutz der »Jünger des Horus«, und die geheime Kraft dieser Priester-Astronomen war so groß, daß die Pharaonen selbst nach 8000 Jahren nicht wagten, den von ihnen entworfenen Plan zu verändern.
Hancock und Bauval schreiben in ihrem Buch *Der Schlüssel zur Sphinx*:

> »Das vorliegende Material spricht dafür, daß in Ägypten über Jahrtausende hinweg, vom Paläolithikum bis in die dynastische Zeit, hochentwickelte wissenschaftliche und technische Kenntnisse kontinuierlich weitergegeben wurden, und zwar von hochgebildeten Personen – den schemenhaften *Achu*, die den Texten zufolge über »ein Wissen göttlicher Herkunft« verfügten.«[1]

Für Hancock und Bauval ist der Komplex von Giseh das heilige Herz Ägyptens, wenn nicht der ganzen Welt. Er ist eine so heilige Stätte, daß selbst nach vielen Jahrtausenden nicht ein Teil seines Bauplans verändert werden durfte.
All dies ist Material für eine wunderbare Geschichte – ein schillerndes Abenteuer aus wilden Ideen, ungewöhnlichen Entdeckungen und unerwarteten Einsichten, durchsetzt von wiederholten Attacken auf einige der anerkanntesten Vertreter der Ägyptologie. Hancock und Bauval sind erklärte Gegner des Establishments. Ihr Buch verweist eindringlich darauf, wie konträre Belege geleugnet werden, wie der Zugang zu archäologischen Stätten verweigert wird, wie Forschungsgenehmigungen zurückgezogen werden, wie ungewöhnliche Artefakte verschwinden und wie in akademischen Zirkeln Verachtung für alle alternativen Erklärungen herrscht, so plausibel diese auch scheinen mögen. Es ist das perfekte Lesefutter für einen langen Flug, bei dem man den komplizierten Zeitzonen und den hirnlosen Videofilmen entkommen möchte.
Aber können wir ihm auch Glauben schenken?

Die Geheimnisse von Giseh

Massiv und stumm stehen die Pyramiden von Giseh auf einem felsigen Plateau, das vom alten Kairo aus gesehen am anderen Ufer des Nils lag. Heute befindet es sich am wüstenhaften Südrand der modernen Vorstädte. Es liegt wesentlich höher als seine Umgebung, ist ungefähr zweieinhalb Kilometer lang, halb so breit und fällt steil zum Niltal hin ab.
Die Ägyptologen sind sich hinreichend sicher, daß die Große Pyramide von Giseh um 2500 v. Chr. – genaue Daten existieren nicht – als Grab des Cheops erbaut wurde, eines Pharaos der Vierten Dynastie. Die zweitgrößte Pyramide und die Sphinx wurden wenig später von Chephren errichtet. Sein Sohn und Nachfolger Mykerinos schließlich erbaute die dritte, kleinste Pyramide.[2]
An der Ostseite jeder Pyramide entstand zusätzlich ein Totentempel, von dem eine Rampe hinab zu einem am Rande des Plateaus nahe dem Nilufer gelegenen Taltempel führt. Hier begann der verstorbene Pharao, den ein Boot über den Fluß getragen hatte, seine letzte Reise. Am Ostrand des Plateaus befinden sich auch die Sphinx und der dazugehörige Tempel. Die Hochfläche enthält ferner sechs kleine Pyramiden, sicher ebenfalls Grabstätten, und eine Vielzahl von noch kleineren *mastabas* – Gräber des Adels und hoher Würdenträger. Entdeckt wurden auch mehrere Gruben für zerlegte Holzschiffe. Ein solches Schiff holte man 1954 aus seinem Versteck an der Ostseite der Großen Pyramide; rekonstruiert hatte es eine Länge von 43 m. Es schien benutzt worden zu sein, woraus man schloß, es könnte das Fahrzeug sein, das Cheops' sterbliche Überreste über den Nil trug.
Der Komplex von Giseh ist eine Einheit, eine zusammenhängend geplante Nekropolis, gewidmet der Glorifizierung der Toten wie der Lebenden. Jedes Element hat seinen vorbestimmten Ort: Zu jeder Pyramide gehören ein Totentempel, eine Rampe, ein Taltempel am Nil und verschiedene *mastabas*.
Noch immer entdeckt man weitere Bauten. Vor kurzem stieß man bei Erdarbeiten für das Abwassersystem der nahen Kairoer Vorstädte auf die Überreste des vergessenen Taltempels des Cheops.

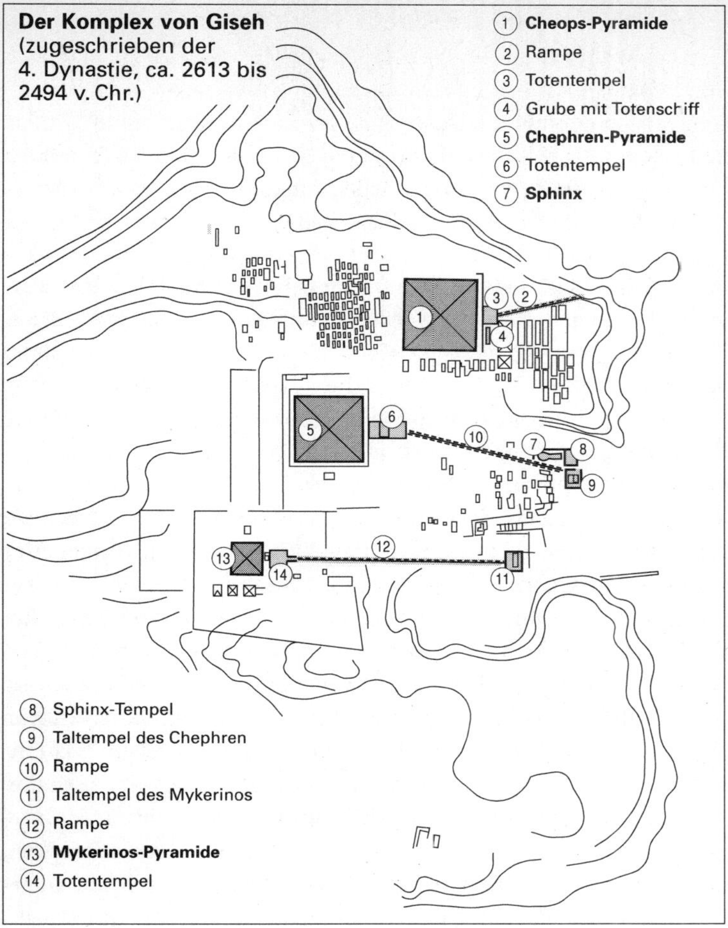

Sie wurden rasch vermessen und ebenso rasch durch die Bauarbeiten zerstört.

Im Osten ruht der Wächter des gesamten Komplexes, die Große Sphinx. An ihren Vorderpfoten steht ein weiterer Tempel. Auf den ersten Blick fällt es schwer, den Zusammenhang all dieser Elemente in Frage zu stellen. Die konventionelle Erklärung scheint naheliegend; weitere Fragen sind unerwünscht. Zweifelt man nur einen einzigen Bestandteil des Systems an, widersetzt man sich nicht nur der Archäologie, sondern auch dem eigenen Auge.

Der entscheidende Schlüssel zu einer neuen, revidierten Version der altägyptischen Geschichte ist die Frage des Alters der Sphinx. An ihr hängt – oder zerbricht – die Einheit des Komplexes von Giseh und damit die Aussage, all seine Bauten stammten von Herrschern der Vierten Dynastie – von Cheops, Chephren und Mykerinos. Zerbricht diese Einheit, indem ein Teil des Komplexes als vordynastisch nachgewiesen werden kann – entstanden also vor der Entstehung der ägyptischen Monarchie um 3100 v. Chr. –, dann gerät die heutige Meinung über die ägyptische Vergangenheit in Unordnung. Ein solches Ergebnis würde die Ägyptologen zwingen, die Existenz einer wesentlich älteren, technisch jedoch hochentwickelten ägyptischen Kultur anzuerkennen.

Daß die Sphinx sehr alt ist, ist den Archäologen durchaus bekannt. Die deutlichsten Belege dafür finden sich an ihrem Rumpf. Der Großteil ihres Kerns, vielleicht auch dessen Gesamtheit, war früher mit Steinen verkleidet. Lange Zeit war man der Meinung, diese Verkleidung sei dem grob gemeißelten Rumpf schon zu dessen Bauzeit angelegt worden, um der Sphinx ihr endgültiges Aussehen zu verleihen. Bei einer eingehenden Untersuchung in den Jahren 1979 und 1980 kam man jedoch zu einer provokativen Erkenntnis. In seiner Einführung zu einer Erläuterung schreibt der amerikanische Chefarchäologe Mark Lehner von der Chicago University: »Wir konnten keinerlei Arbeitsspuren am Kern entdecken, das heißt weder Hinweise auf Werkzeugspuren noch auf Oberflächen, die als das Ergebnis grober Steinmetzarbeit zu bezeichnen wären.«[3] Hingegen zeige der Körper der Sphinx Auswirkungen »starker Erosion«, woraus zu schließen sei, daß »der Kern der Sphinx bereits stark erodiert war, als die früheste Schicht des Mauerwerks angebracht wurde«.[4]

Es kann nicht überraschen, daß Lehner dann zu dem Schluß kommt, diese Reparaturen seien »wahrscheinlich« in der Zeit des Neuen Reiches ausgeführt worden, das 1570 v. Chr. beginnt. Durch diesen Schachzug gewinnt Lehner etwa 1000 Jahre, mit denen er

Giseh, Chephrenpyramide und Sphinx. An der Sphinx sichtbar sind antike und neuere Restaurationen des stark erodierten Steinkerns. Struktur und Ausmaß der Verwitterung, die wesentlich stärker ist als die der anderen Bauten auf dem Plateau von Giseh, verweisen darauf, daß die Sphinx mehrere tausend Jahre älter ist als bisher vermutet.

die »starke« Erosion erklären kann, und ein kürzerer Zeitraum würde kaum genügen.

Fatalerweise ist Lehners vorsichtige, 1980 verfaßte Stellungnahme bereits überholt. 1992 berichtete Dr. Zahi Hawass, eine Analyse des rechten Hinterbeins der Sphinx habe bewiesen, daß die früheste Schicht des den Körper umhüllenden Mauerwerks aus dem Alten Reich stamme, das von etwa 2700 bis 2160 v. Chr. dauerte.[5] Die Pyramiden wurden in der mittleren Phase dieser Epoche errichtet.

Obwohl Hawass' Aufsatz in einer relativ wenig gelesenen Publikation erschien und von vorsichtigem Understatement geprägt ist, wurde unübersehbar deutlich, daß irgendein rastloser Geist es endlich geschafft hatte, sich aus seiner gut verkorkten Flasche zu zwängen. Denn wenn Chephren die Sphinx um 2500 v. Chr. ge-

meinsam mit seiner Pyramide erbauen ließ und wenn schon vor 2160 eine Restauration des stark erodierten Körpers nötig war, müssen die von der Verkleidung verdeckten Schäden in allerhöchstens 340 Jahren eingetreten sein. Das ist jedoch extrem unwahrscheinlich, angesichts des Ausmaßes und der Tiefe der Erosion scheint es sogar unmöglich.
Der naheliegende Schluß aus diesen eher vorsichtigen Berichten muß lauten, daß die Sphinx bereits alt und erodiert war, als Chephren seine Pyramide erbauen ließ. Vielleicht war es Chephren selbst, der die schützende Verkleidung anbringen ließ.
Gegen diese Argumentation steht die weitverbreitete Ansicht, vor der Existenz der starken Zentralgewalt der Pharaonen, deren erste Dynastie um 3100 v. Chr. begann, hätten die Ägypter weder in Stein gebaut noch die Möglichkeit besessen, die Errichtung riesiger Bauten oder Monumente zu organisieren. Ohne die später durch Macht und Reichtum erworbene Autorität aber wäre es kaum möglich gewesen, die Arbeitskräfte für ein derart ambitioniertes Bauprogramm zu versklaven oder zu entlohnen.
Ein derartiger Gedankengang ignoriert allerdings die offensichtlichen Unterschiede zwischen der Sphinx und den Pyramiden. Beim Bau der Pyramiden wurde ein schwerer Steinklotz auf den andern geschichtet. Die Sphinx hingegen wurde nicht gebaut, sondern aus solidem Fels gehauen, was wesentlich einfacher gewesen sein muß als die Errichtung einer Pyramide.
Dr. Zahi Hawass, Direktor für Giseh bei der Ägyptischen Altertumsbehörde, kann der offiziellen Linie seine obligate Unterstützung natürlich nicht versagen. Die Archäologie, betont er, habe »eindeutige Beweise«, daß die Sphinx von Chephren erbaut worden sei, also um 2500 v. Chr.[6]
Aber woraus bestehen diese »eindeutigen Beweise« eigentlich? Forscht man nach, so findet man sehr wenig: eine verwitterte Inschrift, möglicherweise erst später in einen Tempel gelangte Statuen und die subjektive Interpretation der Gesichtsform der Sphinx. Vor Gericht käme man damit nicht sehr weit.

Hat Chephren die Große Sphinx erbaut?

Um 1400 v. Chr. gehorchte der Pharao Thutmosis IV. den Anweisungen eines prophetischen Traumes und ließ die Sphinx vom Sand befreien, der sie bedeckte. Zur Erinnerung daran befahl er, einen Stein mit einer Inschrift zwischen den Pfoten der Figur aufzustellen. Diese Stele existiert noch immer, ist jedoch so stark verwittert, daß ein großer Teil des Textes verschwunden ist.

Als die Inschrift 1818 freigelegt wurde, meinte man, in Zeile 13 des beschädigten Textes den Namen Chephren zu lesen. Angesichts der Zerstörung im Umfeld des Namens konnten allerdings weder die präzise Bedeutung noch der Kontext festgestellt werden. Bald danach fiel auch der Rest der Zeile ab. Glücklicherweise hatte ein britischer Philologe eine Abschrift angefertigt, die 1823 veröffentlicht wurde und erkennen ließ, daß Zeile 13 tatsächlich die Zeichen für »Chaef« enthielt. Man nahm an, dies beziehe sich auf den Königsnamen Chephren (ägyptisch Chaefre), und fertigte entsprechende Übersetzungen an.

Im Gegensatz zur heutigen Position stimmten die Archäologen damals allerdings darin überein, die Inschrift bedeute nicht, daß Chephren die Sphinx erbaut, sondern daß er sie restauriert habe, genau wie Thutmosis später. 1904 zum Beispiel schrieb Sir E. A. Wallis Budge, Direktor des British Museum und eine frühe Autorität auf diesem Gebiet, die Sphinx habe »zu Zeiten Chephrens bereits existiert« und sei »in dieser frühen Periode wahrscheinlich schon sehr alt« gewesen.[7]

Schon wenig später – im Jahr 1905 – wurde nachgewiesen, daß sämtliche Verbindungen mit Chephren extrem dürftig und vielleicht sogar inexistent sind. J. H. Breasted, Professor für Ägyptologie in Chicago, stellte fest, daß keine Spuren einer Kartusche um die Zeichen für »Chaef« zu sehen seien, weshalb sie nicht auf einen Königsnamen verweisen könnten.[8] Während sämtliche Königsnamen des dynastischen Ägypten mit einer länglichen, als Kartusche bezeichneten Umrahmung versehen seien, bedeute »Chaef« im Grunde einfach »steigt auf« – wie etwa die Sonne.

Trotz dieser Tatsache ist die heutige Ägyptologie noch immer der

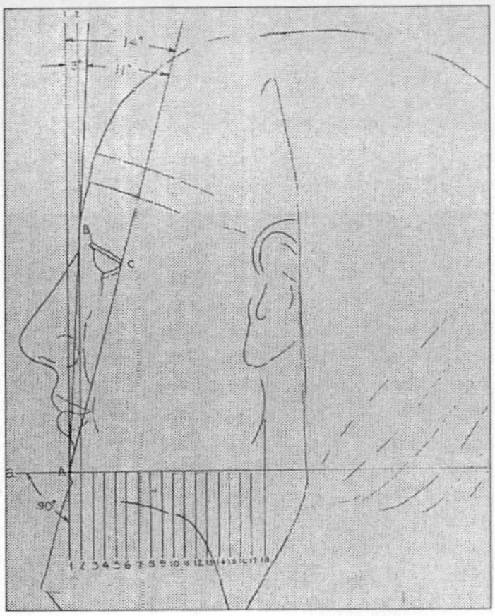

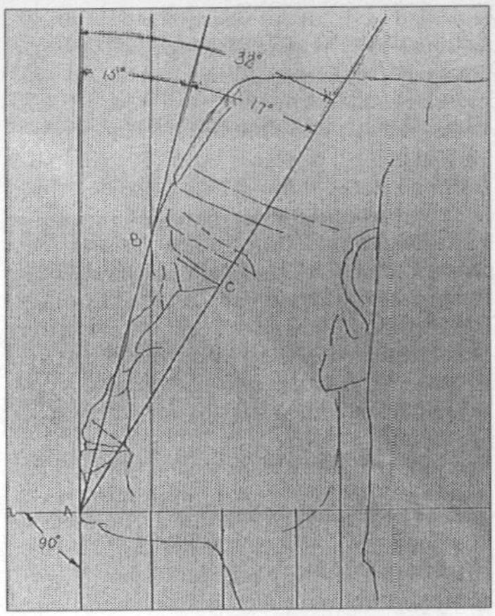

Meinung, die Zeichen für »Chaef« verwiesen auf einen Zusammenhang zwischen König Chephren und der Sphinx. Immerhin scheinen manche Fachleute allmählich gewisse Zweifel zu hegen. 1995 beispielsweise schrieb T. G. H. James, von 1974 bis 1988 Kurator für ägyptische Altertümer am British Museum, Chephren habe »die Sphinx *wahrscheinlich* mit seinen Gesichtszügen« ausstatten lassen.[9] Eine solche Formulierung spricht für sich.

Nach Ansicht der Ägyptologen sprechen zwei weitere Faktoren für einen Zusammenhang zwischen Chephren und der Sphinx. Im einen Fall geht es darum, daß man bei der Ausgrabung des Taltempels neben der Sphinx auf Statuen des Chephren gestoßen ist, deren eine ihn als Sphinx darstellt. Dies wird als Argument dafür angeführt, daß dieser Pharao den betreffenden Tempel wie auch die Sphinx erbauen ließ, doch ignoriert man dabei die plausible Möglichkeit, daß die Statuen – wie es häufig vorkommt – später in den Tempel gelangt sein könnten. Mit gleichem Recht könnte man behaupten, Abraham Lincoln habe Washington erbauen lassen, weil dort sein Standbild steht.

Das zweite Argument lautet, es bestünden Ähnlichkeiten zwischen dem Gesicht der Sphinx und dem der erwähnten Chephren-Statuen. Dies ist ein ebenso umstrittener wie subjektiver Ansatz. Um

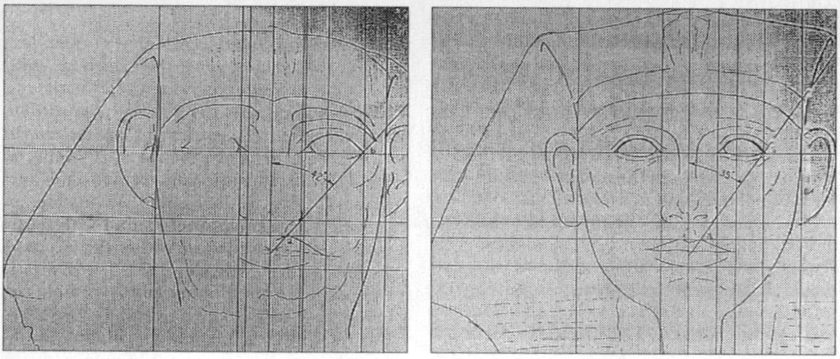

Dieser detaillierte Vergleich einer Statue des ägyptischen Pharaos Chephren – angeblich Erbauer der Sphinx – und des Sphinx-Kopfes stammt von dem New Yorker Kriminalbeamten Frank Domingo. Die Unterschiede zwischen den beiden Gesichtern sind so deutlich, daß diese nicht dasselbe Individuum darstellen können. Die Sphinx ist kein Abbild von Chephren.

die Angelegenheit ein für allemal zu klären, hatte der Autor John Anthony West die originelle Idee, einen Experten auf dem Gebiet der Gesichtsrekonstruktion zu Rate zu ziehen. Es war Detective Frank Domingo, ein erfahrener Beamter der New Yorker Kriminalpolizei, der 1992 Ägypten besuchte. Seine wissenschaftliche Analyse läßt darauf schließen, daß das Gesicht der Chephren-Statuen nicht mit dem der Sphinx identisch ist.

Alles in allem wird deutlich, daß die Fakten es kaum rechtfertigen, die Sphinx so eindeutig Chephren zuzuschreiben, wie dies meist geschieht, so auch in der *Encyclopaedia Britannica*, die im Brustton der Überzeugung erklärt, die Sphinx stamme aus der Zeit Chephrens und stelle »bekanntlich ein Porträt des Königs« dar.[10]

Das Gegenteil trifft zu – wir müssen akzeptieren, daß es nur wenige Belege gibt, mit deren Hilfe wir die Sphinx auf die Regierungszeit Chephrens datieren können. Selbst Professor Selim Hassan, ein anerkannter Experte für die Sphinx, der in Giseh viele Jahre lang Grabungen durchführte, räumt ein: »In der Antike war man allgemein der Meinung, die Sphinx sei älter als die Pyramiden.«[11] Hassan weist zudem auf folgendes hin: »Abgesehen von der verstümmelten Zeile auf der Granitstele von Thutmosis IV., die überhaupt nichts beweist, existiert keine einzige alte Inschrift, die eine Beziehung zwischen der Sphinx und Chephren herstellt.«[12]

Das Alter der Sphinx

Mit der Zeit erodiert heftiger Regen unweigerlich selbst Stein. Peitscht das Wasser über Jahrtausende hinweg unbarmherzig hernieder, gräbt es tiefe Furchen in den Stein, so daß eine einst glatte Oberfläche genarbt und rissig wird.
Hüllen hingegen die Sandstürme der Wüste Felsen oder gemeißelte Statuen ein, verursacht die Erosion große Risse, die horizontal über die Oberfläche des Steins verlaufen. Weicheres Gestein wird so ausgeschliffen, daß deutlich getrennte Schichten sichtbar sind.
Prinzipiell scheint es also recht einfach, den Unterschied zwischen den beiden Arten von Erosion zu bestimmen. Verlaufen die eingegrabenen Furchen vertikal von oben nach unten, ist starker Regen verantwortlich; verlaufen sie horizontal von einem Ende zum anderen, wurden sie vom Wind und der Reibung des Sandes geschaffen. Allerdings ist die Erosion in Geologenkreisen ein heikles Thema, denn die Wissenschaftler sind sich bewußt, daß jede Regel ihre Ausnahme hat und daß die Natur immer unberechenbar sein kann.
Im Jahr 1978 stieß John Anthony West auf eine faszinierende Tatsache: die Erosionsspuren an der Sphinx von Giseh verlaufen von oben nach unten. West folgerte, sie müßten durch schwere Regenfälle verursacht worden sein.
Nun hat die Sphinx während der gesamten überlieferten Geschichte in einer trockenen Sandwüste gelegen. In dieser Zeit war sie meist sogar weitgehend mit Sand bedeckt, der ihren unteren Teil schützte. Trotzdem kann jeder Beobachter die tiefen Erosionsspuren sehen. Was bedeutet das für die gängige archäologische Datierung der Sphinx? Eine Menge Ärger, lautet die spontane Antwort, denn West zufolge hat es in Ägypten schon seit dem

Das vertikale Erosionsmuster der die Sphinx umgebenden Wände kann nur durch starke Niederschläge entstanden sein. Vom Wind getriebener Sand verursacht ein anderes, horizontales Muster.

Ende der letzten Eiszeit um 10 000 v. Chr. nicht mehr so stark geregnet.[13]
Oder doch?

Im April 1991 erhielt ein Team aus amerikanischen Wissenschaftlern die Erlaubnis, eine geologische Studie der Sphinx anzufertigen. Es ging den Forschern insbesondere darum, wissenschaftlich korrekte Fakten über das beobachtete Erosionsmuster zu sammeln. Wichtigstes Mitglied des Teams war Professor Robert Schoch von der Boston University, ein Geologe, dessen Fachgebiet die Verwitterung weichen Gesteins ist.[14]
Wie bereits erwähnt, ist die Sphinx nicht aus Steinblöcken erbaut wie die Pyramiden, sondern aus dem vorhandenen Fels gemeißelt. Es handelt sich dabei um Kalkstein, der das Plateau von Giseh in verschieden harten Schichten durchzieht. Ursprünglich ragte wohl ein Felsen aus härterem Gestein aus dem Plateau empor; aus

diesem Felsen wurde der Kopf der Sphinx gehauen. Dann drang man weiter nach unten in den weicheren Kalkstein vor, so daß ein breiter Graben entstand. Aus dem in der Mitte verbliebenen, massiven Steinblock wurde schließlich der Körper der Sphinx geformt. Man vermutet, daß der im Umkreis des Monuments abgetragene Fels teilweise als Baumaterial für eine der Pyramiden verwendet wurde. Im Falle des Sphinxtempels trifft das mit Sicherheit zu.[15] Der gesamte Bereich diente im Grunde als Steinbruch.

Weil der Großteil der Sphinx sich unterhalb der früheren Erdoberfläche befindet und weil er in der Mitte eines breiten, ausgehöhlten Grabens liegt, wird er rasch von Sand bedeckt. So war der Körper der Sphinx über die Jahre hinweg meist unsichtbar, da unter dem Sand verborgen. Nur der Kopf ragte hervor.

Professor Schoch bemerkte, daß die Sphinx und die Innenwände des sie umgebenden Grabens zur selben Zeit aus demselben Gestein gehauen worden waren, daß sie in geologischer Hinsicht also gleich alt sind. Aus diesem Grund müssen sie in gleicher Weise von den Auswirkungen der Erosion betroffen sein, egal, ob es sich dabei um vom Wind getriebenen Sand handelt oder um Wasser in Form von Überflutungen oder Regen.

Auch viele der alten Gräber im Süden der Sphinx, die ebenfalls noch zum Komplex von Giseh gehören, wurden aus demselben Kalkstein errichtet, nach gängiger Auffassung ungefähr zur selben Zeit. Wie zu erwarten, weisen sie deutliche Erosionsspuren auf, die auf Sandstürme zurückzuführen sind. Wurde der gesamte Komplex innerhalb derselben Epoche erbaut, so wäre zu erwarten, daß das Erosionsmuster überall dasselbe ist.[16]

Interessanterweise entdeckte Professor Schoch etwas ganz anderes. Die Sphinx und die sie umgebenden Wände weisen ein Erosionsmuster auf, das sich deutlich von dem der Gräber unterscheidet. Die Differenz ist so ausgeprägt, daß es laut Schoch einfach nicht möglich ist, die Bauten in dieselbe Zeit zu verlegen.[17] In ebenso deutlichem wie erstaunlichem Gegensatz zu den anderen Monumenten von Giseh seien der »Körper der Sphinx und die Wände des Grabens um sie herum [...] stark verwittert«.[18] Diese »sehr alte Erosion« sei

»ein Paradebeispiel dafür [...], was mit einem Sandsteinbauwerk geschieht, wenn es jahrtausendelang schwerem Regen ausgesetzt ist [...] Die vorliegende Erosionsstruktur ist eindeutig die Folge von Niederschlag [...] Das Wasser entfernte die weichen Lagen des Felsgesteins und vergrößerte sie zu diesen Rissen – für mich als Geologe ein eindeutiges Indiz, daß die vorliegende Erosionsstruktur auf Wassereinfluß zurückzuführen ist«.[19]

In diesem Zusammenhang verwies Schoch auch auf die aus Lehmziegeln erbauten Königsgräber von Sakkara. Obwohl sie für mehrere hundert Jahre älter als die Sphinx gehalten werden, weisen sie keine derartige Verwitterung auf, obwohl Lehmziegel ein wesentlich empfindlicheres Baumaterial sind als Kalkstein.[20]
Es ist bekannt, daß es in der Vergangenheit eine ausgedehnte Periode gab, in deren Verlauf in Nordafrika viel Regen fiel. Um 40 000 v. Chr. war das dortige Klima gemäßigt, und die Niederschläge reichten aus, um weite, mit Gras bestandene Savannen zu schaffen, in denen es von Tieren wimmelte. An den Ufern von Flüssen und Seen ließen sich die Menschen der Frühzeit nieder, um zu jagen und zu fischen.
Es folgte eine wiederum sehr lange Periode, die das Gebiet für Zehntausende von Jahren in eine Wüste verwandelte, wie wir sie auch heute sehen. Um 8000 v. Chr. kehrte das feuchtere Klima dann wieder zurück, und aus der Wüste wurde zum großen Teil wieder eine weite, fruchtbare Ebene. Unterbrochen von einigen Trockenperioden, dauerte diese Phase bis 4500 v. Chr.[21] In dem großen, reichen Grasland blühte ein Volk auf, das bis heute einigermaßen mysteriös geblieben ist.[22] Obgleich es sich an die kontinuierlich abnehmenden Niederschläge anpassen mußte, lebte es dort vielleicht bis 3000 v. Chr. und damit bis zur ersten Dynastie der ägyptischen Pharaonen.
Es ist diese jüngste Niederschlagsperiode, auf die die starke Erosion der Sphinx höchstwahrscheinlich zurückzuführen ist.
Professor Schoch ist ein erfahrener Wissenschaftler, der weiß, wovon er spricht. Abgesehen von Vorurteilen besteht kein Grund, sei-

nen letzten, dramatischen Schluß zu negieren – daß die Sphinx mindestens aus den Jahren 7000 bis 5000 v. Chr. stammt, also aus dem Hauptteil der neolithischen Feuchtigkeitsperiode. Schoch schreibt:

> »Fasse ich die verfügbaren Belege als Geologe zusammen, so komme ich zu der Vermutung, daß die Große Sphinx von Giseh wesentlich älter ist als das ihr bisher zugeschriebene Datum von etwa 2500 v. Chr. Aufgrund dieser Belege komme ich vorläufig zu der Schätzung, daß der Ursprung der monumentalen Skulptur mindestens in den Jahren 7000 bis 5000 v. Chr. zu suchen ist, vielleicht sogar in einer noch weiter zurückliegenden Zeit.«[23]

Als diese Schlußfolgerungen veröffentlicht wurden, brandete heftiger Widerstand von offizieller Seite auf. Die ägyptischen Behörden vertrieben Schochs Team aus Giseh, glücklicherweise erst, nachdem die Wissenschaftler alle nötigen Daten gesammelt hatten. Seit 1993 wurden keine weiteren geologischen Forschungen mehr genehmigt.

Von seiten der Ägyptologen wurden Professor Schochs Ergebnisse lautstark kritisiert, während die Geologen ihn ebenso lautstark unterstützten.

Als die Fakten im Oktober 1992 beim Jahrestreffen der Geologischen Gesellschaft von Amerika in San Diego vorgestellt wurden, staunte die anwesende Geologenschar, als sie erfuhr, daß die deutlich sichtbaren Erosionsmuster bislang noch keinem aufgefallen waren. Die Ansicht Professor Schochs, die Sphinx sei durch Niederschläge erodiert worden, wurde ohne weiteres akzeptiert.[24]

Ein unerbittlicher Gegner dieser Vorstellungen ist Dr. Hawass. Mit den Belegen konfrontiert, die eine Revision der Datierung der Sphinx erfordern würden, kommentierte er wütend: »Das ganze Zeug entbehrt jeder wissenschaftlichen Grundlage.«[25]

Schoch reagierte gelassen auf solche heftigen Attacken. »Man hat mich immer wieder darauf hingewiesen«, sagte er, »daß die vordynastischen Völker Ägyptens [...] weder über die technologischen noch die gesellschaftlichen Voraussetzungen verfügten, um den Körper der Sphinx aus dem Fels zu hauen.«[26] Dies ist ein berechtigter Einwand. Nichts, was über das vordynastische Ägypten bekannt ist, verweist auf einen Herrscher, der über die nötigen Arbeitskräfte und Organisationsstrukturen hätte verfügen können. Allerdings stecken die Untersuchungen über diese Epoche noch in den Kinderschuhen. Und, wie Schoch korrekt feststellt, müssen ihn solche Fragen gar nicht interessieren: »Das ist [...] nicht mein Problem, denn ich bin Geologe. Ich will mich nicht drücken, aber es ist die Aufgabe der Ägyptologen und Archäologen herauszufinden, wer die Sphinx geschaffen hat.«[27] Eine unverhohlene wissenschaftliche Herausforderung der Ägyptologen stellt Schochs Schluß dar: »Wenn meine *Ergebnisse* mit ihrer *Theorie* über die Anfänge der Zivilisationsgeschichte kollidieren, könnte es vielleicht angebracht sein, daß sie sich Gedanken über eine Revision ihrer Theorie machen.«[28]

Schlüsse und ihre Folgen

Die Implikationen von Professor Schochs Schlußfolgerungen sind weitreichend. Wenn die Sphinx zeitlich vom Rest des Komplexes von Giseh entfernt ist, ist das ein Hinweis darauf, daß der Ort schon lange vor dem Aufstieg der Pharaonen eine religiöse Bedeutung hatte. Zu vermuten wäre auch, daß der Tempel neben der Sphinx aus derselben Epoche stammt. Dies wiederum führte zu dem Schluß, daß die Menschen jener Zeit nicht nur in der Lage gewesen wären, die Sphinx zu erschaffen, sondern daß sie auch technisch so weit fortgeschritten waren, bis zu 200 Tonnen schwere Steinquader zu bewegen. Dies ist das vierfache Gewicht der Blöcke, aus denen Stonehenge besteht, und aus diesen gewaltigen Quadern ist der Sphinxtempel errichtet.[29]

Nehmen wir diese Schlüsse als Arbeitshypothese, und wenden wir uns wieder den Ergebnissen der archäologischen Grabungen an vordynastischen Stätten zu. Hier ist festzustellen, daß es trotz des platten Leugnens der Ägyptologen nicht ganz stimmt, wenn behauptet wird, vor dem Königreich der Ersten Dynastie seien weder die soziale Organisation noch die Technologie verfügbar gewesen, um die Sphinx zu schaffen. Dazu müssen wir noch nicht einmal die Atlantiden anrufen, wie Hancock und andere es tun.

Obgleich die vordynastische Periode nicht allzu gut bekannt ist, sind gewisse Fakten ans Tageslicht gekommen. Zu erkennen sind Hinweise auf Elemente einer wesentlich bedeutenderen und früheren Kultur als bisher angenommen. Diese Hinweise aber führen uns zum Plateau von Giseh, dem Standort der Sphinx.

Eines der frühesten und größten Siedlungszentren des vordynastischen Ägypten lag von Giseh aus gesehen gleich am anderen Ufer des Nils in Maadi.[30] Dort stieß man auf einem 1,8 Hektar großen Gelände auf sehr alte Ruinen. Die Grabungen fanden von 1930 bis 1935 statt; wie so oft wurde allerdings nie ein Abschlußbericht publiziert. Jedenfalls scheinen die Ruinen von Maadi aus der Zeit um 3600 v. Chr. zu stammen, doch könnte die Siedlung schon früher entstanden sein. Nur weitere Grabungen können darüber Auskunft geben. Maadi ist die einzige bekannte Stätte dieses Typs, doch vielleicht existieren weitere Orte, die jetzt tief unter dem Wüstensand liegen oder unter den Ruinen der späteren dynastischen Zeit begraben sind.

Maadi war vor allem ein Handelszentrum; schließlich lag es an der Hauptroute zu den Kupferminen des Sinai und am Scheitel des Nildeltas, einem Brennpunkt der Schiffahrt. Die Grabungen offenbarten drei Merkmale der Stadt: Kein anderer bekannter Ort der ägyptischen Frühzeit wurde derart vom Handel dominiert; es bestanden gute internationale Beziehungen, die dazu führten, daß Angehörige anderer Völker hier ihren Wohnsitz nahmen; Maadi war eine der ersten bekannten Stätten der Metallverarbeitung in Ägypten.

Handel und Metallhandwerk bedürfen einer gut organisierten Bevölkerung. Bei beiden Tätigkeiten geht es um die Sammlung und Lagerung von Produkten, um eine Kontrolle der Transporte, die Aufzeichnung von Transaktionen, um Zusagen und Schulden. Zum Metallhandwerk gehört ferner ein Wissen über Bergbau und

Verhüttung sowie Techniken zur Herstellung der Kupferstangen, Werkzeuge und Waffen, die ausgegraben wurden. Viele dieser Gegenstände wurden zweifellos für den Export produziert.[31]
In Maadi ist ein System städtischer Organisation erkennbar. Die Siedlung verfügte über zwei der gemeinsamen Lagerung von Gütern gewidmete Bereiche: Der eine bestand aus relativ großen, mit Gütern gefüllten Kellern, der andere enthielt eine Anzahl großer, bis zum Hals im Boden vergrabener Gefäße.[32] Dies ist ein deutlicher Hinweis auf irgendeine Form der Hierarchie, an deren Spitze sowohl ein einzelner wie auch ein Rat gestanden haben könnte.
Auch die Anfänge technologischen Wissens sind erkennbar. Einer der Lagerkeller besitzt eine Steinmauer, eines der frühesten Beispiele für entsprechende Bauten in Ägypten. Stein wurde in Maadi auch zur Herstellung feiner Gefäße aus Basalt, Alabaster und Kalkstein verwendet. Zur Anwendung kam selbst Gestein wie Granit und Diorit, deren Bearbeitung erheblich mehr Mühe und technische Fertigkeit erfordert.
Die Menschen von Maadi besaßen also wohl das Wissen und die organisatorische Struktur, um ein Monument wie die Sphinx aus dem Fels hauen zu können. Haben sie oder ihre Vorfahren, die vielleicht an einem noch nicht ausgegrabenen Ort in der heutigen Wüste lebten, tatsächlich die Sphinx geschaffen? War die Bevölkerung von Maadi der Rest einer früheren Gruppe, die beim Ausbleiben der Niederschläge näher an den Nil zog? Vielleicht werden wir diese Fragen eines Tages beantworten können.
Von seiten der Ägyptologen wird sofort darauf hingewiesen, daß keinerlei Scherben oder andere Artefakte aus der Maadi-Kultur in Giseh gefunden worden seien, weshalb eine Verbindung der beiden Stätten anzuzweifeln sei. Wir werden jedoch sehen, daß das falsch ist.
In Wirklichkeit existieren von der Ägyptologie vergessene Belege, die zu Beginn dieses Jahrhunderts auftauchten, dann jedoch wieder im archäologischen Dunkel verschwanden.
Alle Museen leiden unter eine Überfülle an Informationen und Objekten. Bei einem Spaziergang durch die Keller von Museen oder

archäologischen Abteilungen bietet sich immer derselbe Anblick: schlecht beleuchtete Flure mit kilometerlangen Wänden voller Industrieregale, die überladen sind mit Gefäßen, Pappschachteln, verpackten Bündeln und all den staubigen Accessoires, die die Grabungen Jahr für Jahr zutage fördern. All diese Dinge sind zwar mit kleinen Ziffern oder einem Buchstabencode versehen, aber im Grunde abgelegt und vergessen.

Mitte der 80er Jahre stieß ein Wissenschaftler im Keller des Archäologischen Museums von Kairo auf einige längst vergessene Gefäße. Obgleich sie unsere Ansichten über das Plateau von Giseh revolutionieren, sind sich bis heute nur wenige Ägyptologen ihrer Existenz und ihrer Konsequenzen bewußt.

Im Jahr 1907 hatten Archäologen vier vollständige Keramikgefäße »am Fuß der Großen Pyramide« ausgegraben. Aus diesem Grund schrieb man sie der Vierten Dynastie zu und räumte sie weg. Als der Archäologe Bodil Mortensen sie in den 1980er Jahren wieder zu sehen bekam, bemerkte er mit Erstaunen, daß sie gar nicht aus der Vierten Dynastie stammten, sondern aus der in Maadi existierenden Kultur – und diese blühte mindestens tausend Jahre vor dem Bau der Großen Pyramide.[33] 1907 hatte man die Gefäße noch gar nicht korrekt identifizieren können, denn die Ruinen von Maadi wurden erst 1930 entdeckt.

Mortensen war sich bewußt, daß für häusliche oder kommerzielle Zwecke verwendete Gefäße erst auf den Müll wandern, wenn sie zerbrochen sind. Auf jeden Fall wären vor so langer Zeit an der Oberfläche plazierte Objekte bei späteren Bauarbeiten zerstört worden. Der Archäologe kam daher zu dem Schluß, daß diese Gefäße aus einem alten Grab stammen mußten. Es hatte also in Giseh eine Bestattung der vordynastischen Maadi-Kultur stattgefunden, und dies ist ein wichtiger und bedeutender Beleg dafür, daß Giseh schon lange vor den Pharaonen als heilige Grabstätte benutzt worden war. Offenbar wurden jedoch durch die späteren Bauten der Pharaonen der Vierten Dynastie fast alle frühen Überreste zerstört.

Was dort wirklich stand, werden wir wahrscheinlich nie erfahren. Aber Giseh war eindeutig nicht nur eine königliche Grabstätte der

Vierten Dynastie, sondern schon lange vorher ein besonderer Ort. Es gibt noch eine weitere faszinierende Alternative: Was wäre, wenn die Erbauer der Sphinx von anderswoher stammten? In Maadi finden sich Belege für enge Verbindungen zu Palästina. Zwischen den für Ägypten typischen ovalen Hütten wurde eine Anzahl unterirdischer Wohngebäude entdeckt, wie man sie im südlichen Palästina findet. Vielleicht lebten hier Händler oder Handwerker aus dieser Gegend.[34]

Die wohl größte Stadt im Süden Palästinas war Jericho. Seit etwa 7000 v. Chr. – nicht lange nach dem Ende der letzten Eiszeit und der Entstehung von Çatal Hüyük – verwendete man dort Steine als Baumaterial. Die Stadt war damals von einer steinernen Ringmauer umgeben und besaß einen neun Meter hohen Steinturm. Um 5500 v. Chr. waren auch in Jericho unterirdische Wohnungen üblich; sie glichen den Bauten von Maadi, denen man womöglich dasselbe Datum zuschreiben kann.[35] Es sieht also nach einem engen Kontakt zwischen Maadi und Jericho aus, und damit wäre es einfach gewesen, die in Palästina entwickelten Steinbautechniken nach Maadi und Giseh zu exportieren. Überraschend wäre umgekehrt, wenn diese Techniken nicht nach Süden gelangt wären.

Auch andere vordynastische Stätten weisen Verbindungen nach Nordosten auf. Seit vielen Jahren führt ein deutsches Forscherteam im Nildelta bei Buto Grabungen durch. Die Wissenschaftler haben dort ein bedeutendes vordynastisches Zentrum mit guten Verbindungen zu Mesopotamien entdeckt, also zu einer Region, die ebenfalls eine alte Tradition von Monumentalbauten besitzt. Die Grabungen und die Analyse der Funde sind noch nicht abgeschlossen.

Es wird häufig vergessen, daß die früheste Form der Hieroglyphen noch immer nicht übersetzt werden kann. Ebensowenig wissen wir, wann, wo und wie diese Zeichen sich entwickelt haben und welche Art von Information sie verbergen. Vielleicht taucht einmal ein archaisches Gegenstück zu dem berühmten Stein von Rosette auf, das den Schlüssel zu dieser Schrift liefert; vielleicht stößt man auf eine tief im Sand verborgene königliche oder städtische Bibliothek. Denn trotz der vielen dramatischen Entdeckungen, die ein

Jahrhundert intensiver archäologischer Arbeit in Ägypten ans Tageslicht brachte, hat noch niemand behauptet, daß mehr als ein kleiner Teil des Gesamtbildes enthüllt worden sei.
Jederzeit könnten neue Grabungen verblüffende Beispiele für ein unerwartet hohes kulturelles und technisches Niveau einer der vordynastischen Gesellschaften Ägyptens zutage fördern. Dies wäre wohl besonders dann der Fall, wenn das archäologische Establishment das größere Alter der Sphinx akzeptieren und mit einer methodischen Suche nach der archaischen Kultur beginnen würde, die sie erschuf.
Die Zukunft ist offen, die alten Gewißheiten befinden sich im freien Fall. Professionelle Archäologen und findige Amateure durchstreifen die Museen und Grabungsstätten, getrieben von einem weitverbreiteten Gefühl, daß ein paar wahrhaft dramatische Entdeckungen noch vor uns liegen – Entdeckungen, die unseren Blick auf die Vergangenheit revolutionieren werden.

Epilog

Die Archäologen besitzen kein Monopol auf Kurzsichtigkeit; wir alle neigen dazu, die Dinge so zu sehen, wie es unseren Ansichten oder Wünschen entspricht. Dies aber ist der Grund dafür, daß sämtliche Belege ignoriert werden, die einer festgefügten Theorie widersprechen. Es wäre also durchaus möglich, daß die Überreste einer sehr alten, in einer fernen Epoche blühenden ägyptischen Kultur bereits in unseren Museen lagern – abgelegt als zusammenhanglose Fragmente, die auf ihre Identifikation warten.

Im Grunde ist die Archäologie keine Wissenschaft, so sehr sie sich auch wissenschaftlicher Methoden und Instrumente bedienen mag. Sie ist eine Kunst: die Kunst, die Vergangenheit zu rekonstruieren. In diesem Sinne hängt sie stark mit Gefühlen, Ahnungen und einer Sensibilität für alte Landschaften zusammen. Gelegentlich haben die Forscher bei Grabungen das intensive Gefühl, auf unerklärliche Weise ein intimes Wissen über vergangene Zeiten zu besitzen, ja fast eine Erinnerung daran.

In mancher Hinsicht gleicht der Archäologe auch dem Schamanen, dem Geschichtenerzähler, der das Gedächtnis seines Stammes in seinem Geist bewahrt und damit für alle Stammesmitglieder als Hüter der Bedeutung fungiert.

Archäologen und Historiker, ja alle, die unsere Vergangenheit aufdecken und bewahren, tragen eine gewisse Verantwortung für eine Gegenwart, die nur zu oft die Vergangenheit dazu mißbraucht, sich zu rechtfertigen. Schließlich behaupten Politiker wie Tyrannen seit Urzeiten, ihre Autorität gründe sich auf die Geschichte. Als sich im alten Babylon um 1900 v. Chr. die erste Dynastie des mesopotamischen Reiches etablierte, wurde der Schöpfungsmythos des Volkes umgeschrieben, um Marduk, den Stadtgott Babylons, an die höchste Stelle zu setzen. Die Mythologie und damit der Fundus der kulturellen Informationen wurden in den Dienst der Politik gestellt, und diese Methode ist seither nie außer Mode gekommen.

Leider überdauert keine Geschichte aus der Vergangenheit je ohne Modifikationen, und keine historische Entdeckung ist je vollständig. Oft erinnert die Geschichtsschreibung an die Statistik: Alles kann bewiesen und jede Version der Vergangenheit aufrechterhalten werden, wenn man nur unwillkommene Fakten ausschließt.

Andere Wissenschaften bieten ein ähnliches Bild. Meist wird vergessen, daß die Wissenschaft im Grunde einfach eine Methodologie darstellt, also eine Arbeitsweise. Auf dieser Basis entstandene Schlüsse sind keine »Wahrheiten«, sondern eher statistische Annäherungen. Geschieht etwas hundertmal, so nimmt man an, daß es auch hundertundeinmal und tausendmal geschehen werde. Und wenn im Verlauf dieser hundert oder tausend Wiederholungen etwas anderes geschieht, dann wird dieser einsame Vorfall rasch als anomal ausgeschlossen. Man ignoriert ihn und vergißt ihn mit der Zeit.

In diesem Buch haben wir uns mit vielen Informationen auseinandergesetzt, die eine direkte Herausforderung an das herkömmliche Denken darstellen. Es sind Informationen, die die bequemen, aber engen Grenzen unserer modernen Welt sprengen. Wir haben Belege kennengelernt, die auf eine zielgerichtete Evolution verweisen, Funde, die schon sehr früh die Existenz technologischen Wissens vermuten lassen, und fossile Hinweise darauf, daß der Mensch bereits vor Jahrmillionen lebte. Die Rede war auch von der Möglichkeit, daß die menschliche Kultur in Landstrichen entstanden ist, die nun tief unter dem Meeresspiegel liegen.

Allzuoft geraten wir in die gedankliche Falle, wir wüßten alles

über unsere Welt. In diesem Buch sind Informationen versammelt, die uns daran erinnern, daß dies nicht so ist.
Was mich betrifft, so bin ich jedenfalls stets der Meinung gewesen, daß eine Idee, so abstrus und seltsam sie auch klingen mag, sich schließlich doch als wahr erweisen kann.

Anhang

Bildnachweis

S. 19, Foto: The British Library
S. 31, Foto: Dr. Don R. Patton
S. 33, Foto: Dr. Don R. Patton
S. 36, Foto: The New York Public Library
S. 37, Foto: Deseret News
S. 63, Foto: The Natural History Museum, London
S. 65, Foto: The Natural History Museum, London
S. 67, Foto: The International Society of Cryptozoology
S. 72, Illustration: Prof. Paul H. LeBlond
S. 74, Foto und Illustration: Prof. Paul H. LeBlond
S. 79, Illustration: Fortean Picture Library
S. 94, Illustration: Prof. Roy P. Mackal
S. 99, Foto: AKG
S. 101, Illustration: Dr. Michel Lorblanchet
S. 102, Illustration: © 1998 by WARA, Centro Comuno di Studi Preistorici, I-25044 Capo di Ponte
S. 131, Foto: The Science Library, London
S. 145, Illustration : The British Library
S. 150, Illustration: The British Library
S. 157, Foto: Prof. Naama Goren-Inbar
S. 165, Foto: The British Library
S. 231, Foto: Michael Baigent
S. 234/235, Foto: John Anthony West
S. 237, Foto: Michael Baigent

Die Karten zeichnete Achim Norweg, München
Die Karte auf S. 221 basiert auf Material der Hydrographischen Institute Frankreichs und des Vereinigten Königreichs (Admiralty Chart 4103); verwendet mit freundlicher Genehmigung des Controller of Her Majesty's Stationery Office.

Anmerkungen

Einleitung / Erstes Kapitel

1 Für die kambrische Explosion wird eine Anzahl unterschiedlicher Zeitpunkte genannt. Erwin, Valentine und Jablonski (»The Origin of Animal Body Plans«, S. 126) sprechen von »vor nahezu 530 Millionen Jahren«, Professor Jeffrey Levinton (»The Big Bang of Animal Evolution«, S. 52) meint, es handle sich um »ungefähr 570 Millionen Jahre« vor unserer Zeit. Paläontologische Entdeckungen werden auch weiterhin zu Modifikationen führen.
2 Semaw u.a., »2.5-million-year-old stone tools from Gona, Ethiopia«, S. 333–336.
3 *The Times* vom 24. Dezember 1851; als Quelle angegeben wird der *Springfield Republican*.
4 Whitney, *The Auriferous Gravels of the Sierra Nevada of California*.
5 Skertchly, »On the Occurrence of Stone Mortars«, S. 332–337.
6 Becker, »Antiquities from under Tuolumne Table Mountain in California«, S. 189–200.
7 Holmes, »Review of the evidence relating to Auriferous Gravel Man in California«, S. 419–472. Vgl. die Zusammenfassung in Corliss, *Ancient Man*, S. 670 ff.
8 Vgl. Cremo und Thompson, *Verbotene Archäologie*, S. 312–322.
9 Whitney, a.a.O., S. 264. Whitney hat einige dieser Objekte selbst untersucht.
10 Ebd. S. 265.
11 Ebd. S. 266.
12 Ebd. S. 274 f.
13 Ebd. S. 266.
14 Cremo und Thompson, a.a.O., S. 314 f.
15 Becker, a.a.O., S. 194.
16 Holmes, a.a.O., S. 453.
17 Becker, a.a.O., S. 192. Siehe auch Holmes, a.a.O., S. 450–453.
18 Cremo und Thompson, a.a.O., S. 316.
19 Becker, a.a.O., S. 192.
20 Whitney, a.a.O., S. 274.
21 Ebd. S. 275–278. Entsprechende Objekte wurden in den kaliforni-

schen Bezirken Amadour, El Dorado, Placer, Nevada, Butte, Siskiyou und Trinity gefunden. Zu ihrer Datierung siehe Cremo und Thompson, *Forbidden Archeology*, S. 386 f.

22 Cremo und Thompson, *Forbidden Archeology*, S. 392.

23 *Morrisonville Times*, 11. Juni 1891, S. 1.

24 Cremo und Thompson, *Forbidden Archeology*, S. 805.

25 Siehe ebd. S. 806.

26 *Morrisonville Times*, a.a.O.

27 *The Times*, 22. Juni 1844, S. 8; als Quelle wird der *Kelso Chronicle* angegeben.

28 Brewster, »Queries and Statements«, S. 51.

29 *Nature*, 35, 11. November 1886, S. 36. Das Objekt wog 786 Gramm und war mit einer dünnen Oxydschicht überzogen. Es war hart wie Stahl und besaß ein spezifisches Gewicht von 7,75. Einige der Fachleute, die es untersuchten, hielten es für künstlich hergestellt, andere für einen Meteoriten.

30 Allan und Delair, *When the Earth Nearly Died*, S. 336.

31 Cremo und Thompson, *Verbotene Archäologie*, S. 346. Der ursprüngliche Bericht wurde veröffentlicht in *The Geologist*, Dezember 1862.

32 Hürzeler, »The significance of Oreopithecus in the genealogy of man«; und *Science*, 128, 5. September 1958, S. 523.

33 Burroughs, »Human-like Footprints«, S. 46. Siehe auch Cremo und Thompson, *Verbotene Archäologie*, S. 346–350. Der Fundort lag auf der O. Finnel Farm in Rockcastle County nahe der Stadt Berea in Kentucky.

34 Burroughs, a. a. O., S. 46.

35 Ebd. S. 46 f.

36 Cremo und Thompson, *Verbotene Archäologie*, S. 348.

37 Burroughs, a. a. O., S. 47.

38 Cremo und Thompson, *Verbotene Archäologie*, S. 348.

39 Thulborn, *Dinosaur Tracks*, S. 229 ff. Siehe auch Corliss, *Science Frontiers*, S. 44 f.

40 Cremo und Thompson, *Verbotene Archäologie*, S. 350.

41 Siehe den Überblick in Corliss, *Ancient Man*, S. 636–651.

42 Cremo und Thompson, *Forbidden Archeology*, S. 807.

43 Ebd. S. 808.

44 *Deseret News*, 13. Juni 1968, S. 14A. Siehe auch Corliss, *Unknown Earth*, S. 642, und Cremo und Thompson, *Forbidden Archeology, S. 810–813*.

45 Cremo und Thompson, *Forbidden Archeology*, S. 812.

Zweites Kapitel

1 Denton, *Evolution*, S. 75.
2 Dawkins, *Das egoistische Gen*, S. 1.
3 Gould, *Der Daumen des Panda*, S. 187 f. Dieser Aufsatz erschien erstmals 1977; Goulds frühester Protest stammt aus dem Jahr 1972 (siehe Schindel, »The Gaps in the Fossil Record«, Anm. 1).
4 Schindel, »The Gaps in the Fossil Record«, S. 282.
5 Darwin, *Die Entstehung der Arten*, S. 359.
6 Ebd. S. 190.
7 Ebd.
8 Ebd. S. 539.
9 Gould, a. a. O., S. 189.
10 Das Interview mit Luther D. Sutherland wird wiedergegeben in: Mebane, *Darwin's Creation-Myth*, S. 18.
11 Stanley, *Der neue Fahrplan der Evolution*, S. 114.
12 Wesson, *Die unberechenbare Ordnung*, S. 66.
13 Levinton, »The Big Bang of Animal Evolution«, S. 52. Siehe auch Erwin, Valentine und Jablonski, »The Origin of Animal Body Plans« (S. 126): »Bis zum Ende der kambrischen Explosion waren offenbar sämtliche grundlegenden Strukturen der Tierwelt etabliert.«
14 Ebd.
15 Wesson, a. a. O., S. 61.
16 Früher *Eohippus* genannt.
17 Denton, *Evolution: A Theory in Crisis*, S. 182 f.; siehe auch Eldredge, *Reinventing Darwin*, S. 129 ff., und Milton, *The Facts of Life*, S. 122–127.
18 Siehe Milton, a. a. O., S. 124.
19 Gould, a. a. O., S. 190.
20 Wesson, a. a. O., S. 73.
21 Beschreibung angelehnt an: Jacobs, *Quest for the African Dinosaurs*, S. 242.
22 Wesson, a. a. O., S. 61 f.
23 Ebd. S. 63.
24 Ebd.
25 Ebd. S. 28 f.
26 Leith, *The Descent of Darwin*, S. 78.
27 B. Stahl, *Vertebrate History: Problems in Evolution*, New York 1974, S. 349.
28 Gould, a. a. O., S. 198.
29 Darwin, *Life and Letters of Charles Darwin*, Bd. 2, S. 273.
30 Wesson, a. a. O., S. 33.

31 Das Referat mit dem Titel »Punctuated Equilibria: An Alternative to Phyletic Gradualism« findet sich gedruckt in: T. J. M. Schopf (Hrsg.), *Models in Paleobiology*, San Francisco 1972, S. 82–115. Eldregde und Gould schreiben hier (S. 96): »Viele Brüche im fossilen Material sind real; sie sind Ausdruck der Art und Weise, wie sich die Evolution entwickelt, und nicht die Fragmente eines unvollständigen Befundes.«
32 Denton, a. a. O., S. 310.
33 Ebd. Die Wahrscheinlichkeit ist $1:10^{100}$; im bekannten Universum existieren Atome in der geschätzten Zahl von 10^{70}.
34 Hoyle, in: *Nature*, 12. November 1981, S. 105.
35 Wesson, a. a. O., S. 347.
36 Ebd. S. 196.
37 Siehe Gleick, *Chaos*, S. 28–31.
38 Wesson, a. a. O., S. 351.

Drittes Kapitel

1 Clarke u.a., *Geheimnisvolle Welten*, S. 71.
2 Kaharl, *Water Baby*, S. 91.
3 Soule, *Wide Ocean*, S. 171.
4 Siehe Bille, *Rumors of Existence*, S. 21 f., und Shuker, *In Search of Prehistoric Survivors*, S. 123.
5 Shuker, a. a. O., S. 122 f.
6 Ellis, *Monsters of the Sea*, S. 343 f., auf der Basis von: D.J. Stead, *Sharks and Rays of Australian Seas*, Sydney 1963.
7 Shuker, a. a. O., S. 123.
8 Ebd. Siehe auch Linklater, *The Voyage of the Challenger*, S. 244.
9 Shuker, a. a. O., S. 119.
10 Ebd. S. 120.
11 Ebd. S. 121.
12 Sekretariat: P.O. Box 43070, Tucson, Arizona 85733, USA.
13 Heuvelmans, *In the Wake of the Sea-Serpents*, S. 473–477.
14 Le Blond und Sibert, *Observations of Large Unidentified Marine Animals in British Columbia and Adjacent Waters*, S. 5 f.
15 Ebd. S. 63.
16 Ebd. S. 31.
17 Ebd. S. 32.
18 LeBlond und Bousfield, *Cadborosaurus*, S. 2.
19 Ebd. S. 29.
20 Ebd. S. 40.

21 Ebd. S. 31.
22 Ebd. S. 94–118.
23 Ebd. S. 119 f.
24 Ebd. S. 57.
25 Ebd. S. 51–55.
26 Ebd. S. 57.
27 Shuker, a. a. O., S. 81.
28 Ebd. S. 81 f.
29 Ebd. S. 82.
30 Ebd. S. 82 f.
31 Ebd. S. 84.
32 Ebd. S. 102. Inzwischen sind bezüglich dieser Videoaufnahmen Zweifel aufgetaucht. Es wurde der Verdacht geäußert, es könnte sich um einen Schwindel handeln. Siehe *Fortean Times*, 102, September 1997, S. 29.
33 Shuker, a. a. O., S. 100–102.
34 Ebd. S. 83.
35 Ebd. S. 84.
36 Shuker berichtet von der Entdeckung von Fossilien eines Plesiosauriers – des jüngeren *Elasmosaurus* – in einer kalifornischen Gesteinsformation, die außerdem Fossilien aus der 64 bis 55 Millionen Jahre zurückliegenden Zeit des Paläozäns enthält. Leider hat man keine Verbindung zwischen den beiden Fossilienarten nachweisen können. Siehe Shuker, a. a. O., S. 92.
37 Siehe die Argumentation bei Shuker, a. a. O., S. 91–98.
38 Ebd. S. 95.
39 Vartanyan, Garutt und Sher, »Holocene dwarf mammoths from Wrangel Island in the Siberian Arctic«. Siehe auch Lister, »Mammoths in miniature«.
40 Shuker, a. a. O., S. 81.
41 Ebd. S. 108 f.
42 Bille, a. a. O., S. 39 f.
43 *The New York Times*, 12. November 1995.
44 Ein Überblick über alle in diesem Jahrhundert entdeckten Lebewesen jeder Größe findet sich in Shuker, *The Lost Ark*.

Viertes Kapitel

1 Die Geschichte seiner Expeditionen erzählt Mackal in seinem Buch *A Living Dinosaur*.
2 Kingdon, *Island Africa*, S. 10–16.

3 Proyart, *Geschichte von Loango*, S. 36.
4 Ley, *Drachen, Riesen, Rätseltiere*, S. 202.
5 Shuker, *In Search of Prehistoric Survivors*, S. 19.
6 Heuvelmans, *On the Track of Unknown Animals*, S. 462.
7 Ebd. S. 434–441.
8 Shuker, a. a. O., S. 19.
9 Ebd.
10 Ebd. S. 19 f.
11 Mackal, a. a. O., S. 19 f.
12 Ebd. S. 21 f.
13 Ebd. S. 23.
14 Ebd.
15 Ebd.
16 Ebd. S. 24.
17 Ebd. S. 25.
18 Ebd. S. 81 f.
19 Ebd. S. 77 f.
20 Ebd. S. 82.
21 Ebd. S. 59, 62, 75 f.
22 Ebd. S. 179 f.
23 O'Hanlon, *Kongofieber*, S. 450.
24 Mackal, a. a. O., S. 84.
25 Ebd. S. 139.
26 Ebd. S. 235 f.
27 Ebd. S. 257 ff.
28 Siehe zum Beispiel Emery, *Ägypten*, Tafel 4, S. 68.
29 Lorblanchet und Sieveking, »The Monsters of Pergouset«, S. 40, Illustration auf S. 47. Dieselbe Höhle enthält auch eingeritzte Zeichen: Gruppen geschwungener, paralleler Linien und ein Zickzackmuster mit sechs Winkeln auf der linken und sieben auf der rechten Seite. Ob diese Zeichen etwas bedeuten, ist unbekannt. Siehe ebd. S. 43 und 50.
30 Breuil, *Quatre cents siècles d'art pariétal*, Abb. 512, S. 390.
31 Melland, *In Witch-Bound Africa*, S. 238.
32 Price, *Extra-special Correspondent*, S. 178.
33 Lt-Colonel A. C. Simonds, *Pieces of War*, Erinnerungen an die Jahre 1931 bis 1974, auf den 1. Juli 1985 datiertes Typoskript.
34 Der Abdruck des Originalartikels findet sich in der *Fortean Times*, 105, Dezember 1997, S. 37.
35 Shuker, a. a. O., S. 57.
36 Ebd. S. 54 f.
37 Ebd. S. 56.

38 Lawson, »Pterosaur from the Latest Cretaceous of West Texas«, S. 947.
39 Shuker, a. a. O., S. 59.
40 Ebd.

Fünftes Kapitel

1 Johanson und Edey, *Lucy*, S. 17.
2 Viele Jahre meinte man, in Europa keine Überreste von *Homo erectus* entdecken zu können. Im März 1994 fand man in Italien jedoch einen beträchtlichen Teil der oberen Hälfte eines Hominiden-Schädels. Er hat ein geschätztes Alter von 900 000 Jahren, erhielt den Namen »Ceprano-Mensch« und wurde trotz einer Reihe kleiner morphologischer Unterschiede der Spezies *Erectus* zugeordnet. Siehe Gore, »The First Europeans«, S. 101.
3 Siehe zum Beispiel das Schaubild in Leakey und Walker, »Early Hominid Fossils from Africa«, S. 62. Siehe auch Lewin, *Bones of Contention*, S. 17.
4 Siehe den Vergleich des *Australopithecus* mit Menschenaffen in Leakey und Lewin, *Der Ursprung des Menschen*, z.B. S. 167 f. und 206 f.
5 Ebd. S. 132.
6 Lewin, *Bones of Contention*, S. 137.
7 Leakey und Walker, a. a. O., S. 62. Die Spezies erhielt den Namen *Australopithecus anamensis*.
8 White u. a., »*Australopithecus ramidus*«, S. 306. 1995 wurde diese Spezies umbenannt in *Ardipithecus ramidus*.
9 Johanson und Edey, a. a. O., S. 383.
10 Eine ausführliche Darstellung dieses Aspekts und seiner Konsequenzen findet sich in Morgan, *The Scars of Evolution*, S. 124–140.
11 Ebd. S. 126.
12 Ebd. S. 45 f.
13 Ebd. S. 140.
14 Ebd. S. 88–91.
15 Ebd. S. 111.
16 Ebd. S. 47.
17 Ebd. S. 175–179.
18 Ebd. S. 176 ff.
19 Ebd. S. 51–55, bezugnehmend auf eine Arbeit des Geologen Paul Mohr.
20 Ebd. S. 51.

21 La Lumière, »Evolution of human bipedalism«.
22 Morgan, a. a. O., S. 178.
23 More, »New skull turns up in Northeast Africa«.
24 Tuttle, »Evolution of hominid bipedalism«, S. 92. Der Autor schreibt hier, die Knochen- und Muskelstruktur von Lebewesen wie Lucy sei »durchaus vereinbar mit der Vorstellung, daß [diese] sich vor eher kurzer Zeit aus auf Bäumen lebenden Zweifüßern entwickelt haben. Möglicherweise waren sie auch selbst ganz gute Kletterer [...]« Siehe auch das Schaubild in Cremo und Thompson, *Forbidden Archeology*, S. 730 f., mit einer Liste der Eigenschaften, die »Lucy« mit Schimpansen, Gibbons und Orang-Utans teilt. Es scheint nahezu sicher, daß eher diese Affen ihre Verwandten sind als der Mensch, der zu diesem Zeitpunkt wohl schon in seiner heutigen Form existierte.
25 R. Leakey, »Skull 1470«, S. 828.
26 M. Leakey, »Footprints in the Ashes« und »Tracks and Tools«.
27 Siehe die entsprechenden Äußerungen in Cremo und Thompson, *Verbotene Archäologie*, S. 406.
28 Tuttle, a. a. O., S. 91.
29 Ebd.
30 Gore, »The first steps«, S. 80.
31 Cremo und Thompson, *Verbotene Archäologie*, S. 401.
32 Gore, a. a. O., S. 85. Professor Wood lehrt inzwischen an der George Washington University in Washington.

Sechstes Kapitel

1 Oxnard, *The Order of Man*, S. 317.
2 Moderator der 1981 ausgestrahlten Talkshow war Walter Cronkite; siehe Lewin, *Bones of Contention*, S. 13–18.
3 White u. a., »*Australopithecus ramidus*«, S. 306.
4 Gore, »The First Steps«, S. 80.
5 Cremo und Thompson, *Forbidden Archeology*, S. 733 f.
6 Siehe zum Beispiel Taylor u.a., »Clovis and Folsom age estimates«, S. 517.
7 Lee, »Sheguiandah in Retrospect«, S. 28.
8 Während der letzten Eiszeit war das Gebiet von einer 3000 m dicken Eisschicht bedeckt. Die jüngste Wärmeperiode, in der Menschen hier gelebt haben könnten, liegt ungefähr 65 000 Jahre zurück, die Wärmeperiode davor 125 000 Jahre.
9 Sanford, »Sheguiandah Reviewed«, S. 7.
10 Ebd. S. 14.

11 Ebd.
12 Ebd.
13 Cremo und Thompson, *Verbotene Archäologie*, S. 300.
14 Ebd. S. 296.
15 Ebd. S. 297.
16 White u.a., a. a. O., S. 306.
17 Gore, a. a. O., S. 96.
18 Semaw u.a., »2.5-million-year-old stone tools«, S. 333.
19 Charlesworth, »Objects in the Red Crag of Suffolk«.
20 Capellini, »Les traces de l'homme pliocène en Toscane«; auf deutsch wiedergegeben in: Cremo und Thompson, *Verbotene Archäologie*, S. 75.
21 Potts und Shipman, »Cutmarks made by stone tools«, S. 577.
22 Capellini, a. a. O., S. 47 f.
23 Ebd. S. 52.
24 Cremo und Thompson, *Verbotene Archäologie*, S. 92.
25 Ebd. S. 92 ff.
26 Ebd. S. 89 ff.
27 Gore, »The first Europeans«, S. 104 f.
28 Ackerman, »European prehistory gets even older«.
29 Cremo und Thompson, *Verbotene Archäologie*, S. 120 (Abb. auf S. 121).
30 Cremo und Thompson (ebd. S. 148–178) erzählen die Geschichte des hier tätigen Archäologen J. Reid Moir und berichten über die positiven wie negativen Reaktionen auf seine Entdeckungen.
31 Breuil, »Sur la présence d'éolithes à la bas de l'éocène Parisien«, S. 402. Zu Breuils Arbeiten siehe Cremo und Thompson, *Verbotene Archäologie*, S. 157 ff.
32 Breuil, a. a. O., S. 402; bzw. Cremo und Thompson, *Verbotene Archäologie*, S. 159 f.
33 Cremo und Thompson, *Verbotene Archäologie*, S. 333.
34 Ebd. S. 335 f.
35 Ebd. S. 336.
36 Siehe die Kritik der Radiokarbonmethode bei Cremo und Thompson, *Verbotene Archäologie*, S. 340, bzw. *Forbidden Archeology*, S. 790–793. An der letztgenannten Stelle weisen die Autoren darauf hin, daß es sich um ein sehr seltsames Grab handeln müßte. Die Körper wären ohne Sarg oder Leichentuch beerdigt worden, was für eine mittelalterliche Bestattung unwahrscheinlich sei. Zudem waren die Knochen des Mannes und der beiden Kinder über mehrere Quadratmeter ausgebreitet, wobei die der Kinder durcheinanderlagen. Cremo und Thompson schließen: »Dies stellt einen ge-

wichtigen Beleg dafür dar, daß die Knochen von Castenedolo nicht von einer neueren Bestattung stammen. Es ist darauf hinzuweisen, daß die Knochen des Mannes und der Kinder nicht mit Hilfe der Radiokarbonmethode datiert wurden und daß die Fachliteratur die Bedeutung der verstreuten Lage der Skelette im Gestein meist ignoriert hat.«

37 Oakley, »Relative dating of the fossil hominids of Europe«, S. 40–42. Siehe auch Cremo und Thompson, *Verbotene Archäologie*, S. 340, und *Forbidden Archeology*, S. 757–760, 762–764 und 790–793. Die Autoren schließen (S. 793): »Alles in allem existieren widersprüchliche Belege über das Alter der Knochen von Castenedolo. Eine Datierung mittels der Radiokarbonmethode und ein Stickstofftest [...] favorisieren ein geringeres Alter; ein zweideutiger Test des Urangehalts, [...] eine Untersuchung des Fluorgehalts [...] und stratigraphische Beobachtungen [...] verweisen auf ein hohes Alter. In nahezu allen Fällen ungewöhnlich alter Menschenknochen entschließt sich die Wissenschaft, die Daten der Radiokarbonmethode zu akzeptieren, auch wenn diese den stratigraphischen Tatsachen radikal widersprechen. Aber ist es wirklich korrekt, der einen Methode alles Gewicht zuzumessen, der anderen hingegen keines? Die stratigraphischen Belege sprechen auf ungewöhnlich deutliche Weise dafür, daß die Knochen von Castenedolo aus dem Pliozän stammen; [...] die Datierung durch die Radiokarbonmethode hingegen ist alles andere als perfekt.«

38 Cremo und Thompson, *Verbotene Archäologie*, S. 337.

39 Patterson und Hobels, »Hominid humeral fragment from early pleistocene of Northwestern Kenya«, S. 65; Tabelle 1 verweist auf sieben Übereinstimmungen mit einem heutigen Menschenknochen.

40 Oxnard, »The place of the australopithecines«, S. 394. Siehe auch Cremo und Thompson, *Forbidden Archeology*, S. 684 ff.

41 Leakey, »Skull 1470«, S. 821. In seinem Aufsatz »Evidence for an Advanced Plio-Pleistocene Hominid from East Rudolf, Kenya« schreibt Leakey: »Vergleicht man den Femur mit einer beschränkten Anzahl heutiger afrikanischer Knochen, geben sich deutliche Ähnlichkeiten bezüglich jener morphologischen Merkmale, die weithin als charakteristisch für den heutigen *H. sapiens* gesehen werden. Auch die Fragmente von Tibia und Fibula ähneln *H. sapiens* [...]«

42 Wood, »Evidence on the locomotor pattern of *Homo*«, S. 136.

43 Cremo und Thompson, *Forbidden Archeology*, S. 686 f.

44 Ebd. S. 750; siehe auch die Zusammenstellung beweiskräftiger alter Artefakte in Anhang 3.

Siebtes Kapitel

1 Belitzky u.a., »A Middle Pleistocene wooden plank«, S. 351.
2 Brief von Prof. Goren-Inbar vom 8. Oktober 1996. Siehe auch *New Scientist*, 20. Juli 1991, S. 14.
3 Belitzky u.a., a. a. O., S. 352.
4 Rightmire, *The Evolution of Homo Erectus*, S. 191.
5 Gore, »Expanding Worlds«, S. 96.
6 Wanpo u.a., »Early *Homo* and associated artefacts from Asia«, S. 278.
7 Ebd. S. 278; siehe auch Tattersall, »Out of Africa Again ... and Again?«, S. 50.
8 Wood, »Origin and evolution of the genus *Homo*«, S. 787.
9 Rightmire, a. a. O., S. 203 und 237.
10 *The Independent*, 22. September 1987, S. 10.
11 *The Independent*, 11. Juli 1997, S. 4. Vielleicht werden wir dadurch von der Spitzfindigkeit der taxonomischen Zungenbrecher *Homo sapiens sapiens* und *Homo sapiens neanderthalensis* befreit.
12 Marshack, *The Roots of Civilization*, S. 30 ff.
13 Shreeve, *The Neandertal Enigma*, S. 342. Ähnliche Überreste wurden in Gibraltar in Höhlen entdeckt (siehe *The Sunday Times*, 29. September 1996, S. 9).
14 *The Observer*, 17. Juni 1987, S. 18.
15 Tattersall, a. a. O., S. 49.
16 Wendt, *Der Affe steht auf*, S. 15. Wendt hält die Gestalt für einen Menschenaffen.
17 »Prehistoric Pygmies in Silesia«, *Nature*, 66, 12. Juni 1902, S. 151.
18 Shackley, *Und sie leben doch*, Abb. 9, S. 31.
19 Cremo und Thompson, *Forbidden Archeology*, S. 624.
20 Bajanow, *Auf den Spuren des Schneemenschen*, S. 14.
21 Napier, *Bigfoot*, S. 136–141.
22 Shackley, a. a. O., S. 130.
23 Ebd. S. 138 f. Siehe auch den ausführlichen Bericht von Igor Burtsew in: Bajanow, a. a. O., S. 40–44.
24 Bajanow, a. a. O., S. 46.
25 *The Daily Telegraph*, 2. Dezember 1980, S. 5, bezugnehmend auf: *Guangming*, 1. Dezember 1980.
26 Shackley, »The case for Neanderthal survival«, S. 39.
27 Shackley, *Und sie leben doch*, S. 140–143 und 202 f.
28 Shackley, »The case for Neanderthal survival«, S. 36.
29 Cremo und Thompson, *Forbidden Archeology*, S. 605, bezugnehmend auf: Sanderson, *Abominable Snowmen*, S. 166.

30 Gefilmt von Roger Patterson am kalifornischen Bluff Creek. Siehe Shackley, *Und sie leben doch*, Abb. 19 und 20, S. 54 f.
31 Napier, a. a. O. S. 205.
32 Cremo und Thompson, *Forbidden Archeology*, S. 595.
33 Shackley, *Und sie leben doch*, S. 44, bezugnehmend auf eine Ausgabe der *Times* von 1784.
34 Ebd. S. 45 ff.
35 Ebd. S. 206.
36 *Nature*, 77, 1908, S. 587. Der ausführliche Bericht von Kazimierz Stolyhwoin erschien im *Bulletin International de l'Académie des Sciences de Cracovie*, 2. Februar 1908, S. 103–126.

Achtes Kapitel

1 Mellaart, *Earliest Civilizations of the Near East*, S. 77.
2 Mellaart, *Çatal Hüyük*, S. 251.
3 Cremo und Thompson, *Forbidden Archeology*, S. 411.
4 Stringer und Gamble, *In Search of the Neanderthals*, S. 157 und Anm. 44.
5 Gore, »The First Europeans«, S. 110.
6 Stringer und Gamble, a. a. O., S. 156 f.
7 Shreeve, *The Neandertal Enigma*, S. 277–281.
8 Andel, »Late Quaternary sea-level changes and archaeology«, S. 742.
9 Ebd. S. 736. Bezieht man die Hebung des vom Gewicht des Eises befreiten Landes mit ein, ergibt sich ein effektives Absinken des Pegels von bis zu 130 m (siehe ebd. S. 734).
10 Whitmore u.a., »Elephant Teeth from the Atlantic Continental Shelf«, S. 1477.
11 Ebd.
12 Diese *eisfreie* Landbrücke scheint darauf hinzudeuten, daß sich seither die Pole verschoben haben. War dieser Bereich nämlich eisfrei, obwohl eine fast 2000 m dicke Eisschicht sich so weit nach Süden ausbreitete, daß sie das heutige Philadelphia erreicht hätte, muß der Nordpol im Bereich der Baffininsel oder von Grönland gelegen haben. Der Südpol hätte sich dann in Richtung auf Australien zu verschoben, wodurch der an Südamerika angrenzende Teil der Antarktis eventuell eisfrei gewesen wäre.
13 Shackleton u.a., »Coastal Paleography of the Central and Western Mediterranean«, S. 310 f.
14 Andel, a. a. O., S. 742.

15 Ebd. S. 737.
16 Platon, *Die Gesetze*, S. 88.
17 Dansgaard u.a., »The abrupt termination of the Younger Dryas climate event«, S. 532.
18 Alley u.a., »Abrupt increase in Greenland snow accumulation«, S. 527. Siehe auch Fairbanks, »Flip-flop end to last ice age«, S. 495.
19 Marshack, *The Roots of Civilisation*, S. 10.
20 Ebd. S. 11.
21 Ebd. S. 12.
22 Wilson, *From Atlantis to the Sphinx*, S. 215.
23 Andel und Runnels, »The earliest farmers in Europe«.
24 Andel und Shackleton, »Late Paleolithic and Mesolithic Coastlines of Greece and the Aegean«, S. 450.
25 Andel und Runnels, a. a. O., S. 498.
26 Platon, *Spätdialoge* (»Timaios«), S. 203.
27 Broodbank und Strasser, »Migrant farmers and the Neolithic colonization of Crete«, S. 237.
28 Ebd. S. 241.
29 Ebd. S. 242.

Neuntes Kapitel

1 Paraphrasiert nach: Platon, *Spätdialoge*, S. 203 *(Timaios)*.
2 Ebd. S. 203 f. *(Timaios)* und 317–330 *(Kritias)*.
3 Plutarch, »Solon«, in: P., *Große Griechen und Römer*, S. 242. Siehe auch Plutarch, »Isis and Osiris«, in: P., *Moralia*, Bd. 5, S. 25
4 Platon, a. a. O., S. 199 *(Timaios)*.
5 Ebd.
6 Ebd. S. 200.
7 Ebd. S. 196.
8 Es wird oft behauptet, daß auch Krantor sie berichtet hat, aber Proclus bezieht sich auf Krantor, und es ist klar, daß hier ein Übersetzungsfehler vorliegt. Krantor wiederholt nur die Behauptungen Platons. Siehe James, *The Sunken Kingdom*, S. 173.
9 Mellaart, *Çatal Hüyük*, S. 27 f.
10 Anhand einer Untersuchung der Jahresringe von Bäumen wurde der Ausbruch auf die Jahre 1628 bis 1626 v. Chr. datiert (siehe *Science News*, 125, 28. Januar 1984, S. 54). Daß das Datum durch diese Methode und durch die Analyse von Eiskernen bestimmt wurde, ist in einem 1997 erschienenen Aufsatz heftig kritisiert worden. Die Autoren weisen darauf hin, daß noch nie eine direkte Verbin-

dung zwischen Vulkanausbrüchen und Jahresringen oder Eisablagerungen nachgewiesen wurde. Siehe Buckland u.a., »Bronze Age myths?«, S. 581–587.

11 Luce, *Atlantis*, S. 44–47.

12 Siehe James, *The Sunken Kingdom*, S. 70–84.

13 Ebd. S. 81.

14 Eiskernproben aus Grönland ergeben eine Datierung des Ausbruchs von Thira auf etwa 1650 v. Chr. Siehe *The Observer*, 1. Mai 1988, S. 29.

15 Platon, a. a. O., S. 313–316 *(Kritias)*.

16 So argumentiert Eberhard Zangger in seinem Buch *Atlantis: Eine Legende wird entziffert*.

17 James, a. a. O., S. 191.

18 Ebd.

19 Ebd. S. 195.

20 Ebd. S. 215.

21 Ebd. S. 216.

22 Ebd. S. 252 f.

23 Platon, a. a. O., S. 317 *(Kritias)*.

24 Ebd. S. 203 *(Timaios)*.

25 Ebd.

26 Herodotus, *The Histories*, Buch 4, XLII, S. 283 f.

27 Platon, a. a. O., S. 204.

28 Hapgood, *Maps of the Ancient Sea Kings*, S. 62–66 und 70–78 (Abb. 18, 48, 49 und 52).

29 Platon, a. a. O., S. 319 *(Kritias)*.

30 Ebd. S. 324.

31 Ebd. S. 203. Siehe Flem-Ath, *Atlantis*, S. 139.

32 Platon, a. a. O., S. 203 *(Timaios)*.

33 Mit der dramatischen Ausnahme von Murry Hope (*Atlantis*), der kühn ins Leere springt.

34 Kukal, *Atlantis in the Light of Modern Research*, S. 68.

35 Hapgood, a. a. O., S. 68, Abb. 47.

36 Admiralty Chart (britische Seekarte) Nr. 1950.

37 Admiralty Chart Nr. 4407.

38 Admiralty Charts Nr. 4104 und 4115.

39 Admiralty Chart Nr. 4103.

40 *The Sunday Times*, 28. Dezember 1997, Section 1, S. 12.

Zehntes Kapitel

1 Bauval und Hancock, *Der Schlüssel zur Sphinx*, S. 311.
2 Die ägyptischen Urformen dieser griechischen Königsnamen lauten Chufu (für Cheops), Chaefre (für Chephren) und Menkawre (für Mykerinos).
3 Lehner u. a., »The ARCE Sphinx Project«, S. 17.
4 Ebd. S. 18.
5 Zur Frage der Autorität von Dr. Zahi Hawass siehe Schoch, »Redating the Great Sphinx of Giza«, S. 69, Anm. 14. Hawass schrieb: »Es sieht so aus, als sei die Sphinx während des Alten Reiches einer Restaurierung unterzogen worden, denn die Analyse von aus dem rechten Hinterbein entnommenen Proben beweist, daß diese aus der betreffenden Zeit stammen.« Damit wird die herkömmliche Datierung der Sphinx auf ca. 2500 v. Chr. in Frage gestellt, da das Alte Reich schon 350 Jahre später zu Ende ging. Angesichts der Tiefe der Erosionsspuren am Kern der Sphinx ist dieser Zeitraum nicht ausreichend.
6 Hancock, *Die Spur der Götter*, S. 387.
7 Budge, *The Gods of the Egyptians*, Bd. 2, S. 361.
8 Breasted, *Ancient Records of Egypt*, Bd. 2, S. 324.
9 James, *A Short History of Ancient Egypt*, S. 49. Hervorhebung durch den Autor.
10 *The New Encyclopaedia Britannica: Micropaedia*, 15. Ausg. 1995, Bd. 11, S. 92.
11 Hassan, *The Sphinx*, S. 79.
12 Ebd. S. 91.
13 West, *Serpent in the Sky*, S. 186 f. und 229.
14 Professor Robert Schoch lehrt am College of Basic Studies der Boston University. Er ist studierter Geologe und Anthropologe; promoviert hat er in Yale in den Fächern Geologie und Geophysik. Schoch ist Autor vieler wissenschaftlicher Aufsätze und Bücher über Paläontologie und die Grundlagen der geologischen Stratigraphie.
15 Lehner u. a., a. a. O., S. 14.
16 Als Beispiel hierfür nimmt Schoch das aus der Vierten Dynastie stammende Grab des Debehen auf dem Plateau von Giseh.
17 Schoch, »Redating the Great Sphinx of Giza«, S. 54. Dieser Aufsatz ist eine überarbeitete Version von Schochs Referat »How Old is the Sphinx«, gehalten am 7. Februar 1992 in Chicago vor der Jahrestagung der American Association for the Advancement of Science und im selben Jahr publiziert vom College of General Studies der Boston University.

18 Hancock, a. a. O., S. 457.
19 Ebd. Die Bemerkungen Schochs stammen aus dem 1993 gesendeten Film *Mystery of the Sphinx* (NBC-TV).
20 Schoch, a. a. O., S. 54.
21 Wendorf u. a., »Late Pleistocene and recent climatic changes«, S. 221–226 und 232 f.; siehe auch McHugh u.a., »Neolithic adaptation«, S. 326.
22 Hoffman, *Egypt before the Pharaohs*, S. 239. Der Autor meint angesichts der Entdeckungen von in der Wüste tätigen Archäologen: »Es scheint, als habe sich die Revolutionierung der Nahrungsmittelproduktion in den [Wüstengebieten] viele Jahrhunderte, wenn nicht ein ganzes Jahrtausend vollzogen, bevor sie ins fruchtbare Niltal eindrang.«
23 Schoch, a. a. O., S. 58.
24 West, a. a. O., S. 229.
25 Ebd.
26 Hancock, a. a. O., S. 458.
27 Ebd.
28 Ebd.
29 Man hat vermutet, die Verwendung dieser großen Blöcke könnte auf eine sehr frühe, vielleicht vordynastische Entstehungszeit des Sphinxtempels hindeuten. Obgleich dieser Hinweis auf ein frühes Datum zutreffen könnte, kann er nicht durch das monumentale Mauerwerk gestützt werden, denn dessen Verwendung ist auch in der Vierten Dynastie nachgewiesen: Der Totentempel des Mykerinos enthält einige Blöcke dieser Größe. Siehe Edwards, *Die ägyptischen Pyramiden*, S. 182.
30 Hoffman, a. a. O., S. 200–214.
31 Ebd. S. 207.
32 Ebd. S. 203 f.
33 Mortensen, »Four Jars from the Maadi Culture found in Giza«, S. 147.
34 Hoffman, a. a. O., S. 201.
35 Mazar, *Archaeology of the Land of the Bible*, S. 50.

Literatur

Ackerman, S. »European Prehistory Gets Even Older«. *Science*, 246, 6. Oktober 1989, S. 28–30.

Allan, D. S. / J. B. Delair, *When the Earth Nearly Died*. Bath 1995.

Alley, R. B. / D. A. Meese/C.A. Shuman / A. J. Gow / K. C. Taylor / P. M. Grootes / J. W. C. White / M. Ram / E. D. Waddington / P. A. Mayewski / G. A. Zielinski, »Abrupt increase in Greenland snow accumulation at the end of the Younger Dryas event«. *Nature*, 362, 8. April 1993, S. 527–529.

Andel, T. H. van / J. C. Shackleton, »Late Paleolithic and Mesolithic Coastlines of Greece and the Aegean«. *Journal of Field Archaeology*, 9, 1982, S. 445–454.

Andel, T. H. van, »Late Quaternary sea-level changes and archaeology«. *Antiquity*, 63, 1989, S. 733–745.

Andel, T. H. van / C. N. Runnels, »The earliest farmers in Europe«. *Antiquity*, 69, 1995, S. 481–500.

Bajanow, D., *Auf den Spuren des Schneemenschen*. Stuttgart 1998.

Bauval, R. / A. Gilbert, *Das Geheimnis des Orion*. München 1996.

Bauval, R. / G. Hancock, *Der Schlüssel zur Sphinx*. München 1996.

Becker, G. F., »Antiquities from under Tuolumne Table Mountain in California«. *Bulletin of the Geological Society of America*, 2, 1891, S. 189–200.

Behe, M. J., *Darwin's Black Box*. New York 1996.

Belitzky, S. / N. Goren-Inbar/E. Werker, »A Middle Pleistocene wooden plank with man-made polish«. *Journal of Human Evolution*, 20, 1991, S. 349–353.

Bille, M. A., *Rumors of Existence*. Surrey (BC) 1995.

Breasted, J., *Ancient Records of Egypt*. 5 Bde., Chicago 1906–1907.

Breuil, H., »Sur la présence d'éolithes à la base de l'éocène Parisien«. *L'Anthropologie*, 21, 1910, S. 385–408.

Breuil, H., *Quatre cents siècles d'art pariétal*. Montignac 1952.

Brewster, D., »Queries and Statements concerning a Nail found embedded in a block of sandstone obtained from Kingoodie (Mylnfield) Quarry, North Britain«. *Report of the Fourteenth Meeting of the British Association for the Advancement of Science*, London 1845, 2. Teil, »Notices and Abstracts of Communications«, S. 51.

Broodbank, C./T.F. Strasser, »Migrant farmers and the Neolithic colonization of Crete«. *Antiquity*, 65, 1991, S. 233–245.
Brown, F./J. Harris/R. Leakey/A. Walker, »Early *Homo erectus* skeleton from west Lake Turkana, Kenya«. *Nature*, 316, 29. August 1985, S. 788–792.
Buckland, P.C./A.J. Dugmore/K.J. Edwards, »Bronze Age myths? Volcanic activity and human response in the Mediterranean and North Atlantic regions«. *Antiquity*, 71, 1997, S. 581–593.
Budge, E. A. W., *The Gods of the Egyptians*. 2 Bde., London 1904.
Bunney, S., »First migrants will travel back in time«. *New Scientist*, 1565, 18. Juni 1987, S. 36.
Burroughs, W. G., »Human-like Footprints, 250 Million Years Old«. *Berea Alumnus*, November 1938, S. 46–47.

Capellini, M. J., »Les Traces de l'homme Pliocène en Toscane«. *Congrès International d'Anthropologie et d'Archéologie préhistoriques. Compte-rendu de la huitième session à Budapest, 1876*, 1. Bd., Budapest 1877, S. 46–63.
Chadwick, R., »The So-called ›Orion Mystery‹«. *KMT: A Modern Journal of Ancient Egypt*, Bd. 7, Nr. 3, 1996, S. 74–83.
Charlesworth, E. »Objects in the Red Crag of Suffolk«. *Journal of the Anthropological Institute of Great Britain and Ireland*, 2, 1873, S. 91–94.
Clarke, A. C./S. Welfare/J. Fairley, *Geheimnisvolle Welten*. München 1981.
Cole, S. G., »New evidence for the mysteries of Dionysos«. *Greek, Roman and Byzantine Studies*, 21, 1980, S. 223–238.
Conroy, G. C., »Closing the hominid gap«. *Nature*, 360, 26. November 1992, S. 393–394.
Cook, R. J., »The elaboration of the Giza site-plan«. *Discussions in Egyptology*, 31, 1995, S. 35–45.
Corliss, W. R., *Ancient Man: A Handbook of Puzzling Artifacts*. Glen Arm 1980.
Corliss, W. R., *Incredible Life: A Handbook of Biological Mysteries*. Glen Arm 1981.
Corliss, W. R., *Science Frontiers: Some Anomalies and Curiosities of Nature*. Glen Arm 1994.
Corliss, W. R., *Unknown Earth: A Handbook of Geological Enigmas*. Glen Arm 1980.
Coveney, P./R. Highfield, *Anti-Chaos: Der Pfeil der Zeit in der Selbstorganisation des Lebens*. Reinbek 1992.
Cremo, M. A./R. L. Thompson, *Forbidden Archeology*. San Diego 1993.

Cremo, M. A. / R. L. Thompson, *Verbotene Archäologie*. Augsburg 1997 (Teilübersetzung).

Dansgaard, W., J. W. C. White und S.J. Johnsen, »The abrupt termination of the younger dryas climate event«. *Nature*, 339, 15. Juni 1989, S. 532–533.
Darwin, C., *The Life and Letters of Charles Darwin*. Hrsg. F. Darwin, 3 Bde., London 1887.
Darwin, C., *Über die Entstehung der Arten durch natürliche Zuchtwahl*. Darmstadt 1988 (Nachdruck der Ausgabe von 1920).
Dawkins, R., *Das egoistische Gen*. Berlin u.a. 1978.
Dawson, A. G., *Ice Age Earth*. London 1992.
Dennell, R. W. /H. Rendell / E. Hailwood, »Early tool-making in Asia: Two-million-year-old artifacts in Pakistan«. *Antiquity*, 62, 1988, S. 98–106.
Dennel, R. / W. Roedbroeks, »The earliest colonization of Europe: The short chronology revisited«. *Antiquity*, 70, 1996, S. 535–542.
Denton, M., *Evolution: A Theory in Crisis*. Bethesda (MD) 1986.
Edwards, I. E. S., *Die ägyptischen Pyramiden*. Wiesbaden 1967.
Eldredge, N., *Reinventing Darwin: The Great Evolutionary Debate*. London 1996.
Ellis, R., *Monsters of the Sea*. New York 1996.
Emery, W. B., *Ägypten: Geschichte und Kultur der Frühzeit*. München 1964.
Erwin, D. / J. Valentine / D. Jablonski, »The origin of animal body plans«. *American Scientist*, 85, 2, März/April 1997, S. 126–137.

Fairbanks, R. G., »Flip-flop end to last ice-age«. *Nature*, 362, 8. April 1993, S. 495.
Faulkner, R. O., »The King and the star-religion in the pyramid texts«. *Journal of Near Eastern Studies*, 25, 1966, S. 153–161.
Flem-Ath, R. und R., *Atlantis: Der versunkene Kontinent unter dem ewigen Eis*. Hamburg 1996.
Forbes, R. J., *The Conquest of Nature*. Harmondsworth 1971.
Forbes, R. J., *Studies in Ancient Technology*. Leiden 1955.
Forsyth, P. Y., *Atlantis: The Making of Myth*. Montreal 1980.
Fraser, P. M., *Ptolemaic Alexandria*. 3 Bde., Oxford 1972.
Galanopoulos, A. G. / E. Bacon, *Die Wahrheit über Atlantis*. München 1976.
Gleick, J., *Chaos: Die Ordnung des Universums*. München 1988.
Gore, R., »Expanding worlds«. *National Geographic*, 191, Mai 1997, S. 84–109.

Gore, R., »The first Europeans«. *National Geographic*, 192, Juli 1997, S. 96–113.
Gore, R., »The first steps«. *National Geographic*, 191, Februar 1997, S. 72–97.
Gorman, P., *Pythagoras: A Life*. London 1979.
Gould, S. J., *Der Daumen des Panda*. Basel u. a. 1987.

Hancock, G., *Die Spur der Götter*. Bergisch Gladbach 1995.
Hapgood, C. H., *Maps of the Ancient Sea Kings*, rev. Aufl., London 1979.
Hassan, S., *The Sphinx: Its History in the Light of Recent Excavations*. Kairo 1949.
Heidel, A., *The Gilgamesh Epic and Old Testament Parallels*. Chicago 1963.
Herodotus, *The Histories*. Übers. A. de Sélincourt, Harmondsworth 1981.
Heuvelmans, B. *On the Track of Unknown Animals*. London 1958 (französische Ausgabe: *Sur la piste des bêtes ignorées*. Paris 1955).
Heuvelmans, B. *In the Wake of the Sea-Serpents*. London 1968 (französische Ausgabe: *Dans le sillage des monstres marins*. Paris 1958).
Hoffman, M., *Egypt before the Pharaos*. London 1979.
Holmes, W. H., »Review of the evidence relating to auriferous gravel man in California«. *Annual Report of the Board of Regents of the Smithsonian Institution for the Year Ending June 30, 1899*. Teil 1, Washington 1901, S. 419–472.
Hürzeler, J. »The significance of Oreopithecus in the genealogy of man«. *Triangle*, 4, Nr. 5, April 1960, S. 164–174.

Jacobs, L. *Quest for the African Dinosaurs: Ancient Roots of the Modern World*. New York 1993.
James, P., *The Sunken Kingdom: The Atlantis Mystery Solved*. London 1996.
James, T. G. H., *A Short History of Ancient Egypt*, London 1995.
Johanson, D./M.A. Edey, *Lucy: Die Anfänge der Menschheit*. München 1992 (1. Aufl. 1982).
Johanson, D./J. Shreeve, *Lucys Kind: Auf der Suche nach den ersten Menschen*. München 1990.

Kaharl, V. A., *Water Baby: The Story of Alvin*. Oxford 1990.
Kemp, B. J., *Ancient Egypt: Anatomy of a Civilisation*. London 1995.
Kingdon, J., *Island Africa*. London 1990.
Kukal, Z., »Atlantis in the light of modern research«. *Earth-Science reviews*, 21, 1984.

La Lumière, L. P., »Evolution of human bipedalism: A hypothesis about where it happened«. *Philosophical Transactions of the Royal Society of London*, B 292, 1981, S. 103–107.

Lawson, D. A., »Pterosaur from the latest Cretaceous of West Texas: Discovery of the largest flying creature«. *Science*, 187, 14. März 1975, S. 947–948.

Leakey, M. / A. Walker, »Early hominid fossils from Africa«. *Scientific American*, Juni 1997, S. 60–65.

Leakey, M., »Footprints in the ashes ...«. *National Geographic*, 155, April 1979, S. 446–457.

Leakey, M., »Tracks and tools«. *Philosophical Transactions of the Royal Society of London*, B 292, 1981, S. 95–102.

Leakey, R., »Evidence for an advance Plio-Pleistocene hominid from East Rudolf, Kenya«. *Nature*, 242, 13. April 1973, S. 447–450.

Leakey, R., »Skull 1470«. *National Geographic*, 143, Juni 1973, S. 818–829.

Leakey, R. / R. Lewin, *Die sechste Auslöschung*. Frankfurt a.M. 1996.

Leakey, R. / R. Lewin, *Der Ursprung des Menschen*. Frankfurt a.M. 1993.

LeBlond, P. H. / J. Sibert, *Observations of Large Unidentified Marine Animals in British Columbia and Adjacent Waters*. Institute of Oceanography, University of British Columbia, Manuscript Report Nr. 28, Vancouver 1973.

LeBlond, P. H. / E. L. Bousfield, *Cadborosaurus: Survivor from the Deep*. Victoria (B.C.) 1995.

Lee, T. E., »Sheguiandah in retrospect«. *Anthropological Journal of Canada*, 10, Nr. 1, 1972, S. 28–30.

Lehner, M. / J. P. Allen / K. L. Gauri, »The ARCE Sphinx project: A preliminary Report«. *Newsletter of the American Research Centre in Egypt*, 112, 1980, S. 3–33.

Lehner, M., »Some observations on the layout of the Khufu and Khafre pyramids«. *Journal of the American Research Center in Egypt*, 20, 1983, S. 7–25.

Lehner, M., »The development of the Giza necropolis: The Khufu project«. *Mitteilungen des Deutschen Archäologischen Instituts, Abteilung Kairo*, 41, 1985, S. 109–143.

Lehner, M., »Giza: A contextual approach to the Pyramids«. *Archiv für Orientforschung*, 32, 1985, S. 136–158.

Lehner, M., *Das erste Weltwunder: Die Geheimnisse der ägyptischen Pyramiden*. Düsseldorf 1997.

Leith, B., *The Descent of Darwin*. London 1982.

Lewin, R., *Bones of Contention*. London 1991.

Levinton, J. S., »The big bang of animal evolution«. *Scientific American*, 267, November 1992, S. 52–59.
Ley, W., *Drachen, Riesen, Rätseltiere*. Stuttgart 1956.
Linklater, E., *The voyage of the Challenger*. London 1974.
Lister, A. M., »Mammoths in miniature«. *Nature*, 362, 25. März 1993, S. 288–289.
Lorblanchet, M./A. Sieveking, »The monsters of Pergouset«. *Cambridge Archaeological Journal*, 7, April 1997, S. 37–56.
Luce, J. V., *Atlantis: Legende und Wirklichkeit*. München 1973.
McHugh, W. P./G. G. Schaber/C. S. Breed/J. F. McCauley, »Neolithic adaptation and the Holocene functioning of Tertiary palaeodrainages in southern Egypt and northern Sudan«. *Antiquity*, 63, 1989, S. 320–336.

Mackal, R. P., *Searching for Hidden Animals*. London 1983.
Mackal, R. P., *A Living Dinosaur? In Search of Mokelé-Mbembe*. Leiden 1987.
Malek, J., »Graham Hancock, fingerprints of the gods: A quest for the beginning and the end«. *Discussions in Egyptology*, 34, 1996, S. 135–142.
Marshack, A., *The Roots of Civilisation*. London 1972.
Mazar, A., *Archaeology of the Land of the Bible: 10 000–586 B.C.E.* Cambridge 1993.
Mellaart, J., *Çatal Hüyük: Stadt aus der Steinzeit*. Bergisch Gladbach 1967.
Mellaart, J., *Earliest Civilizations of the Near East*. London 1978.
Melland, F.H., *In Witch-Bound Africa*. London 1923.
Mebane, A. *Darwin's Creation-Myth*. Venice (FL) 1995.
Milton, R., *The Facts of Life*. London 1993.
More, V., »New skull turns up in northeast Africa«. *Science*, 271, 5. Januar 1996, S. 32.
Morgan, E., *The Scars of Evolution*. London 1990.
Mortensen, B., »Four jars from the Maadi culture found in Giza«. *Mitteilungen des Deutschen Archäologischen Instituts, Abteilung Kairo*, 41, 1985, S. 145–147.

Napier, J., *Bigfoot: The yeti and sasquatch in myth and reality*. London 1972.
Norman, J., *A History of Fishes*. 3. Aufl., London 1975.

Oakley, K.P., »Relative dating of the fossil hominids of Europe«. *Bulletin of the British Museum (Natural History), Geology Series*. 34 (1), 1980, S. 1–63.

O'Hanlon, R., *Kongofieber*. Frankfurt a. M. 1998.
Oxnard, C. E., *Humans, Apes and Chinese Fossils*. Hong Kong 1985.
Oxnard, C. E., *The Order of Man*. New Haven 1984.
Oxnard, C. E., »The place of the australopithecines in human evolution: Grounds for doubt?« *Nature*, 258, 4. Dezember 1975, S. 389–395.

Patterson, B. / W. W. Howells, »Hominid humeral fragment from early Pleistocene of northwestern Kenya«. *Science*, 156, 7. April 1967, S. 64–66.
Platon, *Die Gesetze*. Zürich/München 1974.
Platon, *Spätdialoge*. Bd. 2 (enthält *Timaios* und *Kritias*), Zürich/Stuttgart 1969.
Platon, *Der Staat*. Zürich/München 1973.
Plutarch, »Solon«. P., *Große Griechen und Römer*, Bd. 1., Zürich 1954.
Plutarch, »Isis and Osiris«. *Moralia*, Bd. 5, Übers. F.C. Babbitt, Cambridge (Mass.) 1993.
Porphyry, »Life of Pythagoras«. K.S. Guthrie (Hrsg). *The Pythagorean Sourcebook and Library*, Grand Rapids 1988.
Potts, R./P. Shipman, »Cutmarks made by stone tools on bones from Olduvai Gorge, Tanzania«. *Nature*, 291, 18. Juni 1981, S. 577–580.
Price, G.W., *Extra-special Correspondent*. London 1957.
Proyart, Abbé, *Geschichte von Loango, Kakongo und andern Koenigreichen in Afrika*. Leipzig 1777.

Quatrefages de Breau, A. de, *Histoire Générale des Races Humaines*. 2 Bde., Paris 1887.
Quirke, S., *Altägyptische Religion*. Stuttgart 1996.

Renfrew, C., *Archaeology and Language*. London 1989.
Reymond, E. A. E., *The Mythical Origin of the Egyptian Temple*. Manchester 1969.
Rightmire, G. P., *The Evolution of Homo Erectus*. Cambridge 1993.
Ruelle, D., *Zufall und Chaos*. Berlin 1993.

Sanderson, I., *Abominable Snowmen*. Philadelphia 1961.
Sanford, J. T., »Sheguiandah reviewed«. *Anthropological Journal of Canada*, 9, Nr. 1, 1971, S. 2–15.
Schindel, D. E., »The Gaps in the Fossil Record«. *Nature*, 297, 27. Mai 1982, S. 282–284.
Schoch, R. M., *How Old is the Sphinx?* Boston 1992.
Schoch, R. M., »Redating the Great Sphinx of Giza«. *KMT: A Modern Journal of Ancient Egypt*. Bd. 3., Nr. 2, 1992, S. 52–59 und 66–70.

Schopf, T. J. M. (Hrsg.), *Models in Paleobiology*. San Francisco 1972.
Semaw, S./P. Renne/J. W. K. Harris/C. S. Feibel/R. L. Bernor/N. Fesseha/K. Mowbray, »2.5-million-year-old stone tools from Gona, Ethiopia«. *Nature*, 385, 23. Januar 1997, S. 333–336.
Shackleton, J. C./T. H. van Andel/C. N. Runnels, »Coastal Paleogeography of the central and western Mediterranean during the Last 125 000 years and its archaeological implications«. *Journal of Field Archaeology*, 11, 1984, S. 307–314.
Shackley, M., »The case for Neanderthal survival: Fact, fiction or faction«. *Antiquity*, 56, 1982, S. 31–41.
Shackley, M., *Und sie leben doch: Bigfoot, Almas, Yeti und andere geheimnisvolle Wildmenschen*. München 1983.
Shipley, G., *A History of Samos 800–188 BC*. Oxford 1987.
Shipman, P., »Human ancestor's early steps out of Africa«. *New Scientist*, 1806, 1. Februar 1992, S. 24.
Shreeve, J., *The Neanderthal Enigma*. London 1995.
Shuker, K., *The Lost Ark*. London 1993.
Shuker, K., *In Search of Prehistoric Survivors: Do Giant 'Extinct' Creatures still exist?* London 1995.
Skertchly, S. B. J., »On the Occurrence of stone mortars in the ancient (Pliocene?) River gravels of butte county, California«. *The Journal of the Anthropological Institute of Great Britain and Ireland*, 17, 1888, S. 332–337.
Solecki, R. S., *Shanidar: The Humanity of Neanderthal Man*. London 1972.
Soule, G., *Wide Ocean*. Folkstone 1974.
Stanley, S.M., *Der neue Fahrplan der Evolution*. München 1983.
Stringer, C./C. Gamble, *In Search of the Neanderthals*. London 1993.
Sutcliffe, A. J., *On The Track of Ice Age Mammals*. London 1985.

Tattersall, I., »Out of Africa Again ... and Again?« *Scientific American*, April 1997, S. 46–53.
Taylor, G.R., *Das Geheimnis der Evolution*. Frankfurt a. M. 1983.
Taylor, R.E./C.V. Haynes/M. Stuiver, »Clovis and Folsom age estimates: Stratigraphic context and radiocarbon calibration«. *Antiquity*, 70, 1996, S. 515–525.
Thompson, D. J., *Memphis Under the Ptolemies*. Princeton 1988.
Thulborn, T., *Dinosaur Tracks*. London 1990.
Tuttle, R. H., »Evolution of hominid bipedalism and prehensile capabilities«. *Philosophical Transactions of the Royal Society of London*, B 292, 1981, S. 89–94.

Vartanyan, S. L. / V. E. Garutt / A. V. Sher, »Holocene dwarf mammoths from Wrangel Island in the Siberian Arctic«. *Nature*, 362, 25. März 1993, S. 337–340.

Waldren, W. H. /M. van Strydonck, »Deed or murder most foul? Ritual, rite or religion? Mallorcan inhumation in quicklime«. W. H. Waldren / J. A. Ensenyat / R. C. Kennard, *Ritual, Rites and Religion in Prehistory*, 3. Deya International Conference of Prehistory, Deya 1995, S. 146–163.

Wanpo, H. / R. Ciochon /G. Yumin /R. Larick /F. Qiren /H. Schwarcz / C. Yonge / J. de Vos / W. Rink, »Early *Homo* and associated artefacts from Asia«. *Nature*, 378, 16. November 1995, S. 275–278.

Wendorf, F. /Mitglieder der vereinten prähistorischen Expedition, »Late Pleistocene and recent climatic changes in the Egyptian Sahara«. *The Geographical Journal*, 143, 1977, S. 211–234.

Wendt, H., *Der Affe steht auf*. Reinbek 1971.

Wesson, R., *Die unberechenbare Ordnung*. München 1993.

West, J. A., *Serpent in the Sky*. Wheaton (Ill.) 1993.

White, T. D. / G. Suwa/B. Asfaw, »*Australopithecus ramidus*, a new species of early hominid from Aramis, Ethiopia«. *Nature*, 371, 22. September 1994, S. 306–312.

Whitemore, F. C. / K. O. Emery / H. B. S. Cooke / D. J. P. Swift, »Elephant teeth from the Atlantic continental shelf«, *Science*, 156, 16. Juni 1967, S. 1477–1881.

Whitney, J. D., *The Auriferous Gravels of the Sierra Nevada of California*. Memoirs of the Museum of Comparative Zoology at Harvard College, Bd. 6, Nr. 1, Cambridge (Mass.) 1880.

Wilson, C., *From Atlantis to the Sphinx*. London 1996.

Wood, B. A. »Evidence on the locomotor pattern of *Homo* from early Pleistocene of Kenya«. *Nature*, 251, 13. September 1974, S. 135–136.

Wood, B. A., »Origin and evolution of the genus *Homo*«, *Nature*, 355, 27. Februar 1992, S. 783–790.

Wood, B. A., »The oldest whodunnit in the world«. *Nature*, 385, 23. Januar 1997, S. 292–293.

Wu, X., *Human Evolution in China*. New York 1995.

Zangger, E., *Atlantis: Eine Legende wird entziffert*. München 1992.

Register